GRUNDLAGEN DER WEITER BILDUNG

Von der Hand zum Hirn und zurück

Bewegtes Lernen im Fokus der Hirnforschung

Bernd Heckmair
Werner Michl

ziel

Grundlagen der Weiterbildung

Herausgegeben von
RA Jörg E. Feuchthofen
Prof. Dr. Michael Jagenlauf MA
Prof. Dr. Arnim Kaiser

Die Reihe Grundlagen der Weiterbildung bietet Raum für
- Theorien, die das berufliche Handeln anregen und vertiefen,
- praktische Grundlagen und Tools,
- Ausarbeitungen, die konkurrierende Theorien, Praxen, Modelle und Ansätze gedanklich und empirisch weiterführen.

Bibliografische Information der Deutschen Nationalbibliothek
Die Deutsche Nationalbibliothek verzeichnet diese Publikation in der Deutschen Nationalbibliografie; detaillierte bibliografische Daten sind im Internet über *http://dnb.d-nb.de* abrufbar.

Printed in Germany

ISBN 978-3-940 562-83-8

Verlag: ZIEL – Zentrum für interdisziplinäres erfahrungsorientiertes Lernen GmbH
                   Zeuggasse 7– 9, 86150 Augsburg, www.ziel-verlag.de
                   1. Auflage 2013

Grafik und   Petra Hammerschmidt, Friends Media Group GmbH
Layoutgestaltung: Zeuggasse 7, 86150 Augsburg

Titelgrafik: Helmut Egerer

Illustrationen: Bernd Heckmair

Gesamtherstellung: Friends Media Group GmbH
                   www.friends-media-group.de

Inhaltsverzeichnis

4

Vorwort

Vor 50 Jahren, in der Zeit der 68er, war vor allem der Geist bewegt. Der Körper, so behaupten böse Zungen, wurde nur zur Demo oder zur Flucht vor der Polizei gebraucht. Nach der ersten Flaute der politischen Bildung in den 1980er Jahren konnten sich die Exkursion, die Spurensuche, die ökologische Wanderung, die Bildung im Freien etablieren – der Begriff Erlebnispädagogik wurde geboren. Vor ziemlich genau 20 Jahren haben wir „Erleben und Lernen" geschrieben, das zum siebten Mal aufgelegt wurde (Heckmair/Michl 2012). In den letzten zwei Jahrzehnten hat sich neben dem sitzenden Lernen ein bewegtes Lernen entwickeln können: Warming-Ups, Lernprojekte, Problemlösungsaufgaben, Inszenierungen, Spiele haben einen festen Platz im Portfolio der Bildungsarbeit mit Jugendlichen, Erwachsenen, Führungskräften, Professoren/innen eingenommen und sind nicht mehr wegzudenken. Bildung und Bewegung sind ein unzertrennliches Paar geworden – zumindest dort, wo man offen ist für Innovationen.

Bewegtes Lernen – das klingt zunächst einmal nach einem neuen, schicken Label. Was hatten wir schon alles? Nach erlebnis-, handlungs-, erfahrungsorientiert, nach konstruktiv, und nachhaltig soll Lernen nun also bewegt sein. Nein, es liegt uns fern, ein neues, komplexes Theoriegebäude zu errichten und es in allen Facetten und Folgen zu diskutieren. Die Formel dient uns lediglich als Klammer, als Gerüst und roter Faden für dieses Lesebuch. Denn sie beinhaltet vier Dimensionen, die uns gleichermaßen antreiben: Da ist erstens die körperliche Bewegung, die im Handeln und Lernen neue Zugänge eröffnet, im positiven Sinne verstört und veränderte Perspektiven schafft. Zum Zweiten hat uns die moderne Hirnforschung gezeigt, dass in und mit der Bewegung hirnorganische Veränderungen ausgelöst werden, die Lernen prinzipiell begünstigen. Drittens steht Bewegung für bewegt sein im Sinne eines intensiven Erlebens, das, wie wir sehen werden, enorm wichtig ist für nachhaltiges Lernen. Und viertens ist damit intendiert, dass sich das Konstrukt Lernen selbst – also das, was Theoretiker und Praktiker unter dem Begriff Lernen begreifen – bewegt, verändert und weiterentwickelt.

Was hat uns nun, nach 20 Jahren Seminaren, Trainings, Kongressen, einigen Büchern und vielen Beiträgen noch einmal für längere Zeit in unsere Schreibtischstühle gezwängt? Es sind die jüngsten Ergebnisse der Neurowissenschaften, die Theorie des Konstruktivismus und aktuelle Beiträge der Lernpsychologie, die uns provoziert, herausgefordert und auf neue Lernpfade verwiesen haben. So lag es auf der Hand und es wuchs im Hirn, das Aufgelesene, Erlesene, Erlebte und Erfahrene in einem Buch zu bündeln.

Herausgekommen ist ein Lesebuch zum Schmökern und Vertiefen, zum Schmunzeln und Querlesen. Natürlich nehmen wir Wissenschaft und Forschung ernst, haben aber die Souveränität des Alters, um mit einem kritischen, gelassenen Blick Ergebnisse einordnen zu können. Darum reizen uns auch Feinheiten, Frechheiten und Fantasievolles. Es wird dem Lesefluss wenig schaden, wenn man ein Kapitel überspringt. Die Gebrauchsweisung lautet ganz einfach: Wir haben mit viel Lust und wenig Frust geschrieben und hoffen auch auf die lustvolle Leserin und den lustvollen Leser.

Auf der Suche nach einem Verlag sind wir dort angekommen, wo wir 1991 mit „Erlebnispädagogik: Mode, Methode oder mehr?" (Bedacht et al., 1991) begonnen haben: beim ZIEL-Verlag (damals Sandmann Verlag). Und es hat sehr viel Freude bereitet: die unkomplizierte, fast familiäre Zusammenarbeit, die schnellen Entscheidungen und eine ebensolche Produktion. Wozu andere Verlage mindestens ein halbes Jahr brauchen, das schafft der ZIEL-Verlag in zwei Monaten. Immer trafen wir bei der Redaktion auf offene Ohren für unsere besonderen Wünsche zur Gestaltung, zum Layout, zum Format.

Unser Dank geht an die Menschen, die uns inspiriert und geholfen haben: Jonathan Cook, Christina Crowther, Tony Jäger, Ulrich Lakemann, Edmond Tondeur, Franz Waldherr, Claudia Walter und Hartmut Winter.

Bernd Heckmair und
Werner Michl   *München und Berg im August 2012*

1   Einleitung – von der Hand zum Hirn und zurück

Decade of the Brain": 1990 rief der damalige Präsident der Vereinigten Staaten, George Bush, das Jahrzehnt des Gehirns aus. 2004, also 14 Jahre später, wagten sich elf renommierte deutsche Hirnforscher mit einer kühn als „Neurowissenschaftliches Manifest" titulierten Standortbestimmung an eine nicht weiter spezifizierte Öffentlichkeit. In eher dürren Worten wurde aufgelistet, worüber man schon Bescheid weiß und was man bis wann noch erforschen wolle. Eine Nabelschau und eine vage Prognose, nicht viel mehr. Immerhin ringen sich die elf Weisen zur gemeinsamen Einschätzung durch, dass die Trennung von Körper und Geist sich „zunehmend verwischen" dürfte (Elger et. al, S. 37). Und eben dieser Einschätzung wollen wir mit diesem Buch nachgehen und nachspüren.

Es hat sich einiges getan, seither. Stellungskriege zwischen der altehrwürdigen Erziehungswissenschaft und den etablierten Lagern der Psychologie auf der einen Seite und den nassforschen Neurowissenschaftlern auf der anderen Seite werden an mehreren Fronten geschlagen. Leicht konsumierbare „Neuro News" füllen die Feuilletons und Wissensseiten der großen Tageszeitungen und Magazine, während Pädagogik und Psychologie nur mehr am Rande wahrgenommen werden, sieht man von Beiträgen zur Bildungsforschung (PISA, TIMSS etc.) ab. Gestützt und getrieben werden die Nachrichten von bunten Scans menschlicher Schädel, die objektive Befunde suggerieren. Bildgebende Verfahren (fMRT, EEG und PET [1]) sollen das neuronale Geschehen im Hirn in immer höheren Auflösungen erfassen. Etwas vollmundig und populistisch wird behauptet, man könne Menschen inzwischen „live und in Farbe" beim Fühlen, Denken und Handeln zuschauen. Dahinter stehen hochkomplexe Computerprogramme, die aus biochemischen Markierungen und schwer durchschaubaren Algorithmen farbige Bilder produzieren. Skepsis ist also angebracht!

Natürlich geht es auch und vor allem um Geld. Es wird heftig gerungen um öffentliche und private Fördertöpfe. Als Naturwissenschaft hat die Hirnforschung – gestählt mit dem Signum der „Objektivität" – die weit besseren Karten. Was bleibt der Bildungsforschung anderes übrig als selbst in die Offensive zu gehen? Wie sie das macht, zeigt exemplarisch der 3. Bericht des deutschen Bildungsministeriums.

---

1   „Funktionelle Magnetresonanztomographie" (fMRT), Elektroenzephalographie (EEG) und Positronen-Emissions-Tomographie (PET) sind Verfahren, mit denen Aktivitäten des Gehirns abgebildet werden können.

„Die bei TIMSS und PISA nachgewiesenen Defizite deutscher Schüler (...) lassen sich nicht mit Störungen in der Dopaminausschüttung erklären, sondern mit dem wenig anregenden Unterricht." (2007, S. 23). Das ist reichlich verkürzend und auch etwas polemisch. Denn es sind Neurowissenschaftler, die in vielen Studien darlegten, wann der Neuromodulator Dopamin ausgeschüttet wird und was er in der Regel bewirkt. Sie haben eben diesen Zusammenhang zwischen der didaktisch-emotionalen Situation und den biochemischen Effekten erst analysiert und Empfehlungen daraus abgeleitet.

Letzteres reizte die Lehr-Lernforscherin Elsbeth Stern, Hauptautorin des Berichts und zugleich die wohl profilierteste Gegenspielerin der Hirnforscher auf dem Gebiet des Lernens. Sie unterstellt den Neurowissenschaftlern zumindest implizit eine biologistische Perspektive und provoziert mit Aussagen wie dieser: „Hirnforscher verpacken Trivialitäten und längst aus anderen Disziplinen Bekanntes in neurophysiologische Begriffe und behaupten, das sei besonders wissenschaftlich." (Stern 2009, S. 62). Nach unserem Eindruck ist die Mehrheit der Erziehungs- und Sozialwissenschaftler genervt vom offensiven Auftreten einiger Protagonisten aus den Reihen der Hirnforschung. Eine besondere Reizfigur ist der Ulmer Psychiater und Klinikleiter Manfred Spitzer. Mit seinem Bestseller „Lernen" (Erstausgabe 2002), dem er den programmatischen Titel „Medizin für die Bildung. Ein Weg aus der Krise" (2010) nachschob, attackiert er offen die Gralshüter der Pädagogik. Die Bildungsforschung sei für ihn keine wissenschaftliche Disziplin, weil sie weder Diskussionen zulässt noch Selbstkritik übt, „weitgehend ohne Qualitätskontrolle publiziert" und sich nicht auf Methoden und Wege einigen könne (ebd., S. 17). Die PISA-Studien bezeichnet er als „Versorgungsforschung" ohne Relevanz für eine „vernünftige Politikberatung" als Basis für Bildungsreformen. Übliche wissenschaftliche Standards würden ignoriert, inhaltlich und methodisch läge einiges im Argen (ebd., S. 18ff.). Gerhard Roth, auch Neurowissenschaftler, aber nicht eben ein Freund von Spitzer, bläst ins gleiche Horn, in dem er sich auf den „führenden Pädagogen und Didaktiker" Ewald Terhard beruft, für den die „pädagogische Ausbildung (an den Hochschulen; die Verf.) für die spätere Praxis der Schul- und Weiterbildung weitgehend wertlos ist" (Roth 2011, S. 14). Bei seinen Schulbesuchen hätte er beobachtet, dass „alle Lehrer (...) sich ihr Unterrichtskonzept individuell erarbeitet" hätten (ebd., S. 15). Pädagogische Standards würde man vergeblich suchen, was an sich schon erstaunlich genug wäre. Schwerer wiegt indes, dass sich laut Roth kaum ein Lehrer in die Karten schauen lässt. Indirekt schließt er sich damit Spitzers Kritik der mangelnden Qualitätskontrolle an. Gänzlich unübersichtlich wird der „Frontverlauf" nun, wenn Roth den pädagogischen Ratschlägen seiner Neurowissenschaftskollegen attestiert, dass dessen „Rezepte (...) meist nicht über hinlänglich bekannte Ziele der Reformpädagogik hinaus" gingen (2011, S. 276). In diesem Zusammenhang nennt er die Namen Manfred Spitzer,

Henning Scheich und Gerald Hüther, die wir hier noch zu Wort kommen lassen. Aber was gilt jetzt? Sind die Gräben zwischen den Neuro- und Erziehungs- bzw. Sozialwissenschaften unüberwindbar, weil Image, Pfründe und Eitelkeiten die inhaltliche Auseinandersetzung überdecken? Wie gesagt, es geht auch um Geld. Wenn Manfred Spitzers Honorar für einen Vortrag deutlich über der monatlichen Besoldung eines Hochschulprofessors liegt – und so was spricht sich rum! – dann reagiert die andere Seite mit Sozialneid.

Nur wenige Protagonisten schlagen eine Brücke zwischen den Disziplinen. So konnte der emeritierte Erziehungswissenschaftler Ulrich Herrmann in seinem Sammelband „Neurodidaktik" (2006) führende Hirn- und Bildungsforscher vereinen. Herrmann versucht in seiner Einleitung, Verknüpfungen zwischen den beiden Disziplinen herzustellen. Aber es ist in erster Linie ein Nebeneinander und nicht ein Miteinander. Auch Nicole Becker, eine Vertreterin des Pädagogenlagers, die von Neurowissenschaftlern schon mal als ihre Kronzeugin für deren Positionen benannt wird, sucht in ihrer Dissertation nach Nahtstellen zwischen den beiden Disziplinen. Sie wendet sich gegen eine „neurowissenschaftliche Übernahme der Lehr-Lern-forschung" und fordert von ihren Fachkollegen, die „physiologische Dimension" als Ausgangspunkt ihrer methodisch-didaktischen Überlegungen zu nutzen (2006, S. 230). Becker hat in ihrer Arbeit den immer noch haussierenden Markt der pädagogischen Ratgeberliteratur untersucht und kommt dabei zu einem vernichtenden Urteil. Simplifizierende und häufig sachlich falsche oder überholte Darstellungen werden unter Rückgriff auf die „moderne Hirnforschung" für Lernkonzepte verwandt: Da soll die rechte mit der linken Gehirnhälfte verbunden werden, sollen Lerntypen identifiziert (der „visuelle", der „auditive", der „kinästhetische" Typ ...), soll das „dreigliedrige Gehirn" entsprechend genutzt werden. All diese Konstruktionen sind nach Beckers Analyse neurowissenschaftlich nicht begründbar oder zumindest überholt. In die gleiche Kerbe schlägt Stephan Schleim mit seinen Veröffentlichungen „Die Neurogesellschaft" (2011) und „Die sieben größten Neuromythen" (2012, S. 38 ff.), wobei seine Titel merkwürdigerweise ebenso populistisch klingen wie seine Kritik an den Auswüchsen des Neurobooms. Wohlgemerkt: Man ist sicher gut beraten, sich der Euphorie zu entziehen, die die Wissenschaftsjournaille den Neurowissenschaften gegenüber immer wieder verfällt. Natürlich ist auch das hier vorliegende „Lesebuch" in Gefahr, mit knappen Darstellungen und Erklärungen der Komplexität des Themas nicht gerecht zu werden und die Dinge zu vereinfachen. Als Autoren ist uns dies bewusst, nichtsdestotrotz stehen auch wir vor dem Dilemma, das Bertrand Russell mit der Unmöglichkeit beschreibt, Genauigkeit und Verständlichkeit zu kombinieren.

9

Worum geht es uns also in diesem Buch?

Hirnforscher haben eine neue Debatte um Erziehung und Bildung angefacht. Ihre Protagonisten erklären den etablierten Institutionen, wie Lernen funktioniert. Die Medien sind begeistert und hieven ihre Apologeten auf die Titelblätter und in die Talkshows. Der Ozeandampfer Schule, die fast ebenso behäbigen Träger der Erwachsenenbildung und die für beide sich zuständig erklärende Erziehungswissenschaft sind irritiert und schalten erst einmal auf Ablehnung. Es geht um Öffentlichkeit und Reputation. Es geht um Erbhöfe und Pfründe.

Wir wollen mit diesem „Lesebuch" keine Dokumentation dieser teils destruktiv geführten, teils doch auch befruchtend wirkenden Auseinandersetzung leisten. Das überlassen wir (wieder einmal) fleißigen Doktoranden und emsigen Professoren. Konzentrieren wollen wir uns auf diejenigen Aspekte, die wir vor zwanzig Jahren als konstitutiv für gelingende Erziehung und Bildung vorgestellt haben (Heckmair/ Michl 1993, 1. Auflage) und die heute von Neurowissenschaftlern aus ihrem Schattendasein gezerrt werden: die Emotionen und das Erleben, der Körper und die Bewegung, die Gruppe und die Gemeinschaft. Diese Dimensionen werden nun endlich, vor allem auch von den Hirnforschern, auf die Stufe gehoben, die ihnen gebührt.

Wir versuchen also, die Anregungen der aktuellen neurowissenschaftlichen Erkenntnisse zu verarbeiten und Methoden, Modi und Arbeitsformen zu präsentieren, die so gesehen „hirngerecht" konzipiert sind. Wir unternehmen eine Reise, fast könnte man sagen eine Odyssee, von der Hand zum Hirn und zurück, und natürlich liegt dabei das Herz an der Reisestrecke und ist eine unentbehrliche Station. Denn die eingängigste Erkenntnis ist wohl, dass Lernen ohne Emotion, Leidenschaft und Begeisterung nicht funktioniert. Die Metapher des Weges, Reisens, Unterwegsseins, Prozesshaften interpretieren wir sprichwörtlich. Saumpfade, Wald-, Feld- und Wiesenwege, Alleen und die Spurensuche sind uns wichtiger als die scheinbaren Schnellstraßen des Lernens (vgl. dazu Schödlbauer, Paffrath, Michl 1999).

Je mehr die Pädagogik stationär und sitzend erstarrt, umso wichtiger wird das bewegte Lernen. Friedrich Nietzsche ließ sich für seine sechs- bis achtstündigen Bergwanderungen in Sils Maria von seinem Schreiner ein umhängbares Schreibbrett zimmern, um sich Notizen im Gehen machen zu können. Walter Benjamin hat sich gerne „bewusst" verlaufen, Martin Heideggers Werke sind voller Wegmetaphern – „Holzwege", „Wegmarken", Unterwegs zur Sprache", „Reden und andere Zeugnisse eines Lebensweges". Die zwei bedeutendsten Reiseschriftsteller des 20. Jahrhunderts, Patrick Leigh Fermor und Bruce Chatwin, sind Anhänger der augustinischen Formel „Solvitur ambulando". Wörtlich genommen bedeutet sie soviel wie „geheilt bzw. gerettet durch das Gehen/Wandern". Wandern ist somit nicht nur eine physische Betätigung, sondern auch eine Stimulation kreativer Kräfte und vielleicht sogar eine Grundvoraussetzung für schöpferische Prozesse überhaupt. Das Wandern,

Unterwegssein, auf dem Weg sein, kann man als Heilung und Katharsis betrachten und als eine poetische Handlung. Inzwischen wird wegen allgegenwärtiger GPS- und Google-Ortung die Kunst des Verirrens angepriesen: „Verirren. Eine Anleitung für Anfänger und Fortgeschrittene" (Passig/Scholz 2010). Fast erübrigt sich die Feststellung, dass auch wir seit mehr als zwanzig Jahren auf dem Weg sind von der Hand, also dem erlebnis- und handlungsorientierten Lernen, zum Hirn, – denn auch die Ergebnisse der Hirnforschung bewegen uns – und zurück.

Unmittelbar nach dieser Einleitung sichten wir zuerst die Ergebnisse der Hirnforschung und setzen sie in Bezug zum bewegenden und bewegten Lernen. Wir sind des Weiteren selbstbewusst genug, einen „Indikatoren- und Kriterienkatalog" zur Neurodidaktik vorzustellen, mit dessen Hilfe der Leser sein eigenes pädagogisches Selbstverständnis und seine konzeptionellen Grundlagen einer Prüfung unterziehen kann. Uns ist bewusst, dass der Begriff Neurodidaktik nicht unumstritten ist, verwenden ihn jedoch trotzdem als eingängige Arbeitshypothese, bis wir einen besseren, treffenderen gefunden haben. Im vierten Kapitel suchen wir besondere Zeiten, Orte und Wege auf, denn das bewegte Lernen braucht manchmal die Flucht aus den Routinen des organisierten Lernens. Im nächsten Abschnitt geben wir Anregungen zu Anfangssituationen und aktivierenden Methoden und provozieren mit paradoxen Interventionen. Wir beziehen uns dabei auf den Untertitel einer der ersten deutschsprachigen Publikationen zum erlebnis- und handlungsorientierten Lernen (Bedacht et al. 1992). Wir unternehmen dann einen Streifzug durch kleine Initiativen und große Institutionen, die ihre Konzepte und ihre Praxis – explizit oder implizit – neurodidaktisch positioniert haben. Dabei berühren wir die Felder Erziehung, Bildung und Therapie sowie Berufsausbildung, Personalentwicklung und Weiterbildung, wobei wir jeweils exemplarische Einzelprojekte herausgreifen. Im letzten Teil mäandern wir eher kursorisch und essayistisch als systematisch durch abseitige Lernpfade, fabulieren durch Gespräche, die es nie gegeben hat, lassen uns von Gemälden zum Nachdenken über Erziehung und Bildung inspirieren und betrachten die pädagogische Welt mit den Augen eines Afrikaners.

2 Hirnforschung – Lust und Last des Lernens

Wenn heute Hirnforschung und Lernen in einem Atemzug genannt werden, dann denkt man an Gedächtnistraining, Anleitungen zum „Gehirnjogging" und wohlfeile Ratgeber, wie man (angeblich) das Beste aus dem „biologischen Zentralcomputer", so ein aktueller Bestseller (Rössler 2011), herausholen kann. Vielleicht kommt einem auch die Werbung in den Sinn, die unter dem Stichwort „Neuromarketing" unser Konsumverhalten beeinflussen will. In intellektuellen Kreisen wird die Debatte über den „freien Willen" aufmerksam verfolgt, der nach Meinung einiger Hirnforscher keineswegs frei sei sondern in hohem Maße determiniert. Das alles soll hier allenfalls am Rande interessieren. Wir wollen uns indessen auf Fragen konzentrieren, die erst in den letzten Jahren ins Blickfeld gerieten: „Welche Rolle spielen die Emotionen beim Lernen?", „Was trägt der Körper zum Lernen bei?", und „Welche Bedeutung hat die Gemeinschaft, in der der Mensch sich bewegt?"

2.1 Emotionen – die wirksamsten Lernkraftverstärker

Daniel Golemans „Emotionale Intelligenz" (1996) sorgte für eine Aufwertung der Gefühle, die man sich sonst nur im Privaten, höchstens noch im Kulturellen zumutete. Das Buch war jahrelang weit oben in den Bestsellerlisten von SPIEGEL und FOCUS. Die damals noch neuen Erkenntnisse der Hirnforschung, auf die sich Golemans quellenreiches Kompendium stützt, wurden dabei nur am Rande wahrgenommen. Goleman ist kein Neurowissenschaftler, sondern gelernter Psychologe und als damals leitender Wissenschaftsredakteur der New York Times bestens ausgestattet und persönlich prädestiniert, eine auch für Laien gut verständliche Renaissance der Gefühle einzuläuten. Sein Verdienst war es, die auf Denken und Gedächtnis fixierte Definition von Intelligenz in Frage zu stellen und die unterschätzte Rolle der Emotionen zu beleuchten. Die eigentliche Offensive der Hirnforschung, anders als die Sozial- und Erziehungswissenschaften eine „Science", eine Naturwissenschaft im engeren Sinne, erfolgte dann zu Beginn dieses Jahrhunderts. Es waren die Feuilletons der großen Zeitungen, die Antonio Damasio, den zu dieser Zeit wohl wichtigsten amerikanischen Neurowissenschaftler entdeckten. Er erregte mit einem originellen Körper-Seele-Verständnis Aufsehen. In seinem Buch „Descartes' Irrtum. Fühlen, Denken und das menschliche Gehirn" (1999) und dem programmatisch hinterher geschobenen „Ich fühle, also bin ich" (2000) rückte er die bis dato vollkommen unterschätzte Bedeutung des Körpers in den Mittelpunkt seiner Thesen. Hannah

Lühmann bringt es etwas umständlich, aber treffend auf den Punkt: „Nicht nur sind wir nicht Herr im eigenen Haus, sondern wir sind das Haus." (2011, S. 14). Fleisch und Bein als Ausgangspunkt für Denken und Fühlen! Ist das nicht ziemlich abwegig? Der portugiesisch stämmige Neurowissenschaftler aus dem verschlafenen Kleinstaat Iowa rüttelte heftig an vermeintlich ehernen Grundpositionen der kognitiven Psychologie und auch der Philosophie. Als Leiter einer neurologischen Klinik konnte er seine empirischen Studien auf mehr als zweitausend Krankenakten hirngeschädigter Patienten stützen. So verwarf er die dichotomische Trennung von Körper und Seele als Irrtum und entwickelte ein fast revolutionär anmutendes Konzept eines Selbst- und Körperbewusstseins, das sowohl Geist als auch Seele auf Materie zurückführt. „Emotion, Gefühl und Bewußtsein – alle diese Prozesse sind auf Repräsentationen des Organismus angewiesen. Ihr gemeinsames Wesen ist der Körper." (2000, S. 341) Die Grundzüge dieser auf den ersten Blick abenteuerlich anmutenden Konzeption wurden nun in den Feuilletons der Süddeutschen Zeitung (232/2000) und der ZEIT (41/2000) ganzseitig vorgestellt, lange bevor die Riege der deutschen Neurowissenschaftler von den hiesigen Medien wahrgenommen wurde.

Aus pädagogischer Sicht lässt sich eine erstaunliche Analogie feststellen, wenn man auf die knapp hundert Jahre vorher entbrannte Debatte um Lehren und Lernen zurückblickt: John Dewey, amerikanischer Pragmatiker und Philosoph, hat in seiner Laboratory School die vor allem körperlich gemeinte Selbsttätigkeit der Schüler zulasten einer verkopften und instruktionistischen Stoffschule eingeführt. In Werkstätten, Ateliers und Laboren sollten sich Schülerinnen und Schüler Kenntnisse und Fähigkeiten aneignen, indem sie, angeleitet von einer Lehrkraft, die Dinge buchstäblich selbst in die Hand nehmen. Ebenso wie bei Damasio wird der Körper aus seiner Rolle als pures „Stoffwechselungsorgan" befreit und insofern intellektuell aufgewertet. Deweys pädagogischer Ansatz bezieht alle Sinne mit ein, fokussiert sich auf den praktischen Umgang mit Dingen und ist vor allem – im engsten Wortsinne – handlungsorientiert. Wissensaufbau und Charaktererziehung fußen auf aktiver körperlicher Tätigkeit, die zudem meist in Gemeinschaften stattfindet (vgl. Knoll 2011, S. 149ff.). Doch dazu später …

Emotionen sind materiell

Damasio irritierte Fachwelt und Öffentlichkeit mit seinen Definitionen und Bezügen. Dass Emotionen ebenso wie Kognitionen Materie sind, die mit bildgebenden Verfahren darstellbar, ja im Prinzip messbar sind, mag noch einleuchten. Irritierend ist dagegen Damasios Verortung der Begriffe Emotion und Gefühl, die hierzulande im Allgemeinen synonym oder sich überschneidend, jedenfalls nicht eindeutig unterscheidbar gebraucht werden. Für Damasio sind Emotionen körperliche Reaktionen auf Wahrnehmungen, während er Gefühle als „geistige Bewertungsprozesse" eben dieser begreift (Damasio 1999, S. 193). In seinem zehn Jahre später veröffentlichten Band mit dem unglücklich übersetzten Titel „Selbst ist der Mensch" (im Original „Self comes to Mind") präzisiert er, wenn auch reichlich abstrakt, folgendermaßen: Emotionen sind „komplexe, größtenteils automatisch ablaufende, von der Evolution gestaltete Programme für Handlungen" (2011, S. 122), während Gefühle „Wahrnehmungen dessen (sind), was in unserem Körper und Geist abläuft, wenn wir Emotionen haben" (ebd.). Das ist zum einen ziemlich provozierend und zum andern reichlich harte Kost. Bemühen wir deshalb seinen Kollegen Joseph LeDoux, der heute am „Center for Neural Science" an der Universität New York lehrt. LeDoux spricht, vielleicht ein wenig (selbst)ironisch von einer „unglaublich einfachen Idee", die besagt, dass ein Gefühl „dann entsteht, wenn wir bewußt wahrnehmen, daß ein Emotionssystem des Gehirns [...] aktiv ist" (2003, S. 289). Derart trennscharfe und zugleich griffige Definitionen sind die Sache der deutschen Neurowissenschaftler nicht. Gerhard Roth lehnt in einem FOCUS-Interview Damasios Theorem ab, dass Gefühle immer Körpergefühle seien (24/2004, S. 144); lediglich auf Affekte und starke Gefühle treffe dies zu. Unstrittig ist indessen die überragende Bedeutung der Emotion im zerebralen Geschehen. Für Damasio ist „vernünftiges Denken ohne den Einfluß der Emotionen nicht möglich" (2000, S. 57), LeDoux spricht gar von einer „feindlichen Übernahme des Bewusstseins durch die Emotion" (2006, S. 299), während Gerhard Roth die Dominanz der Gefühle über den Verstand so kommentiert: „Das ist auch gut so, denn unsere konditionierten Gefühle sind ja nichts anderes als ‚konzentrierte Lebenserfahrung'" (2001, S. 321).

„Wir sind traurig, weil wir weinen!"

Damasio greift ebenso wie Joseph LeDoux in seiner Argumentation zurück auf William James, der 1884 einen Artikel mit dem Titel „What is an Emotion?" veröffentlichte (LeDoux 2003, S. 48). James, wie Dewey einer der großen amerikanischen Pragmatiker, fragt dort, warum wir weglaufen, wenn wir in Gefahr sind und war mit der nahe liegenden Antwort „weil wir uns fürchten" nicht zufrieden. Emotionen sind Reaktionen des Körpers. Wenn wir vor einem Bären weglaufen, treiben uns Herzrasen, Muskelspannung und schwitzende Handflächen an. James dreht das scheinbar Naheliegende um und sagt: „Wir fürchten uns, weil wir laufen" und „wir sind traurig, weil wir weinen". LeDoux nimmt diese gedankliche Umkehrung als Ausgangspunkt für den Zusammenhang von Kognition und Emotion: „Der mentale Aspekt der Emotion, das Gefühl, ist ein Sklave ihrer Physiologie, nicht umgekehrt. Wir zittern nicht, weil wir uns fürchten, und wir weinen nicht, weil wir traurig sind; wir fürchten uns, weil wir zittern, und wir sind traurig, weil wir weinen." (LeDoux 2003, S. 50).

Eine Wahrnehmung ist der Auslöser eines Reizes auf den Körper und dieser wird zur Bühne der Emotion. Damasio edelt James Umkehrung als einen „kühnen Gedanken, der aber durch die moderne Forschung in vollem Umfang unterstützt wird" (Damasio 2011, S. 128). Lediglich in einem Punkt modifiziert Damasio James: Der Reiz wird in der Regel auch bewertet, das heißt gefiltert und kanalisiert, bevor er in die auslösende Region gelangt (ebd., S. 129).

LeDoux illustriert seinen überraschenden und irritierenden Rückgriff auf eine damals über hundert Jahre zuvor aufgestellte Hypothese mit einem Beispiel, das in der einschlägigen Literatur fortan immer wieder auftaucht: Ein Wanderer erblickt plötzlich eine Schlange. Was geht in ihm vor? Von der Netzhaut seines Auges wird die Information an den Thalamus, einer zentralen Schaltstelle im Hirn gemeldet. Von dort wird diese in den visuellen Cortex, einem Teil des Großhirns projiziert und unter Mitwirkung weiterer kortikaler Strukturen verarbeitet. Dieser Vorgang braucht seine Zeit. Ein evolutionär vermittelter, für das Überleben unserer Spezies sinnvoller Prozess läuft parallel ab, nur eben wesentlich schneller: Der Thalamus feuert an die Amygdala, den Mandelkern, unseren „Notfallknopf" für Angst. Diese mobilisiert unmittelbar den Körper. Neurotransmitter jagen den Blutdruck hoch, beschleunigen die Pulsfrequenz; die Muskeln spannen sich an. Noch bevor das Großhirn, die vielzitierten „grauen Zellen", Verhaltensalternativen entwerfen kann, übernimmt der Körper das Kommando. „Fight or Flight" heißen die Alternativen, die dem Wanderer nun als intuitive Reflexe zur Verfügung stehen.

Die Dominanz der Emotionen

Für Daniel Goleman ist dies ein automatischer Prozess, der als „Standardmodus des Gehirns unablässig in Betrieb ist" (2006, S. 480). Diesen Prozess bezeichnet er anschaulich als „unteren Pfad", der unmittelbar Handlungen auslöst, die erst verzögert oder überhaupt nicht ins Bewusstsein" gelangen (ebd., S. 29). Der „obere Pfad" dagegen ist mit willentlicher Anstrengung verbunden und läuft mit geringerer Geschwindigkeit ab (ebd., S. 479). Jetzt könnte man einwenden, dass wir in diesen Tagen selten auf Schlangen, geschweige denn auf Bären in freier Wildbahn treffen. Nur: Wir sind evolutionär eben so gestrickt und in unserem Körper reagieren auch in alltäglichen Situationen die Mechanismen des „unteren Pfades".

Dies war, wie Manfred Spitzer bemerkt, vor 100.000 Jahren sinnvoll. Heute bringt dieser Automatismus aber mitunter Probleme mit sich. Angst generiert einen Prozess, der zwar einerseits Energien freisetzt, aber auch – wie zum Beispiel bei Prüfungsangst – Blockaden auslösen kann. So gilt auch heute noch Damasios Einsicht: „Das Gehirn mit seinem auf den Körper gerichteten Geist ist tatsächlich ein Gefangener des Körpers und seiner Signale." (Damasio 2011, S. 133).

Der Einfluss der Amygdala auf den Cortex ist weitaus größer als umgekehrt, da die entsprechenden Nervenbahnen von der Amygdala zum Cortex wesentlich stärker dimensioniert sind als in Gegenrichtung (LeDoux 2003, S. 325). Dies ist bei allen Säugetieren – und Menschen gelten nicht nur neurobiologisch als Säugetiere – der Fall, was eine Begründung für die Dominanz der Emotionen gegenüber den Kognitionen sein sollte, wie noch zu zeigen sein wird. Umgekehrt bringt es nicht viel, wenn wir uns einreden, dass wir nicht ängstlich oder deprimiert sein sollen (ebd.). Die Amygdala bildet das Zentrum des „limbischen Systems", dem Kraftwerk der Emotionen, wenn man so will. Dieses Netzwerk im Zwischenhirn, das auch Regionen des Mittelhirns und Teile des Kortex mit einschließt, wurde bereits in den 1960er Jahren mit diesem Begriff belegt (vgl. LeDoux 2006, S. 278ff.). Die meisten Neurowissenschaftler verwenden ihn, um emotional-affektive Prozesse im Zusammenhang mit Bewertungen, Vorstellungen und der Auswahl und Steuerung von Handlungen neurostrukturell einzuordnen. Gerhard Roth fasst in seinem Grundlagenwerk „Fühlen, Denken, Handeln. Wie das Gehirn unser Verhalten steuert" prägnant zusammen: „Was [...] letztendlich getan wird, entscheidet das limbische System" (2001, S. 453). Der Amygdala ist, evolutionsgeschichtlich betrachtet, ein vornehmer Platz als Wächterin für das Überleben der Spezies Mensch sicher. In der Jetztzeit indessen unterbricht sie als empfindlicher „Alarmknopf" den Alltagstrott mit heftigem Geklingle, einerlei ob nun ein wirklicher Notfall vorliegt oder nur ein Fehlalarm.

Phineas Gage – ein Sprengmeister schreibt Wissenschaftsgeschichte

Das „limbische System" reicht, wie schon angedeutet, auch in Teile der Großhirnrinde, des Cortex hinein. Unter den Augenhöhlen sowie direkt darüber, also hinter der Stirn, werden Emotionen bewertet und verarbeitet. Noch vor nicht allzu langer Zeit wurde diese Region von den Neuroanatomen gering geschätzt, mitunter sogar „lobotomiert", das heißt chirurgisch durchtrennt – zum Beispiel um psychische Krankheiten „auszumerzen". Manfred Spitzer schildert in seinen Vorträgen höchst eindrucksvoll, wie Neurowissenschaftler früher die verschiedenen Bereiche der Hirnrinde elektrisch stimulierten und sichtbare oder für den Probanden spürbare Ergebnisse erzielten:

17

Finger bewegen sich, Geräusche werden wahrgenommen, Düfte gerochen. Wenn man indes an der orbitofrontalen (Augenhöhle) oder der ventromedialen Region (Stirnrückseite) intervenierte, passierte nichts. Daraus schloss man, dass hier höchstens störende Funktionen beheimatet sein können, was sich jedoch als Irrtum erwies. Ein Schlüssel zur Erkundung dieser neuronalen Region lag in der Dokumentation von Hirnverletzungen am Neurowissenschaftlichen Institut der Universität Iowa. Damasios Frau Hanna rollte den Fall des wohl berühmtesten Hirnverletzten der Geschichte neu auf: Phineas Gage war 1848 Sprengmeister in Neuengland, dem heutigen Massachusetts. Bei der Explosion einer Sprengladung durchschlug eine Eisenstange seinen Kopf. Die Stange drang an der Wange ein, durchschlug den vorderen Teil seines Gehirns und trat am Schädeldach wieder aus. Überraschenderweise überlebte Gage den Unfall. Und nicht nur das. Er behielt die volle Kontrolle über seinen Körper und seine Sprache und verhielt sich, so viel ist überliefert, weitgehend vernünftig. Allein seine Persönlichkeit veränderte sich. Aus dem disziplinierten und fürsorglichen Kollegen und Freund wurde ein launischer, unzuverlässiger, häufig pöbelnder Zeitgenosse, auch wenn die Berichte neuestens in ihrer Eindeutigkeit bezweifelt werden (Schleim 2012, S. 38f). Da der Hausarzt den Fall Gage minutiös aufzeichnete, konnte Hanna Damasio mit Hilfe bildgebenden, dreidimensionalen Verfahren rekonstruieren, welche Hirnregionen durch den makabren Unfall geschädigt wurden und welche nicht. Das Geschoß verschonte die motorischen und sprachlich-logischen Zentren, zerstörte jedoch diejenige Region, die für Bewertungen und Entscheidungen, für Ethik und Moral zuständig ist. Phineas Gage und einige weitere, in den Krankenakten der Damasios dokumentierte Patienten schufen die Erkenntnis, dass der orbitofrontale Kortex in hohem Maße die Persönlichkeit eines Menschen bestimmt (Damasio 1999, S. 25ff.). Inzwischen weiß man, dass eben diese Hirnregion am längsten braucht, um auszureifen. Erst im dritten Lebensjahrzehnt ist die Entwicklung dieser Hirnregion strukturell abgeschlossen (vgl. Roth 2011, S. 46ff.).

LeDoux' Beispiel mit der Schlange und Damasios Rekonstruktion des Falles Phineas Gage illustrieren anschaulich das prekäre Verhältnis von Geist und Seele in einem Körper, den man lange Zeit nur als Bewegungs- und Fortpflanzungsorganismus wahrgenommen hat. Von Kant über Schopenhauer bis Sigmund Freud regierte die abendländische Figur vom Vorrang der Ratio vor der Emotion und dem Bestreben des Menschen, die Vernunft über das Gefühl zu stellen. LeDoux' Wanderer rettete sein eigenes „Fleisch und Bein" (vor der Schlange); Phineas Gage behielt zwar seinen Verstand, wurde jedoch zum sozialen Wrack.

Informationen werden emotional eingefärbt

Die überragende Bedeutung der Emotionen beim Denken, Fühlen und Handeln schlägt sich notwendigerweise in jedem Lernprozess nieder. Und eben das wird im tradierten Verständnis etablierter „Erkläranlagen", also beispielsweise Schulen, weitgehend negiert. Oder zumindest in der Praxis nicht entsprechend umgesetzt und gelebt. „Was uns Menschen umtreibt, sind nicht Fakten und Daten, sondern Gefühle, Geschichten und vor allem andere Menschen." (Spitzer 2002, S. 160). Es beginnt schon damit, dass Dinge umso besser erinnert werden, je mehr sie von Emotionen flankiert werden (Roth 2001, S. 274f.). Positiv besetzte Inhalte brennen sich dabei im Allgemeinen stärker ein als negative, wenn man von Extremerfahrungen wie Missbrauch, schweren Unfällen oder dem Tod eines nahe stehenden Menschen absieht. Grundsätzlich gilt auch, dass der emotionale Kontext einen modulierenden Einfluss auf das zu Speichernde ausübt (Spitzer 2003, S. 95). Das heißt, je nachdem, in welchem emotionalen Zustand man sich jeweils befindet, wird eine Information oder Erfahrung entsprechend eingefärbt. Insofern sind die abzuspeichernden Inhalte nicht neutral, sondern jeweils mit einem bewertenden Zusatzcode versehen. Und: Sie werden in unterschiedlichen Regionen des Gehirns abgelegt. Alles, was positiv besetzt ist, landet erst mal im Hippocampus, alles, was negativ besetzt ist, in der Amygdala. Der Hippocampus ruft die Inhalte immer wieder auf und verfrachtet sie, wenn alles gut geht, sukzessive in den Cortex. Vieles davon geschieht im Schlaf. Wenn das Gelernte negativ tradiert ist, wird die Amygdala angesteuert. Das heißt, wie oben geschildert, der Körper stellt sich auf Kampf oder Flucht ein. Was damit faktisch ausgeschlossen ist, ist der kreative Umgang mit dem neu Gelernten (Spitzer 2010, S. 140f.). Gelingendes Lernen braucht also ein inspirierendes Umfeld und eine positive Atmosphäre! Extremer Stress transportiert die Substanz dessen, was gelernt werden soll, an den falschen Ort. Die Amygdala hat ihre Funktion als „Alarmknopf" für kritische Situationen, ist aber als Katalysator für das Abspeichern von Wissens- und Verhaltensinhalten höchst ungeeignet. Nur dann, wenn mit Freude und Spaß gelernt wird, schafft man die Voraussetzung für das spätere Lösen von Problemen (ebd.).

Selbstreflexion und Meditation

Antonio Damasio hat mit seinem Konzept der „somatischen Marker" eine Verknüpfung von emotionalen und vernunftgeleiteten Anteilen bei der Informationsverarbeitung und Entscheidungsfindung des Gehirns vorgestellt. Nach seiner Auffassung wird jedes sensorisch eingehende Wahrnehmungsbündel automatisch „markiert", das heißt mit einer positiven oder negativen Bewertung versehen und entsprechend abgespeichert. Jedes Individuum schafft sich so gewissermaßen einen „Tendenzapparat" (Damasio 1999, S. 239), um vielschichtige Situationen im Vorhinein einzusortieren und Verhaltens- und Handlungsanweisungen vorzubereiten. Die Krux ist dabei allerdings, dass das Wirken dieses „Apparats" vom Bewusstsein nicht wahrgenommen wird und dass dieser unterschwellige Mechanismus das Denken und Entscheiden beeinflusst (S. 253). Die Verarbeitung von Informationen erfolgt vorrangig über die „untere Route", analog Golemans „unterem Pfad" (LeDoux 2006, S. 291f), also vom Thalamus zur Amygdala und damit „am Bewusstsein vorbei". Zugang zu diesem emotionalen Zentrum zu erlangen, ist langwierig und mühselig. Chancen dafür bieten vor allem die Selbstreflexion und das Feedback durch andere Menschen. Buddhistische Mönche mit mehr als 10.000 Stunden Meditationserfahrung beschreiten einen anderen Weg. Sie befreien sich von „mentalen Konstrukten" und dem „linearen Denken" und verweilen „in der klaren Frische des gegenwärtigen Augenblicks" (Singer/Ricard 2008, S. 118). Für westlich sozialisierte Menschen klingen diese Worte zunächst fremd und naiv. Andererseits konnte mittels EEG und fMRT nachgewiesen werden, dass sich durch Meditation die Verbindung vom präfrontalen Stirnlappen zum Mandelkern verstärken lässt (Begley 2007, S. 430) und dass Mönche, die lange Jahre intensiv meditiert hatten, auch im nichtmeditativen Zustand in der Lage sind, ihre Gefühle in hohem Maße zu kontrollieren (ebd., S. 379ff.). Indes: Die zeitliche Investition ist enorm groß.

Permanenter Stress schädigt das Gehirn

Wenn ein Mensch einer Situationen ausgesetzt ist, die er als belastend erlebt, wird seine Aufmerksamkeit zumindest kurzfristig angeregt und seine Körperfunktionen werden mobilisiert – wie in unserem Beispiel mit der Schlange. Die Amygdala im Zentrum des limbischen Systems verrichtet Schwerstarbeit. Auf seinen Befehl hin werden Stresshormone ausgeschüttet, die Alarmbereitschaft nicht nur im Gehirn, sondern im ganzen Körper auslösen. Wenn dieses Stressgeschehen allerdings über einen längeren Zeitraum anhält, kommt es zu somatischen Schädigungen – auch im Gehirn. Tierversuche haben gezeigt, dass der Hippocampus bei andauerndem Stress schrumpft, so dass die Leistungsfähigkeit des Gehirns deutlich herabgesetzt wird. Bei Menschen mit posttraumatischen Belastungsstörungen, etwa nach Missbrauchs- oder Kriegserfahrungen, sind diese Veränderungen eklatant (LeDoux 2003, S. 260ff.).

Wir können festhalten, dass Emotionen und die daraus resultierenden Gefühle eine zentrale Rolle beim Lernen spielen. Unser Verhalten wird in hohem Maße über unsere Emotionen also den „unteren Pfad" (Goleman) gesteuert, ohne dass uns dies bewusst ist. Über den „oberen Pfad" erlangen wir nur zum Teil Einblick in das Innenleben, nehmen als Gefühle wahr, was uns der Körper vermittelt.

Der Schweizer Psychotherapeut Luc Ciompi erläutert bildhaft und metaphernreich, welche konkreten Wirkungen damit verbunden sind. Emotionen beziehungsweise Affekte, so Ciompi (1999, S. 95ff.)

- „[…] sind die Energielieferanten oder ‚Motoren' und ‚Motivatoren' aller kognitiven Dynamik,
- […] bestimmen andauernd den Fokus der Aufmerksamkeit,
- […] wirken wie Schleusen oder Pforten, die den Zugang zu unterschiedlichen Gedächtnisspeichern öffnen oder schließen,
- […] schaffen Kontinuität; sie wirken auf kognitive Elemente wie ein ‚Leim' oder ‚Bindegewebe',
- […] bestimmen die Hierarchie unserer Denkinhalte,
- […] sind eminent wichtige Komplexitätsreduktoren."

Ein körpereigenes Belohnungssystem

Was die Praktiker des Handlungslernens immer schon wussten, konnte von den Neurowissenschaftlern nun bewiesen werden: Emotionen sind enorm wirksame „Lernkraftverstärker", fokussieren die Aufmerksamkeit, steigern Motivation und Gedächtnisleistung, aktivieren schließlich unser Belohnungssystem. Alle Säugetiere verfügen darüber. Wie hoch wirksam es ist, hat bereits in den 1950er Jahren ein Experiment mit Ratten gezeigt. Forscher platzierten feine Drähte in den Kopf der Versuchstiere und stimulierten unterschiedliche Areale. Eher zufällig stießen sie dabei auf eine Region mit dem schönen Namen Nucleus Accumbens. Wenn sanfte Stromwellen dort hin gelangten, erregte das die Tiere in hohem Maße. Daraufhin konstruierten die Wissenschaftler einen Generator, mit dem die Ratten den Impuls selbst auslösen konnten. Fortan drückten sie den besagten Knopf ohne Unterlass, vergaßen zu essen und zu trinken und stimulierten sich, bis sie tot waren (Spitzer 2010, S. 143). Über weitere Experimente mit Affen stieß man auf ein Belohnungszentrum, das auf vielerlei Art aktiviert werden kann. Immer dann, wenn bei Primaten (wir Menschen gehören auch dazu!) eine Erwartung übertroffen wird, wird der Neuromodulator Dopamin in den Nucleus Accumbens ausgeschüttet. Dort werden opiumartige Eiweißkörper hergestellt und ins Frontalhirn projiziert, was Lustgefühle auslöst. Über eine zweite Bahn gelangt weiteres Dopamin direkt ins Frontalhirn, was die Konzentration verbessert und für besondere Klarheit sorgt (ebd., S. 144f.). Damit haben wir den wohl wichtigsten Treiber für gelingende Lernprozesse identifiziert: Wenn etwas für uns neu ist, wenn uns etwas besser gelingt als erwartet, wenn wir eine Herausforderung erfolgreich bewältigen, immer dann wird die „Dopamindusche" (Scheich 2003, S. 38) aufgedreht. Körpereigene Opioide stimulieren uns, versetzen uns in ein Hochgefühl, münden bestenfalls in einen „Flow" (Csikszentmihalyi 2008). Der Nucleus Accumbens fungiert dabei als unser „Lernzentrum". Dass wir dabei Spaß haben und vielleicht auch Glück empfinden, ist nur ein Nebenprodukt.

2.2 Der Körper – nicht nur „Wohnung" des gesunden Geistes

Knapp zwei Millionen Jahre lang bestand das Tagewerk des Menschen vor allem aus Jagen und Sammeln. So war es naheliegend, dass die Evolution den Homo Sapiens als Lauftier ausstattete. Tagaus, tagein ging und lief der Mensch also zehn bis fünfzehn Kilometer. Vor rund zehntausend Jahren begann er dann damit, Äcker anzulegen und Vieh zu züchten. Erst im letzten Jahrhundert, menschheitsgeschichtlich also vor ein paar lächerlichen Augenblicken, fiel die körperlich aufwändige Nahrungsbeschaffung für die meisten Erdenbewohner ganz weg. Heute bewegt sich der Durchschnittsbürger gemessen an paläolithischen Zeiten kaum mehr und bräuchte zur Regeneration eigentlich nur noch einen Bruchteil der Energiemenge seiner Vorfahren aus der Steinzeit. Während diese tagtäglich große Mengen Energie aufwandten, um Nahrung zu beschaffen und in einer unwirtlichen, ja lebensfeindlichen Umgebung täglich mit vollem Körpereinsatz stressige Situationen bewältigen mussten, sind wir heutzutage einem vermeintlich nichtphysischen Stress ausgesetzt: Die Amygdala, unser bereits vorgestellter „Notrufknopf" sendet unablässig Alarm, wenn die tägliche Nachrichtenwelle, aufgepumpt mit regionalen und globalen Tragödien, über uns hinwegschwappt. Es ist eine, evolutionär betrachtet, neue Art von Stress und auch die Bewältigung desselben hat sich gewandelt. Wenn wir nach getaner Arbeit nach Hause kommen heißt es: Kühlschrank auf, Schnellgericht in die Mikrowelle und einen ersten Schluck aus der Pulle auf dem Weg zum Sofa vor dem Fernseher ... Was sich klischeehaft liest, ist nicht weit weg von der Wirklichkeit. Die Standardküche ist ein Relikt der Vergangenheit, weil schon heute über ein Drittel aller deutschen Haushalte den Herd nicht mehr benutzt. So gesehen kann man sich vorstellen, wie schwer es beispielsweise die Schule hat, unbelehrbare Bewegungsmuffel zum Laufen, Springen, Ballspielen oder wenigstens Gehen zu animieren. Doch dazu später.

Ratten, Mäuse und Katzen

Eher zufällig stieß die Wissenschaft auf den Zusammenhang zwischen Bewegung und Neurogenese. Der kanadische Psychologe Donald Hebb nahm 1945 ein paar Laborratten mit nach Hause. Die anregende Umgebung schien ihnen gut zu tun, denn nach ihrer zwangsweisen Rückkehr ins Labor verhielten sie sich neugieriger und entdeckungsfreudiger als ihre Artgenossen, die nichts anderes kannten als klinische Käfige. Sie hatten zudem offenbar weniger Angst und schnitten bei Lerntests besser ab (Begley 2007, S. 96ff.). Hebb folgerte, dass das interessante Umfeld und das Spiel der Tiere ihr Gehirn verändert hatten. In den 1960er Jahren griffen kalifornische Wissenschaftler Hebbs Entdeckung auf und ließen in ihren Laboren Ratten in Tunnelgängen und Labyrinthen spielen. Beim Sezieren bestätigte sich Hebbs These, dass sich ihre Gehirne verändert, das heißt vergrößert hatten. Zehn Jahre später konnte man nachweisen, dass mehr Synapsen, also Verbindungen zwischen den Nervenzellen im Gehirn der Mäuse entstanden. Aus der noch vagen Ahnung, dass Bewegung eine wichtige Rolle bei der Hirnentwicklung spielt, wurde langsam Gewissheit. Es war dann der Neurowissenschaftler Fred Gage, der herausfand, dass sich sowohl bei jungen als auch bei alten Mäusen in Käfigen mit Laufrädern, Spielzeug und Tunnelgängen Zehntausende neuer Nervenzellen im Hippocampus, dem wohl wichtigsten Trainer und Zuarbeiter des Cortex, bilden. Gemeinsam mit Henrietta van Praag konnte er in einem Experiment zeigen, dass mit Bewegung nicht nur neue Neuronen entstehen, sondern dass sich auch die Leistungsfähigkeit der Versuchstiere erhöht. So stattete man die Käfige einer Gruppe von Mäusen mit Laufrädern aus; die Parallelgruppe hatten solche nicht zur Verfügung. Erstere drehten sich vier bis fünf Stunden täglich in ihren Rädern und bildeten, wie erwartet, neue Nervenzellen. Die Forscher setzten die Mäuse daraufhin in ein Wasserbecken, in dem knapp unterhalb der milchigen Wasseroberfläche eine kleine Plattform versteckt war.

Die Mäuse paddelten so lange, bis sie per Zufall auf die Plattform stießen. In den folgenden Durchgängen zeigte sich dann, dass die „Laufmäuse" die Plattformen schneller fanden als die „Nichtlaufmäuse". Die trainierten Mäuse waren besser als ihre Artgenossen imstande, an der Lage der Gegenstände im Raum die Position der Plattform auszumachen und diese zu finden. Die Forscher folgerten daraus, dass die „Laufmäuse" durch ihr Bewegungstraining klüger geworden waren und schneller lernten (Begley 2007, S. 113). Wichtig für die Neubildung der Nervenzellen war auch, dass die Mäuse freiwillig mehrere Kilometer pro Tag zurücklegten. In einem Kontrollversuch stellte sich heraus, dass Mäuse, die zum Laufen gezwungen wurden, deutlich weniger neue Nervenzellen bildeten (ebd., S. 116f.). Leicht lässt sich daraus folgen, dass die Pädagogik schlecht beraten wäre, Bewegungsmuffel mit schierem Druck zum Joggen zu locken. Es muss schon von alleine kommen. Zum Beispiel mit Hilfe einer spielerischen Komponente. Bei intelligenten Rudeltieren wie Wölfen, Bären, Hunden werden im Spiel soziale Bindungen gefestigt. Die Tiere lernen, im spielerischen Tun das Verhalten und die Botschaften ihrer Artgenossen zu deuten und entsprechende Reaktionsweisen auszutesten – Fertigkeiten, die eine gelungene Sozialisation auszeichnet (Ratey 2006, S. 217). Welche Rolle die Bewegung dabei spielt, zeigte ein Experiment am *Massachusetts Institute of Technology* mit Katzen (Singer 2002, S. 50).

Die Forscher setzten zwei Katzen in ein Karussell. Eine davon konnte mit ihren Pfoten das Karussell in Bewegung setzen und damit steuern, während die andere nur passiv darin saß und so gedreht wurde. Beide sahen aus ihrer jeweiligen Perspektive das gleiche Geschehen. Als man im Anschluss daran die kognitiven Leistungen der Tiere verglich, wurde deutlich, dass nur das aktive Tier gelernt hatte. Wolf Singer folgert daraus „Nur-Zuschauen genügt also nicht. Selbermachen ist entscheidend ..." (ebd.).

Ausdauertraining fürs Gehirn

Natürlich können diese, unterschiedlich interpretierbaren Beobachtungen und mehr oder weniger gesicherten wissenschaftlichen Erkenntnisse nicht eins zu eins auf den Menschen übertragen werden. Allerdings sind sich die Forscher einig, dass der Mensch im Grunde auch zur Kategorie des intelligenten Rudeltiers gehört. Einerlei. Unser Blick gilt auch und vor allem jenen Studien, die sich dem Zusammenhang von Bewegung und Lernen beim Menschen widmen. Die Mehrzahl davon, so Ralph Reinhardt in seiner einschlägigen Dissertation, kann „einen signifikant positiven Effekt körperlicher Aktivität auf Gehirn und Kognition nachweisen" (Reinhardt 2009). Dabei sind die Ergebnisse nicht immer so eindeutig wie in den Publikationen des bereits zitierten John Ratey, der wohl den größten Output in diesem Forschungsbereich vorzuweisen hat. Ratey brachte 2008 ein Buch mit dem etwas überambitioniert klingenden Titel „Spark. The revolutionary New Science of Exercise and the Brain" auf den Markt, das dann ein Jahr später nicht weniger spektakulär unter den Namen „Superfaktor Bewegung" auf deutsch erschien (Ratey 2009). Der Band erzielte in den USA große Aufmerksamkeit, wurde hierzulande dagegen vergleichsweise wenig rezipiert. Ratey berichtet darin ausführlich von einem Schulsportprojekt in Naperville, einer Stadt im amerikanischen Bundesstaat Illinois. Eine Gruppe engagierter Sportlehrer hatte in den 1990er Jahren mit Unterstützung der Behörden den Sportunterricht an allen Schulen des Bezirks intensiviert. Seitdem beginnt jeder Schultag in Naperville mit einer Sportstunde. Einen Schwerpunkt bilden darin regelmäßige Mittel- und Langstreckenläufe, den die Schüler, je nach individuellem Leistungsvermögen in unterschiedlichem Tempo absolvieren. Mannschaftssportar-  ten wie Basketball und Fußball wurden ebenfalls auf den Stundenplan gesetzt. Allerdings modifizierte man das Regelwerk: Die Teams treten obligatorisch mit weniger Feldspielern an, so dass ein Mehr an Ausdauerleistung eingefordert wird. Während sich die Schüler in einer konventionellen Sportstunde höchstens acht bis zwölf Minuten bewegen würden, so Martin Korte, Neurobiologe an der Technischen Universität Braunschweig (2010, S. 298), wird in Naperville die Fitness der Schüler durch gezieltes Ausdauertraining signifikant verbessert und der Anteil an übergewichtigen Schülern reduziert. Diese Ergebnisse konnte man nach dieser eklatanten Umstellung erwarten. Überrascht haben dagegen die Resultate einer im Jahr 1999 durchgeführten Schulleistungsuntersuchung TIMMS (Trends in International Mathematics and Science Study). Die Schüler aus Naperville schnitten weltweit am besten ab, während die USA insgesamt nur auf dem 19. Rang landeten (Ratey 2009, S. 21 ff.). Auch die anderen Leistungen der Schüler aus dem Bezirk waren weit überdurchschnittlich.

Ratey behauptete nun zwar nicht, dass die Ergebnisse ausschließlich auf das körperliche Training zurückzuführen sind; aber der Zusammenhang von Fitness und mentalem Leistungsvermögen scheint eindeutig zu sein. Ebenfalls im Staat Illinois, genau gesagt an der gleichnamigen Universität, verglich der Physiologe Charles Hillman fitte und weniger fitte Schüler in Sachen Aufmerksamkeit, Kurzzeitgedächtnis und Verarbeitungsgeschwindigkeit des Gehirns. Die Ergebnisse deckten sich mit denen von Naperville. In seiner, auch im deutschen Sprachraum häufig zitierten Studie „Be smart, exercise your heart" konnte Hillman eine Korrelation von körperlicher Fitness und schulischen Leistungen nachweisen (ebd., S. 37f.).

Joggen als Droge

Doch was bewirken Bewegung, Sport und die in der Regel damit verbundene Ausdauerleistung im Gehirn? Wir wissen inzwischen, dass bei körperlicher Aktivität die Botenstoffe Dopamin und Serotonin ausgeschüttet werden. Erzielt wird damit eine „sehr starke antidepressive Wirkung" und eine Dämpfung von psychischem und emotionalem Stress (Linden 2012, S. 181). Durch intensive sportliche Betätigung wird der Opioidspiegel im Gehirn erhöht und es werden Endocannabinoide ausgeschüttet, was wiederum das körpereigene Belohnungssystem stimuliert (ebd., S. 184) und insofern zur Beschleunigung von Lernprozessen beiträgt. Opium und Cannabis ... – der Körper stellt also seine eigenen Drogen her! Das hat Suchtpotential, wird aber in dieser Form gerne in Kauf genommen. John Ratey orientiert sich bei seinem Befund an legalen, allerdings verschreibungspflichtigen Drogen: „Joggen zu gehen, ist vergleichbar mit der Einnahme einer geringen Dosis von Prozac und Ritalin" (2009, S. 53), den beiden wohl bekanntesten Medikamenten zur Erhöhung des Serotoninbeziehungsweise Dopaminspiegels. Noch relativ unbekannt, dabei aber ebenso bedeutend, ist für die US-amerikanischen Forscher Ratey und Linden der sogenannte neurotrophe Faktor BDNF (Brain-derived Neurotrophic Factor), einem Protein, das durch Bewegung generiert wird. BDNF bezeichnet Ratey als einen Superdünger des Gehirns, der eine wichtige Voraussetzung für Lernen generell darstellt (ebd.). Dass Sport für eine bessere Blutzufuhr und Sauerstoffversorgung des Gehirns sorgt, ist eher ein willkommener Nebeneffekt. So wird die Großhirnrinde optimal versorgt, die wiederum für das Langzeitgedächtnis die entscheidende Rolle spielt.

Macht Laufen schlau?

Im deutschen Sprachraum sind es vor allem Sportwissenschaftler, die sich auf den breitgefächerten Ergebniskanon von John Ratey und Kollegen beziehen (vgl. Kubesch/Walk 2009, Reinhardt 2009, Walk 2009, Beck/Beckmann 2010). Im Verbund mit der Hirnforschung kann man für die nahe Zukunft Einiges erwarten. Das Transferzentrum für Neurowissenschaften und Lernen (ZNL) an der Universität Ulm, das Manfred Spitzer leitet, untersucht seit ein paar Jahren mit beträchtlichem Personalaufwand unter anderem Kindergärten, Schulen sowie die Personalentwicklung und Weiterbildung von Unternehmen. Bewegung und Sport stehen dabei besonders im Fokus. In diesem Umfeld wurde auch die Studie „Laufen macht schlau!" ins Leben gerufen, deren Titel allerdings nicht darüber hinweg täuschen kann, dass die Ergebnisse doch etwas dürftig ausfielen. In der Zusammenfassung wird zwar vorsichtig von einem positiven Effekt des Ausdauer-Lauftrainings auf den Dopaminstoffwechsel sowie auf die „exekutiven Fähigkeiten junger Erwachsener" (Reinhardt 2009, S. 103) gesprochen. Eine Vorstudie hatte indessen klarere Ergebnisse versprochen. Die europäische Forschung klingt generell zurückhaltender als die amerikanische, wenn es um die Effekte von Sport und Bewegung auf Hirnentwicklung geht. Immerhin: Jonglieren bewirkt messbare Veränderungen im Gehirn, so eine ganze Reihe von Studien. Neurologen der Universität Regensburg ließen ihre Probanden drei Monate lang regelmäßig jonglieren. Bildgebende Verfahren maßen anschließend eine Zunahme der grauen Zellen im Schläfenlappen (Scholz/Klein 2010, S. 35). An der Uni-

versität Oxford konnte mit einem ähnlichen Experiment an einer weiteren Gruppe gezeigt werden, dass sich auch die „weiße Substanz", also die Nervenfasern zwischen den Neuronen, durch Jonglieren vergrößert (ebd.). Motorik und Kognition scheinen mehr miteinander zu tun haben, als gemeinhin angenommen. Eine Untersuchung der Hochschule Aalen an 3.000 Kindern ergab zum Beispiel, dass die Fähigkeit, auf einem Bein das Gleichgewicht zu halten, mit guten Noten korreliert. Schüler mit gutem Balancegefühl lagen 0,7 Notenstufen besser als ihre Altersgenossen mit Gleichgewichtsproblemen (Korte 2010, S. 215).

Unstrittig ist inzwischen, dass Lernen dann besonders gut funktioniert, wenn mehrere Sinneskanäle angesprochen werden. Viele traditionelle Erziehungs- und Bildungskonzepte beschränken sich auf Sprache und Schrift, während taktile und kinästhetische Wahrnehmungen weitgehend außen vor bleiben. Metaanalysen haben inzwischen bewiesen, dass Lernen dann effektiver ist, wenn mehrere Sinnesmodalitäten angesprochen werden, wenn also mehrkanalig gelernt wird (Spitzer 2010, S. 123).

Schulen haben Nachholbedarf

Wie gehen nun Kindergärten, Schulen, Jugendzentren und Volkshochschulen mit diesen noch recht neuen Erkenntnissen um? Zu den Schulen lässt sich recht eindeutig sagen, dass seit etwa 2010 vermehrt Fortbildungen, Tagungen und Kongresse zum Themenkomplex Bewegung, Lernen und Hirnentwicklung veranstaltet werden. In der Schulpolitik und Schulbürokratie dagegen schaut es (noch) düster aus: Gefördert und ausgebaut werden die MINT-Fächer[2], während sich der Sportunterricht weiterhin in der Defensive sieht. So fristet der Sport in der Schule ein Schattendasein, wird als Nischenfach mehr geduldet denn geschätzt. Anstelle der modernen Neurowissenschaft ist Turnvater Jahn Pate und Programm. Der immer noch grassierende Gemeinplatz „In einem gesunden Körper wohnt ein gesunder Geist" stellt ohne Umschweife klar, dass Körper und Geist in einem jederzeit kündbaren Vertragsverhältnis stehen und sonst wenig miteinander zu tun haben. Der gesunde Körper wurde und wird als zwar unverzichtbare, aber mitunter recht lästige Hülle gesehen, in der Geist und Verstand zur Entfaltung kommen sollen. Dabei ist es keineswegs „nur" die Volksgesundheit, die es zu erhalten gilt. Es geht um viel mehr als körperliches Wohlbefinden, es geht auch und vor allem um die Entwicklung des Gehirns.

2.3 Der Mensch – ein lernendes Gemeinschaftswesen

Schon Aristoteles, als Logiker, Ethiker und Rhetoriker eigentlich alles andere als ein Sozialromantiker, bezeichnete den Menschen als Gemeinschaftswesen. Wie Recht er hat, erklären uns heute sowohl Evolutionsbiologen, die Darwins Theorem „Survival of the Fittest" relativieren (vgl. Bauer 2008), als auch Neurowissenschaftler. Bereits im Uterus kommuniziert das ungeborene Lebewesen mit Mutter und Außenwelt auf das Heftigste – mit weit reichenden Auswirkungen, wie noch zu zeigen sein wird. Nach der Geburt beginnen Säuglinge bereits in ihren ersten Tagen damit, die Mimik der Mutter zu imitieren. Schuld daran sind Spiegelneurone, die den ersten intensiven Kontakte zu einer Bezugsperson stabilisieren, immer vorausgesetzt, diese erste Begegnung gelingt (vgl. Bauer 2006, S. 57ff.). Denn wenn sich die Bezugsperson dem Säugling gegenüber regungslos und kalt zeigt, schwindet sein Interesse und er wendet sich ab. Wird diese Prozedur nun mehrmals wiederholt, bewirkt dies einen emotionalen Rückzug des Kleinkindes, der tiefgreifende Folgen haben kann. Wir können festhalten, dass bereits in den ersten Tagen und Wochen die Grundlage dessen gelegt wird, was Goleman mit emotionaler und sozialer Intelligenz benennt. Misslingt diese frühe Kommunikation oder fehlt sie gänzlich, gibt es später Probleme.

---

2 Der bildungspolitische Slogan „MINT-Fächer" umfasst die Disziplinen Mathematik, Informatik, Naturwissenschaft und Technik.

Kinder brauchen Nähe!

Um 1900 grassierte in Pariser Krankenhäusern die Kinderkrankheit Röteln. Das Personal wurde daraufhin angewiesen, die Pflege auf das Allernötigste zu beschränken und jeglichen Körperkontakt zu vermeiden. Was war die Folge? Die Sterberate schoss in die Höhe, was man sich erst nicht erklären konnte, denn schuld war nicht etwa die Kinderkrankheit sondern der Mangel an Zuwendung. Wissenschaftlich erforscht wurde dieser Umstand rund vierzig Jahre später. René Spitz nahm Waisenkinder „unter die Lupe", die damals unter spartanischen Verhältnissen aufwuchsen und kaum emotionale Nähe erfuhren. Dieses Defizit führte offenbar dazu, dass viele der Kinder in ihrer psychischen Entwicklung zurückblieben und sich später nicht in die Gesellschaft integrieren konnten. Neurophysiologisch wird das heute mit einem „Verschaltungsfehler im limbischen System" erklärt (Korte 2010, S. 145).

Radikal und zwingend in ihrer Beweiskraft waren in den späten 1950er Jahren die Studien von Harry Harlow an der Universität Wisconsin. Er züchtete Resusaffen für seine Forschungen, was damals noch als eine Pioniertat angesehen wurde und isolierte dabei die Affenbabys in sterilen Einzelkäfigen, um Infektionen vorzubeugen. Die jungen Affen, die nicht wie üblich im Familienverbund aufwuchsen, entwickelten rasch Verhaltensauffälligkeiten. So saugten sie wie wild an ihren Daumen (ein Männchen nagte seine Hand ab) und wippten manisch hin und her. Als Harlow sie später miteinander in Kontakt brachte, reagierten sie panisch, schlugen um sich und verletzten sich gegenseitig. Da der Arten- und Tierschutz in den Vereinigten Staaten damals noch andere Prioritäten setzte und die Forschung in dieser Hinsicht (noch) weitgehend unbehelligt blieb, konnte Harlow weitere Experimente wagen, die aus heutiger Sicht ziemlich zynisch anmuten: Affenjungen erhielten bei einem folgenden Versuch zwei künstliche Ersatzmütter. Die eine „Mutter" bestand aus einer Drahtattrappe, an der ein Milchfläschchen befestigt war, die andere aus Frottestoff. Welche der Attrappen würden die Affen bevorzugen? Nun, sie verweilten nur kurz an den nackten Drahtgestellen, tranken hastig an der Flasche und flüchteten sich dann umgehend zur kuschligen „Stoffmutter", die ihnen die ersehnte Wärme schenkte (Lehrer 2009, S. 243ff.). Die Primatenbabys kommen offenbar mit einem angeborenen Bedürfnis nach mütterlicher Zuneigung auf die Welt und akzeptieren dafür in ihrer Not sogar ein bewegungs- und ausdrucksloses Surrogat. Sie waren „gleichsam darauf programmiert, nach Liebe zu suchen" (Harlow, zit. nach ebd., S. 246). Doch damit nicht genug, Harlow und sein Forscherteam ignorierten jegliche ethische Prinzipien und sperrten die jungen Affen monatelang isoliert in Einzelkäfige ohne Draht- oder zumindest Stoffmütter. Als er den so traumatisierten Nachwuchs dann aufeinander los ließ, waren wilde Kämpfe mit schweren Verletzungen und sogar Tötungen die Folge.

Der Schritt von traumatisierten Resusaffen zu anderen Primaten, den Menschen, liegt nahe, wenn man sich an die erschreckenden Bilder aus den Waisenhäusern des untergegangenen Ceausescu-Regimes 1989 in Rumänien zurück erinnert. Die Kinder waren weitgehend in sozialer und emotionaler Isolation aufgewachsen. Sie erhielten weder Zuwendung noch Körperkontakt. Sie hingen, mehr Torsi als menschliche Wesen, an den Gitterstäben der Zellen und wippten apathisch hin und her, auf und ab. Dann wurden sie befreit. Hilfsorganisationen nahmen sich ihrer an, bauten menschenwürdige Heime für sie und vermittelten die Kinder in Pflegefamilien. Doch trotz intensiver Therapie und engagierter Pflegeeltern konnten viele soziale Defizite nicht kompensiert werden. Es blieben Langzeitschädigungen, die sich bis ins Erwachsenenalter erstreckten.

Sozialer Stress schädigt das Gehirn

Alles zusammen, die Ergebnisse der Tierversuche, der empirischen Entwicklungspsychologie und der modernen Neurobiologie belegen eindeutig, dass Zuwendung, soziale Nähe und menschliche Wärme für Kinder ebenso elementare Bedürfnisse sind wie das täglich Brot. Kinder brauchen beides um zu leben, zu lernen und sich entwickeln zu können. Isolation, fehlende emotionale Zuwendung und sozialer Stress bringen das Gleichgewicht zwischen erregenden und hemmenden Impulsen im limbischen System durcheinander (Korte 2010, S. 145f.). Die Folgen sind tiefgreifend und bestimmen die Persönlichkeitsentwicklung bis ins Erwachsenenalter. Generell gilt, dass Kinder unter Vernachlässigung besonders leiden, dass jedoch Erwachsene ebenso auf ein soziales Miteinander angewiesen sind. Der Mensch ist ein „Gemeinschaftstier", ob er will oder nicht.

Als Empathie wird die Fähigkeit bezeichnet, sich in andere Menschen hineinversetzen zu können und auf die Gefühle anderer adäquat zu reagieren. In der Psychologie wird der Begriff quasi seit Jahrzehnten ganz selbstverständlich verwendet, während die Hirnforschung ihn erst in den letzten Jahren entdeckt und genauer untersucht hat. Zum einen in Gestalt der bereits kurz vorgestellten Spiegelneuronen, die im vorderen (präfrontalen) Teil des Cortex' feuern, wenn das Auge Bewegungen eines Gegenübers wahrnimmt. Das kann auch ein Gesichtsausdruck oder ein Mienenspiel sein.

Eben dort, im präfrontalen motorischen Cortex, wo der Mensch seine Bewegungen steuert, wird das Beobachtete gespiegelt. Das Resultat ist ein „Als-ob-Effekt". Das Gehirn tut so, als würde es die Bewegung selbst ausführen: Sportler nutzen diesen Effekt, um sich Bewegungsabläufe einzuprägen. Spiegelneuronen sind indessen auch aktiv, wenn ein Gesichtsausdruck oder ein Mienenspiel eines anderen Menschen wahrgenommen wird. Das „soziale Gehirn" imitiert und spiegelt das Gesehene und kann sich deshalb in die Gefühlswelt des Anderen einfühlen. Die Theorie der Spiegelneuronen wurde in den 1990er Jahren das erste Mal publiziert (Rizzolatti 2008) und ist bis heute nicht unumstritten. Während Daniel Goleman deren zentrale Bedeutung für Mitgefühl würdigt, lässt Gerhard Roth sie allenfalls für motorische Nachahmungseffekte gelten (Roth 2011, S. 57f.). Unstrittig ist dagegen die Rolle des Hormons Oxytocin: Es wird ausgeschüttet, wenn sich Menschen liebevoll begegnen. Das beginnt mit dem körperlichen und sinnlichen Zusammenspiel von Mutter und Kind, in der die Mutter, angeregt durch Oxytocin innere Zufriedenheit und – großes Wort – Glück erfährt. Man muss aber nicht Mutter sein, um in den Genuss dieses Hormons und zusätzlicher endogener Opioide zu kommen! In der Begegnung von Menschen, die sich intensiv miteinander verbunden fühlen, in der körperlichen Berührung, in der Umarmung – nicht nur zwischen Verliebten – wird Oxytocin ausgeschüttet. Immer wenn sich Menschen freundlich und vertrauensvoll begegnen, kommt dieser „neurochemische Balsam" zum Einsatz (Goleman 2006, S. 364). Dass Interaktion und Kooperation Lustgefühle erzeugen können, wissen handlungs- und erfahrungsorientierte Pädagogen aus eigenem Erleben. Nun konnte auch nachgewiesen werden, dass dabei neben dem Hormon Oxytocin auch Dopamin und andere Neuromodulatoren ausgeschüttet werden (vgl. Damasio 2005, S. 178).

Edward Thorndike (1874–1949) entwickelte in den 1920er Jahren ein Konzept der „sozialen Intelligenz". Es blieb ohne große Wirkung, wohl auch, weil diese Variante einer allgemeinen Intelligenz sich damals nicht messen ließ. Was man nicht mit Zahlen erfassen konnte, war offenbar verzichtbar. Daniel Goleman schob knapp neunzig Jahre später den Band „Soziale Intelligenz" als Nachläufer seines Bestsellers „Emotionale Intelligenz" (1996) auf den Markt. Thorndikes Konzept erfuhr so eine Wiederbelebung „auf Augenhöhe mit ihrer Schwester, der emotionalen Intelligenz" (2006, S. 493), wie Goleman das ausdrückte. Aus dem Blickwinkel von Erziehung und Bildung interessieren dessen Komponenten hierzu: Während die „Emotionale Intelligenz" die Lernziele „Selbstwahrnehmung" und „Selbststeuerung" umfasst, bezieht sich die „Soziale Intelligenz" auf die Kategorien „soziale Wahrnehmung" und „soziale Fertigkeiten" mit dem etwas modisch geratenen Untertitel „Beziehungsmanagement" (ebd.). All' diese Fähigkeiten waren für Goleman notwendige Voraussetzungen für das Überleben des Menschen im evolutionären Sinne, was in vergleichbarem Maße auch für alle in Gruppen lebenden Säugetiere gilt.

Zumindest in den Neurowissenschaften blieb das Thema „soziale Intelligenz" bis vor nicht allzu langer Zeit in den Schubladen, weil man ihre Mechanismen im Gehirn nicht lokalisieren konnte. Erst mit den Publikationen von Damasio, LeDoux und Anderen gerieten emotionale und soziale Aspekte in den Fokus der Hirnforscher. Die Frage, wie man diese Art von Intelligenz messen kann, wurde nun reichlich pragmatisch und etwas positivistisch, wenn nicht gar naiv angegangen, indem man Probanden Aussagen wie diese zur Selbsteinschätzung vorlegte: „Ich bin imstande, das Verhalten anderer Menschen zu verstehen" oder „Ich weiß, welche Gefühle meine Handlungen bei anderen Menschen auslösen" (Goleman 2006, S. 497). Wer so vorgeht, ignoriert, dass ein Großteil der „sozialen Intelligenz" einer Person sich bewusster Einsicht verschließt, das heißt unbewusst abläuft. Goleman spricht in diesem Zusammenhang – wie bereits dargestellt – vom „oberen" (bewussten) und „unteren (unbewussten) Pfad". In seiner Begrifflichkeit hieße das dann, dass man den oberen Pfad über den unteren Pfad befragt, was einigermaßen unsinnig ist. Als Alternative schlägt er vor, Personen in „simulierten sozialen Situationen", also einer „virtuellen Realität" auf ihre Sozialkompetenz zu testen (ebd., S. 499). Warum bitte in einer virtuellen und nicht in einer „echten Welt"? Praktische Beispiele in den Lernwelten handlungs- und erfahrungsorientierter Erziehung und Bildung gibt es, wie wir noch zeigen werden, reichlich.

Zurück zu Aristoteles. Wenn der Mensch ein Gemeinschaftswesen ist, dann ist Kooperation der Normalfall und nicht die Ausnahme. Kooperation heißt im Übrigen immer auch, eigene Interessen zurückzustellen, zu teilen, Verzicht zu üben. Wenn man sich fragt, was Kooperation befördert, dann zeigen die experimentellen Studien in erster Linie auf unsere Emotionen. Sie sind die Treiber bei Freude und Belohnung, ebenso wie bei Ärger und Bestrafung (Spitzer 2002, S. 317). Beim Menschen springt das Belohnungssystem bereits dann an, wenn sich die Blicke lächelnder Gesichter begegnen oder „nette Worte" ausgetauscht werden.

Mittels Scannerbildern ließ sich das nachweisen (Spitzer 2006, S. 190f.). Wir sind einerseits als soziale Wesen angelegt, müssen aber Kooperation andererseits als Kind, als Jugendlicher und als Erwachsener lernen. Der homo oeconomicus, der sich egoistisch verhält, ist jedenfalls durch zahlreiche neurowissenschaftliche Studien widerlegt worden (vgl. Spitzer 2002, Goleman 2006, Roth 2007). Im Endeffekt setzen sich kooperative Kräfte gegen kompetetive durch, auch wenn das in wirtschaftlich prekären Zeiten nicht gleich einleuchten mag. Menschheitsgeschichtlich, also in großen Zusammenhängen und Zeitdimensionen hat sich das immer wieder bewahrheitet. Wenn Kooperation für den Menschen so bedeutsam und elementar ist, wie dargelegt, dann kann man, ja muss man kooperatives Handeln im Lernen zugleich als Inhalt, Methode und Ziel an vorderster Stelle benennen. „Menschliches Lernen vollzieht sich immer schon in der Gemeinschaft, und gemeinschaftliche Aktivitäten bzw. gemeinschaftliches Handeln ist wahrscheinlich der bedeutsamste ‚Verstärker'. Die biologischen Wurzeln der Gemeinschaft von Lehrenden und Lernenden werden so unmittelbar deutlich." (Spitzer 2003, S. 209)

3 Kriterien- und Indikatorenkatalog zur Neurodidaktik

Kaum etwas, das die Neurowissenschaftler zum Thema Lernen vorschlagen, ist wirklich neu. Nur: Es lässt sich nun relativ gut belegen, wie gelingendes Lernen zustande kommt. Was wirklich wichtig ist beim Lernen und was nicht, das hat sich verschoben. Manches, was vor nicht allzu langer Zeit noch als unverrückbares Prinzip galt, tritt heute in den Hintergrund. Was vor einigen Jahren allenfalls als Randerscheinung wahrgenommen wurde, ist heute Dreh- und Angelpunkt. Die klassischen didaktischen Prinzipien, die sich über die Jahrhunderte von Sokrates über Diesterweg bis Klafki zum Allgemeingut entwickelt haben, sind brüchig geworden: „Vom Bekannten zum Unbekannten" führt mitunter in eine Sackgasse, da gerade das Neue, Unbekannte am Anfang einer Lernsequenz die richtigen Reize setzt. „Vom Allgemeinen zum Konkreten" gilt nur mehr als Ausnahme und wirkt in der Umkehrung weit stärker. „Vom Leichten zum Schweren" will nicht wahrhaben, dass gerade das Herausfordernde einer Aufgabe Leidenschaften entfacht. Was also ist an Wissen geblieben und was haben die Neurowissenschaften verändert? In unserer Einführung in die Erlebnispädagogik „Erleben und Lernen" (München 2012, 7. Auflage) haben wir mit sieben Thesen die Innovationskraft der Hirnforschung zum Thema Lernen markiert:

 Wissen kann nicht vermittelt werden. Der Lernende muss es jeweils neu schaffen. Die alte instruktionistische Vorstellung, dass der Lehrende Informationen aussendet, die der Lernende aufnimmt, entschlüsselt, mit seinem Vorwissen verbindet und dann bei sich abspeichert, funktioniert nicht besonders gut (Roth 2006, S. 54ff).

 Eine herausragende Rolle beim Lernen spielen die Emotionen. Im Schulunterricht beispielsweise entscheiden die Hirne der Schüler jeweils, ob sie auf Stand-by schalten, weil das „limbische System" keine Anregungen empfängt, oder ob sie aufmerksam und leistungsbereit sind, weil die „Dopamindusche" (Scheich 2003) aufgedreht ist.

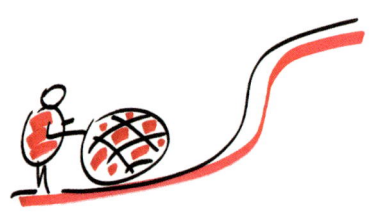

„Das Gehirn lernt immer" (Spitzer 2006, S. 23). Schon der Säugling und das Kleinkind sind unablässig damit beschäftigt, ihre Umwelt zu erkunden, sich und Dinge auszutesten, Hypothesen zu bilden und sich Regeln einzuprägen. Motivation ist ein körpereigener Belohnungsprozess, der dann einsetzt, wenn etwas besser gelingt als erwartet.

Lernen funktioniert dann besonders gut, wenn der Lernende selbst aktiv ist, Freiräume und Gestaltungsmöglichkeiten nutzen kann, idealerweise in den Zustand des „Flow" kommt, wo er ganz bei sich und seiner Tätigkeit sein kann. Die herkömmliche Zerstückelung von Lerninhalten führt zum Zapping im Gehirn und verhindert Lernen.

Das Gehirn von Säugetieren ist auf gemeinschaftliches Handeln ausgerichtet. Interaktion und Kommunikation sind bedeutende Verstärker. Im Austausch unterschiedlicher Wahrnehmungen, Bewertungen und Einschätzungen finden sich Chancen, seine eigenen Bilder mit denen von anderen zu vergleichen und dadurch zu lernen.

Gefühle resultieren weitgehend aus der Wahrnehmung eines Körperzustands (Damasio 2005, S. 107f.), was im Umkehrschluss impliziert, dass eine auf Körper und Bewegung basierende Pädagogik die „spielentscheidenden" Gefühle besonders gut aktivieren dürfte.

Wenn etwas als neu, bedeutsam und herausfordernd wahrgenommen wird, setzen Neurotransmitter und Hormone den Körper in gespannte Erwartung. Wenn dem Lernenden dann etwas besser gelingt als zuvor erwartet, wird er mit körpereigenen Opioiden belohnt.

(Heckmair/Michl 2012, S. 86)

Ausgehend von diesen Thesen entwickelten wir einen Katalog, der Kriterien und Indikatoren für „gelingendes Lernen" auflistet. Sie, lieber Leser, können als Hochschuldozentin oder Lehrer, als Personalentwicklerin oder Erwachsenenbilder, als Coach oder Trainer, ihre Konzepte und Programme mit diesem Test überprüfen. Die Kriterien und Indikatoren sind in den Jahren 2009 bis 2012 in vielen Workshops erprobt und immer wieder modifiziert worden. Der Test ist – und das betonen wir an dieser Stelle ausdrücklich – nicht wissenschaftlich abgesichert, sondern eine offene und jederzeit veränderbare Plattform an der Nahtstelle von Theorie und Praxis.

Zum Gebrauch:
Sie bewerten und prüfen mit Hilfe des Katalogs Ihr Lernkonzept. Das kann eine Studienfahrt, ein Workshop, ein Seminar, eine Schwerpunktwoche zu einem Thema, eine Fortbildungsreihe und vieles andere mehr sein. Wir haben uns bewusst gegen eine Skalierung entschieden und den Weg einer offenen Bewertung gewählt, um vorschnelle Urteile zu vermeiden und Raum zum Innehalten und Nachdenken zu lassen.

Beziehen Sie nun die folgenden Kriterien und Indikatoren (1–10 bzw. 1–14) auf *Ihr* Lernkonzept und bewerten Sie jedes einzelne mit Hilfe der rechts aufgeführten Symbole. Wenn Sie nicht sicher sind, können Sie auch mehrere Symbole verwenden.

Das machen wir!

Ist eine Überlegung wert …

bedeutungslos, trifft auf uns nicht zu

unverständlich oder/und unklar

Kriterien- und Indikatorenkatalog für „gelingendes Lernen"	Symbole

1 Instruktion und Konstruktion

Frontale Methoden (Vortrag, Film etc.) treten gegenüber konstruktiven Methoden (Projektarbeit, Planspiel etc.) in den Hintergrund.

Die Teilnehmer sind mehr Akteure als Konsumenten. Sie werden zur Aktion aufgefordert und sind insofern Handelnde im Lernprozess.

Die Formate und Arbeitsformen sind mehr handlungsorientiert und weniger rezeptionsorientiert ausgerichtet.

2 Kommunikation und Interaktion

Es werden vorwiegend interaktive bzw. dialogische Arbeitsformen angewandt.

Kommunikation läuft nicht vorrangig sternförmig über den Referenten. Die Teilnehmer agieren/diskutieren auch untereinander.

Vielfältige, nicht nur sprachliche Interaktionen, kennzeichnen die Lernprozesse.

3 Abstraktion und Konkretion

Das Leitprinzip lautet nicht „vom Allgemeinen zum Konkreten" sondern „vom Konkreten zum Allgemeinen".

Geschichten, Analogien und Metaphern, sind mehr „Lehrmaterial" als Zahlen, Daten und Fakten.

Auf der Grundlage praktischer Beispiele werden Prinzipien und Regeln abgeleitet.

4 Wahrnehmungskanäle, Lernstile und Methodenmix

Visuelle, auditive und taktil-kinästhetische Wahrnehmungen ergänzen sich komplementär.

Inhalte sind überwiegend nicht vorproduziert sondern werden live entwickelt.

Graphiken/Bilder/Illustrationen/Symbole ergänzen als Unikate das gesprochene/geschriebene Wort.

5 neu, bedeutsam und herausfordernd ...

Die Inhalte, aber auch die Arbeitsformen und Methoden sind für die Teilnehmer oft überraschend und neuartig.

Aufgaben, Lernprojekte und -szenarien stellen die Teilnehmer vor persönliche Herausforderungen.

Sie werden nicht nur kognitiv sondern auch psychisch/sozial herausgefordert.

6 Emotionen

Lernarrangements und Lernatmosphären sind nicht nur fachlich-sachlich, sondern (auch) erlebnisorientiert ausgerichtet.

Die Lernsequenzen sind gekennzeichnet durch hohe Dichte und Intensität.

Die Teilnehmer werden in hohem Maße emotional gefordert – z.b. durch psychosozial oder physisch anregende Übungen/Projekte.

7 Dramaturgie und Rhythmus

Die Vigilanz (Aufmerksamkeit) wird durch eine dynamische Gestaltung der Abläufe hoch gehalten.

Tempowechsel, bewusst gesetzte Pausen, kurze Breaks, Höhepunkte und Abklingbecken strukturieren die Lernprozesse.

Das Gelernte lässt sich im Schlaf konsolidieren, d.h. die Arbeitszeiten sind so gewählt, dass genügend Zeit für Erholung zur Verfügung steht.

8 Körper und Bewegung

Wort und Bild sind nicht die alleinigen Lernmodi. Körperbezogene Elemente bringen eine weitere Dimension ein.

Ins Programm bzw. in die Pausen sind Bewegungsangebote integriert (z.B. Gymnastik, Atemübungen, Tanz, Charaden ...).

Initiativübungen, Problemlösungsaufgaben und/oder Lernprojekte fordern die Teilnehmer nicht nur intellektuell sondern auch körperlich.

9 Prozessorientierung

Es werden weniger Inhalte transportiert als Lernsituationen arrangiert.

Beziehungsgestaltung und Gruppendynamik sind potentielle Treiber in den Lernprozessen.

Störungen in den Beziehungen werden bearbeitet, auch wenn dadurch Inhalte verschoben/gekürzt werden müssen.

10 Moderator/in

Der Referent/die Referentin liebt und lebt das, was er/sie lehrt/arrangiert und erreicht damit die Teilnehmer.

Er/sie wird von den Teilnehmenden sowohl fachlich als auch persönlich akzeptiert.

Seine/ihre „Emotionale Intelligenz" (Selbstwahrnehmung/-steuerung; soziale Wahrnehmung/Beziehungsmanagement) ist hoch.

Zusätzliche Kriterien/Indikatoren für Erlebnispädagogik-/Outdoor-Programme
11 Outdoor – Indoor
Outdoor ist kein Selbstzweck. Das Konzept ist nicht notwendigerweise auf den „freien Himmel" angewiesen.
Soziale Herausforderungen (z.B. Sozialprojekte, „City Challenge", Theaterarbeit etc.) ergänzen die originären Outdoor-Teile.
12 Stress
Permanentes „Action-hopping" wird vermieden.
Physisch-psychische Stresssituationen werden immer wieder durch ruhige/kontemplative Phasen unterbrochen/abgefedert.
Es wird besonders darauf geachtet, dass kein Teilnehmer überfordert wird.
13 Perspektivenwechsel
Der Trainer/Moderator versteht sich in erster Linie als Prozessbegleiter und vermeidet die Schiedsrichterrolle.
Die Teilnehmer sind nicht nur Handelnde, sondern nehmen während der Aktionen auch Beobachterrollen ein.
Nicht nur der Trainer/Moderator gibt Feedback. Auch die Teilnehmer nehmen Beobachtungsaufgaben wahr und geben Rückmeldung.
14 Dynamik und Lebensweltorientierung
Lernprojekte werden dynamisiert, etwa indem Aufgabenstellungen verändert und unerwartete Ereignisse eingebaut werden.
Die Aufgabenstellungen sind zwar i.d.R. ungewohnt und neu, orientieren sich aber an der Lebenswelt der Teilnehmer.

© Bernd Heckmair/Werner Michl

Zur Auswertung und Weiterarbeit:

Die Anzahl der Häkchen und Ausrufezeichen zu zählen liegt zwar nahe, bringt Sie aber nicht wirklich weiter. Richten Sie Ihre Energie vielmehr auf diejenigen Aussagen, die Sie mit einem Ausrufezeichen oder einem Fragezeichen versehen haben. Wahrscheinlich sind hier Potentiale und Ressourcen verborgen, die es lohnen, sie zu nutzen. Das können Sie – am besten zusammen mit Kolleginnen und Kollegen – sofort angehen. Zum Beispiel in Form eines Brainstormings, in dem Sie Ideen zur Modifikation Ihres Lernkonzepts sammeln oder eines Workshops, in dem Sie Ihre Formate weiterentwickeln. Oder Sie lassen sich zuerst anregen vom nun folgenden Praxisteil des Buches, vereinbaren aber bereits heute einen Termin für eine eventuelle Optimierung Ihres Konzepts.

Zur Nutzung:

Dieser „Kriterien- und Indikatorenkatalog zur Neurodidaktik" ist für alle Interessierte frei und unbeschränkt nutzbar und darf unter Beachtung des Copyrights auch ohne Einschränkung vervielfältigt werden.

4 Zeiten, Orte, Wege

Seit 1990 gibt es den „Verein zur Verzögerung der Zeit". Auch das bewegte Lernen will Entschleunigungen und Langsamkeit bewirken, und damit einen Gegensatz zu den immer schnelleren formalen Bildungskarrieren bilden. G8-Abitur und sechssemestriger Bachelor führen dazu, dass die akademischen Berufsanfänger immer jünger werden, und auch für berufliche Karrieren bleibt wenig Zeit. Wachstum, Entwicklung, Reife brauchen aber Zeit und Muße, um wirken zu können.

Das erlebnisorientierte Lernen hat viele Verdienste. Eine Errungenschaft ist, dass es die jungen Menschen vom Sitzen zum Stehen und Gehen bringt, von drinnen nach draußen. Überspitzt kann man behaupten: wir gehen nach draußen, um drinnen anzukommen, wir bewegen uns, damit sich in uns etwas bewegt. Wald, Wiese, Wildnis werden zunehmend zur pädagogischen Provinz, dem besonderen, lernwirksamen Ort. Auch für Schulen hätten diese Lernorte Vorteile: Lehrer könnten störende Schüler nicht mehr des Klassenzimmers verweisen.

4.1 Von Rousseau zum Konstruktivismus

„Haltet eurem Zögling keine weisen Reden, er muß durch Erfahrung klug werden." schrieb Jean-Jacques Rousseau 1762 in seinem Bildungsroman „Emile" (1971, S. 210). Fünfzig Jahre später war es ein Bauer und Armenerzieher, der die weisen Worte des Philosophen und Lebemanns in die Tat umsetzte: Johann Heinrich Pestalozzi propagierte ein „Lernen mit Kopf, Herz und Hand", was heute altzopfig, ausgelutscht und verbraucht klingt. Andererseits gibt diese etwas pathetisch anmutende Anatomie die Basis unseres hier verhandelten Erfahrungslernens ab: Der Kopf steht für den Intellekt und das Wissen, das Herz für die Emotion und die Gefühle, die Hand für den Körper und die Bewegung. 1916, also noch einmal hundert Jahre später, erschien John Deweys Hauptwerk „Demokratie und Erziehung", angefüllt mit vollmundigen Thesen wie dieser: „Ein Gramm Erfahrung ist besser als eine Tonne Theorie, einfach deswegen, weil jede Theorie nur in der Erfahrung lebendige und in der Nachprüfung zugängliche Bedeutung hat." (Dewey 1993, S. 193) Sein radikaler Pragmatismus fiel hierzulande auf keinen fruchtbaren Boden. Dewey wurde im deutschen Sprachraum lange Zeit kaum wahrgenommen in der Debatte über die „richtige" Erziehung und Bildung. Trotzdem: Rosseau, Pestalozzi, Dewey – das sind die markanten Köpfe der pädagogischen Maxime „Learning by Doing". Die Maxime wurde allgemein Dewey zugeschrieben, stammt aber ursprünglich nicht von ihm (vgl. Knoll 2011, S. 287ff.).

Erstaunlicherweise ist sie viel älter und geht zurück auf eine englische Übersetzung von Comenius „Didactica Magna", welche im Jahre 1657 in lateinischer Sprache erschien (ebd., S. 289).

Wir wollen an dieser Stelle keinen historischen Abriss über die Vorläufer und Wegbereiter einer handlungs- und erfahrungsorientierten Pädagogik leisten, wie wir das andernorts versucht haben (Heckmair/Michl 2012, 7. Auflage; erstmals 1993 aufgelegt). Ein paar Schlaglichter auf den Konstruktivismus, dieser eher im Dunklen und Verborgenen vor sich hin leidenden Metatheorie sollten genügen, um vor allen Dingen exemplarisch einige Eckpunkte der aktuellen Debatte um Erziehung und Bildung auszuleuchten. Seit etwa Mitte der 1980er Jahre stehen die Thesen der verschiedenen Spielarten des Konstruktivismus auf der Agenda. Deren Protagonisten eint eine scharfe, ja schneidende Kritik am instruktionistischen Paradigma der etablierten Bildungsinstitutionen, was allerdings nur in den schwach besiedelten Tiefen der Sozial- und Erziehungswissenschaft ausgetragen wurde und wird. Getragen, und zumindest intern befördert, wird diese Kritik mit schillernden und manchmal bizarren Positionen. „Wahrheit ist die Erfindung eines Lügners!" „Nur die Fragen, die prinzipiell unentscheidbar sind, können wir entscheiden." So und ähnlich überspitzt formulierte das Heinz von Foerster, neben Ernst von Glasersfeld wichtigster Protagonist des „Radikalen Konstruktivismus", womit schon deutlich wird, dass es neben dem radikalen auch noch andere „Spielformen" gibt. In der Philosophie wird der Konstruktivismus als eine der wichtigsten neueren Strömungen wahrgenommen. Er steht auf Augenhöhe mit der Habermasschen Lehre des kommunikativen Handelns und der Systemtheorie von Niklas Luhmann. Aber noch einmal: Die institutionelle Praxis von Erziehung und Bildung hat der Konstruktivismus nie erreicht. Auch die Auflagen einschlägiger Werke hielten und halten sich in engen Grenzen. Protegiert wird das Thema außerhalb von Philosophie und Soziologie im Wesentlichen von einer Gruppe von Erziehungswissenschaftlern. Es füllt Seminare an den Hochschulen und beschäftigt unterbeschäftigte Bildungsreferenten in Jugend- und Wohlfahrtsverbänden. Dabei böte der Konstruktivismus eine ideale Plattform, von wo aus sich ein modernes Verständnis von Erziehung und Bildung entwickeln ließe. Auch die meisten Hirnforscher, die mit ihren Publikationen eine breitere Öffentlichkeit erreichen, lassen den Konstruktivismus links liegen, obwohl sich nahezu alle zur traditionell instruktionistischen Praxis der Bildungsinstitutionen, vor allem der Schule natürlich, äußern. Einer der Wenigen, der explizit zum Konstruktivismus Stellung bezieht und sich, zumindest in seinen früheren Arbeiten, als Konstruktivist bekennt, ist Gerhard Roth. Als Enfant terrible der Neurowissenschaft nimmt er dezidiert zu einzelnen Positionen des Konstruktivismus Stellung. Den Stand der Dinge resümierend vermisst er „die Entwicklung einer konsistenten konstruktivistischen Didaktik" und bezeichnet diese etwas spröde als „notwendige Angelegenheit ..., die zum Teil noch zu leisten ist" (2011, S. 272).

Der Konstruktivismus – eine Herausforderung für die Pädagogik

Rekapitulieren wir an dieser Stelle in der hier gebotenen Kürze die Grundaussagen des Konstruktivismus: Das, was wir Realität nennen, ist uns eigentlich nicht zugänglich – weder sensorisch noch kognitiv. Was wir mit unseren Sinnen wahrnehmen, sind lediglich Konstruktionen unseres Gehirns. Wir sind mit unserer Umwelt „strukturell gekoppelt", das heißt, wir wandeln Impulse von außen in unserem Nervensystem um. Insofern können wir auch nicht von unserer Umwelt determiniert, sondern allenfalls „gestört" und angeregt werden. Die herkömmlichen Konzepte von Pädagogik, und insbesondere von Didaktik, sind mit diesen Positionen, das müsste hier schon deutlich werden, alles andere als kompatibel.

Horst Siebert hat in seinem Buch „Konstruktivistisch lehren und lernen" (2008) die verschiedenen Strömungen systemisch-konstruktivistischen Denkens hergeleitet und zueinander in Beziehung gesetzt. Als Ausgangspunkt und zugleich Klassiker dieser Denkschule gelten die Werke der chilenischen Biologen Huberto Maturana und Francisco Varela. Ihr Schlüsselbegriff lautet „Autopoiesis": Lebende Systeme, also zum Beispiel Zellverbunde, organisieren sich autonom und sichern damit ihr Überleben. Lebewesen, Pflanzen ebenso wie Tiere und Menschen, erzeugen sich selbst, operieren autonom und sind im strengen Sinne nicht von außen direkt beeinflussbar, sondern reagieren als Systeme gemäß ihrer jeweils reproduzierten Struktur. Sie können allenfalls irritiert und gestört, nicht jedoch instruiert oder gar determiniert werden. In dieser Logik ist auch unser Gehirn ein autopoietisches System, das unsere Wirklichkeit konstruiert. Wie bei Dewey ist der Prozess der Erkenntnis nicht losgelöst vom Handeln, sondern untrennbar mit diesem verknüpft. Im Erkennen schafft sich der Mensch seine Welt: individuell, vorläufig, vielleicht fehlerhaft, jedenfalls immer radikal subjektiv.

„Wahrheit ist was funktioniert!"

Ernst von Glasersfeld knüpft an das Autopoiesis-Konzept an und spitzt dieses zu. „Wissen wird nicht passiv aufgenommen" sondern „aktiv aufgebaut" (1997, S. 96). „Kognition dient der Organisation der Erfahrungswelt des Subjekts und nicht der ‚Erkenntnis' einer objektiven ontologischen Realität" (ebd.). Glasersfelds Ansatz ist in erster Linie eine Wissenstheorie. Den Wissensbegriff orientiert er dabei nicht an der Erkenntnis einer objektiven Realität sondern an den Maßstäben der Viabilität, was soviel wie Passung bedeutet. Viabel ist, was passt, was sich bewährt. Glasersfeld provoziert mit seinen radikalen Thesen. Inspirieren ließ er sich vom bereits andernorts vorgestellten William James, der als Vater des amerikanischen Pragmatismus seinen Wissensbegriff aus Darwins Lehre von der Selektion ableitete. „Wahrheit ist was funktioniert!" – so wurden James' Hypothesen populistisch in eine Formel gepresst, die sich alsbald zum vielerorts zitierten Slogan des Pragmatismus mauserte (von Glasersfeld 1997, S. 85). Glasersfelds besonderes Verdienst ist die Entdeckung von Jean Piaget als wichtigem Vordenker der konstruktivistischen Theoriebildung. Wissen entsteht nach Piaget aus der physischen oder/und mentalen Aktivität eines Individuums: „Alles Wissen ist an Handeln gebunden ..." (Piaget 1967, zit. nach v. Glasersfeld 1997, S. 103). Das liest sich heute wie das Postulat einer modernen handlungs- und erfahrungsorientierten Pädagogik. Kritisch rezipiert wird an Glasersfeld zum einen, dass er mit seinem Konzept ethisch-moralische Maßstäbe weitgehend ignoriert. Auch Verbrechen ließen sich mit seinem Konzept der Viabilität legitimieren. Zum anderen fehlt in Glasersfelds zweckrationalem und kognitivistischem Konzept die emotionale und soziale Komponente völlig (vgl. Arnold/Siebert 1997, S. 105).

Die vier Seiten einer Nachricht

Insofern erscheint es als nur logisch und folgerichtig, dass dem Konstruktivismus in seiner radikalen Spielart bald, sozusagen als Alternative, eine soziale Variante gegenüber gestellt wurde. Kenneth Gergen, ein US-amerikanischer Psychologe, plädiert für die „soziale Eingebundenheit allen Wissens und aller Erfahrung" (Gergen, zit. nach Siebert 1997, S. 54). Für ihn ist die Sprache ein Werkzeug zur Konstruktion von Wirklichkeit. Über den individuellen Ausdruck, über Gemeinsamkeit, aber auch über die Differenz zum Anderen, über die Gestaltung von Beziehung entstehen Wirklichkeitskonstruktionen. Eng verknüpft ist dieser soziale Konstruktivismus mit dem systemischen Kommunikationsmodell Paul Watzlawicks, das später insbesondere von Ruth Cohn und Friedemann Schulz von Thun verfeinert und weiterentwickelt wurde. Im Unterschied zu anderen psychologischen Schulen betrachtet die systemische Kommunikationstheorie die Interaktion zwischen Personen und Gruppen als konstitutiv für die Gestaltung von Welt. Kommunikation wirkt demnach auf alle Beteiligte ebenso wie auf die eigene Person, changiert zwischen Fremd- und Selbstbeobachtung, konstruiert und destruiert Beziehungen. Kommunikation ist kreisförmig organisiert; es geht um wechselseitige Einflussnahme und nicht um Anfang und Ende. Wie aus eigentlich banalen sozialen Situationen Konflikte entstehen, zeigt Schulz von Thun mit seinem Modell „Vier Seiten einer Nachricht", das zwar nicht im engeren Sinne zur konstruktivistischen Theorie zu zählen ist, jedoch für die Genese von Konflikten zwischen Menschen als auch für die Felder Erziehung und Bildung ein hervorragendes Analyseinstrument abgibt (vgl. Schulz von Thun et al. 2012). Der rationalen „Sachebene" werden die „Selbstkundgabe", die „Beziehungsebene" und der „Appell" als psychologische und soziologische Erklärungsmuster beigestellt. Diese vier Seiten beziehen sich sowohl auf den Sender als auch auf den Empfänger. Damit ergeben sich bereits 16 Interpretationsmöglichkeiten. Nimmt man Gestik und Mimik sowie das soziale Umfeld hinzu und multipliziert man das, dann kommen wir zu einer kaum überschaubaren Zahl von individuellen Konstruktionsmöglichkeiten.

Fremdbestimmt zur Selbstbestimmung?

Niklas Luhmann hat die Konstruktivismusdiskussion in seine Systemtheorie einge-
arbeitet: Auf einer Ebene fungieren bei ihm biologische, psychologische und soziale
Systeme (vgl. Siebert 2008, S. 56ff.). Das Gehirn ist für Luhmann ein geschlossenes
biologisches System, das nicht etwa die Außenwelt abbildet, sondern vielmehr Reize
neuronal und biochemisch verarbeitet. Denken ist für ihn ein „innerer Monolog", das
heißt, das System kommuniziert mit sich selbst. Wirklichkeit ist beobachtungsabhängig, das heißt, es kommt darauf an, welche Werte und Glaubenssätze, welchen
Sinn bringt der Beobachter ins Geschehen ein. Dabei liefern Leitdifferenzen, also
spezifische Kulturen und die daraus resultierenden Weltbilder weit reichende Unterscheidungen. Luhmann spricht in diesem Zusammenhang von Codierungen, eben
aufgrund von Leitdifferenzen. So entstehen Paradoxien, zum Beispiel wenn Kinder
in der Schule fremdbestimmt zur Selbstbestimmung erzogen werden sollen. Oder
wenn Pädagogen sich dem Prinzip der Gleichheit verpflichtet fühlen, aber vor dem
Hintergrund institutioneller Erwartungen über Selektionsprozesse zur Ungleichheit
beitragen. Luhmann markiert den Unterschied zu anderen Erkenntnistheorien: Der
Konstruktivismus interessiert sich nicht so sehr, was ein Beobachter beobachtet,
sondern dafür, wie er beobachtet (ebd., 57). Das erinnert an den Gestaltpsychologen
Fritz Pearls, der in Interviews immer wieder betont hat, dass ihn bei seinen Sitzungen
weniger interessiert, was ein Klient sagt, sondern, wie er es sagt.

Ausgespart haben wir die bei Siebert vorgestellten konstruktivistischen Positionen
des nordamerikanischen Hirnforschers Antonio Damasio zum Körper und die auf
die besondere Rolle der Emotionen zielende „Affektlogik" des Schweizer Psychiaters
Luc Compi. Beide haben wir im Abschnitt 2 bereits ausführlich gewürdigt.

Prinzipien einer konstruktivistischen Bildung

Halten wir die Positionen noch einmal fest: Die Bilder, die sich der Mensch von sich
und seiner Mitwelt macht, sind – so die Konstruktivisten – Produkte eines autono-
men Systems, das prinzipiell nicht zugänglich ist. Lernen ist im Anschluss daran die
Selbstregulation dieses Systems, was Sigmund Freud wohl zum Bonmot getrieben
hat, Regieren, Kurieren und Erziehen seien „unmögliche Berufe" (Freud 1925). Unter
anderem deshalb maßen wir uns nicht an, an der Grundlegung einer konstruktivistischen Bildungstheorie zu basteln, wie sie Gerhard Roth in seinem Buch „Bildung
braucht Persönlichkeit" (2011) fordert.

Einen ersten, wenn auch reichlich abstrakten Schritt hierfür liefert Horst Siebert mit
seinen sieben Prinzipien eines konstruktivistischen Bildungsbegriffs:

1. Individualität

In einer individualisierten und pluralisierten Gesellschaft würde ein einheitlicher Bildungskanon nicht passen.

2. Biografieorientierung

„Normalbiografien" lösen sich auf. Insofern ist die Konstruktion der eigenen Biografie eine permanente Bildungsaufgabe.

3. Konstruktivität

Unsere Welt ist beobachtungsabhängig. Insofern sind andere Beobachtungsperspektiven ebenso berechtigt wie die eigene.

4. Offenheit

Bildung ist ein offener Prozess, der durch Neugier und Interesse befördert wird und Fehlversuche beinhaltet.

5. Kontingenz

Mehrdeutigkeit kennzeichnet menschliche Beziehungen: Es sind immer mehrere Standpunkte, Deutungen und Unterscheidungen möglich.

6. Prozesshaftigkeit

Wirklichkeiten werden ständig neu konstruiert. Sie entstehen und vergehen in einem dynamischen Verlauf.

7. Ironie

Alles könnte auch anders gemeint sein. Eine heitere Doppeldeutigkeit lässt Gesagtes so oder anders erscheinen und schließt Ungesagtes mit ein.
(Siebert 2008, 197f.; leicht gekürzt)

Das klingt einerseits konsistent und fügt sich andererseits nahtlos in die abstrakten Sprachfiguren der konstruktivistischen Theoriebildung ein. Uns ist es etwas zu blutleer, wir vermissen „Fleisch und Stein", wie Richard Sennett seine großartige Kulturgeschichte der westlichen Zivilisation überschrieben hat (1995). In unserer, zugegeben etwas eiligen Grundlegung nehmen wir den Weg über den Topos „Pädagogische Provinz". Warum? Weil uns die Orte wichtig sind, in denen sich Menschen, nicht nur zum Zwecke des Lernens, begegnen.

4.2 Pädagogische Provinz

Es wird viel zitiert und verwiesen, meist auf Goethe, dann auf Hermann Lietz, auf die Landerziehungsheimbewegung und die Reformpädagogik, die Pioniere Paul Geheeb, Hugo Gaudig und Kurt Hahn. Es gibt aber erstaunlicherweise kein systematisches, grundlegendes, pädagogisches Werk zum Begriff Pädagogische Provinz. Keine fleißige Dissertation ist bekannt, nicht einmal ein germanistisches Werk, denn in der deutschen Literatur des 20. Jahrhunderts, vor allem in den Erziehungs-, Bildungs- und Schulromanen, spielt der besondere pädagogische Ort eine zwielichtige Rolle. Meist geht es dort um versteckte und offene Gewalt, grausame Lehrer, Schülerselbstmorde, diktatorische Systeme. In der Tat zeigen die Vorkommnisse an der Odenwaldschule, dass hinter den Kulissen der gutsherrschaftlichen Schule inmitten idyllischer Natur eben nicht nur der besondere pädagogische Bezug gedeihen kann, sondern auch das Gegenteil.

In seinem Bildungsroman Wilhelm Meisters Wanderjahre (1973) beschrieb Goethe eine vorbildliche Erziehungsgemeinschaft. Im ersten Kapitel des zweiten Buches bringt Wilhelm seinen Sohn Felix in einer pädagogischen Provinz unter (1973, S. 681 ff.). Es ist ein abgelegenes Tal, Sommer, Ernte, glückliche Menschen. Die Knaben sind bunt gekleidet und haben besondere Grußrituale, die ihrem Bildungsstand entsprechen. Gesang und Tanz spielen eine wichtige Rolle, draußen auf dem Feld, aber auch im Unterricht. Toleranz, Ehrfurcht, Aufklärung und Geheimnisse bilden eine pädagogische Mixtur besonderer Art.

Goethes Zeitgenosse Johann Heinrich Pestalozzi (1746–1827) hat mit seinen Erziehungsinstituten in Stans, Yverten, Schloss Burgdorf, Neuhof solche pädagogischen Provinzen geschaffen. Wer weiß, ob der Schriftsteller den Pädagogen beeinflusst hat oder ob es umgekehrt war? Hermann Lietz (1868–1919), der sich 1896/97 bei Cecil Reddie in Abbotsholme aufhielt, brachte seine Erfahrungen aus England unter anderem in dem Buch „Emlohstobba" (1897) mit und legte damit die Grundlage für die deutsche Landerziehungsheimbewegung. 1898 gründete er das Landerziehungsheim in Ilsenburg (Harz), 1901 die Hermann-Lietz-Schule Haubinda in Thüringen und 1904 die Hermann-Lietz-Schule Schloss Bieberstein in Hessen. Weitere Pioniere folgten mit weiteren Gründungen: Gustav Wyneken (Freie Schulgemeinde Wickersdorf), Paul Geheeb (Odenwaldschule), Bertha von Petersenn (Landerziehungsheime für Mädchen) und Kurt Hahn (Schule Schloss Salem) – eine krude Mischung aus Romantikern, beseelten Pädagogen, Pädophilen, Nationalisten. Von Anfang an ist die pädagogische Provinz der Landerziehungsheime manchmal eine tiefgründige Lebensgemeinschaft wie z.B. bei Pestalozzi, eine wertkonservative Einrichtung wie bei Kurt Hahn, aber auch manchmal versetzt mit nationalen, antisemitischen und pädophilen Zutaten. Der Ausgangspunkt der Landerziehungsheime ist die Kritik an der bürgerlichen Gesellschaft und die Suche nach einer besseren Welt, nach einem geschützten Ort, an dem die Gefahren der Welt abprallen und engagierte Pädagogen eine förderliche Gegenwelt errichten. Kritiker werfen diesem Modell vor, eine pädagogische Insel zu schaffen, in der die ihnen anvertrauten Zöglinge wie unter einer Glasglocke aufwachsen und nicht für die spätere Wirklichkeit fit gemacht werden können. „Summerhill", die berühmteste pädagogische Provinz des 20. Jahrhunderts, muss sich nachhaltig mit diesem Vorwurf auseinandersetzen.

Auch heute noch finden sich, unausgesprochen und unbewusst, Reste der Idee des pädagogisch wirksamen Ortes:

- Immer noch lebt in den Internaten wie Schule Schloss Salem und Schondorf in der Nähe von Seen, Schlösser wie Louisenlund, Neubeuern u.v.a.m. diese Idee weiter.
- In der Erwachsenenbildung, zum Beispiel den Evangelischen Akademien, den Landvolkshochschulen, den Bildungsstätten in Klöstern, spürt man drinnen und draußen Stimmung, Atmosphäre und Ästhetik, die Körper, Geist und Seele beleben kann. Das gilt natürlich in gleichem Maße für die Bildungshäuser der politischen Stiftungen, für die Seminarhotels im Rahmen der betrieblichen Weiterbildung oder für freie Anbieter wie zum Beispiel das Seminarhotel Schindlerhof bei Nürnberg.
- Die Jugendbildungsstätten, zum Beispiel in Bayern, bilden in Burgen und Schlössern, in Klöstern und in modernen, aber fast immer ästhetischen Gebäuden, aber auch auf einfachen Zeltplätzen und Hüttencamps weiter. Sie wagen sich auch manchmal mit ihren Teilnehmern ins Freie, verlegen Unterrichtseinheiten in die Wiese, machen Exkursionen, Lernspaziergänge, Spurensuche und erweitern so das Repertoire der Bildungsräume.

Blickt man unter einem anderen Blickwinkel zurück auf pädagogische oder philosophisch wirksame Orte, dann führt uns die Fantasie ins Freie, in die Natur. Platons Höhlengleichnis steht am Beginn der abendländischen Philosophie. Die Höhle ist also ein besonderer Ort der Philosophie und natürlich auch der Pädagogik, denn sie ist der Ort, wo der Mensch das Lernen gelernt hat, sozusagen der Archetypus der Schule. Mit Petrarcas Besteigung des Mont Ventoux wird der Alpinismus begründet. Die Berge, die Gipfel, die Aussicht werden zur psychischen Metapher für Zukunftsplanung, Übersicht bewahren. Nietzsche ist der einsame Bergwanderer, der sich vom Schreiner ein Schreibbrett bauen lässt, damit er seine Gedanken während seiner sechs bis acht stündigen Bergwanderungen sofort notieren kann. Nietzsche wollte „eine Gebirgsschule gründen, eine Sommerakademie des freien Gelächters unter freiem Himmel. (...) Der Unterricht würde im Freien abgehalten, auch bei Wind und Wetter selbstverständlich. Das Gehen im Freien war bereits die Lehre." (zit. nach Setzwein 2000, S. 71). Martin Heidegger, vielleicht der wichtigste deutsche Philosoph im 20. Jahrhundert, ein abstrakter Denker und Schreiber, zog sich nicht nur in seine einsame Schwarzwälder Hütte zurück, um Denken zu können, er war auch ein begeisterter Skifahrer. In Anekdoten wird berichtet, dass der angeblich so weltfremde Philosoph im Wintersemester oft mit Skischuhen und in Skikleidung seine Vorlesungen an der Freiburger Universität hielt. Die Metapher des Weges zieht sich durch Heideggers Gesamtwerk, und eine Studie von ihm hat den Titel „Der Feldweg", eine andere „Holzwege". „BergDenken" nennt die Extrembergsteigerin und Erziehungswissenschaftlerin Helga Peskoller (1998) ihre beeindruckende Habilitation. Sie schreibt zum Einstieg: „Das Denken des Menschen leert sich in den

Höhen der Berge. In der Leere entfaltet sich ein Raum, in dem wieder zu denken ist." (1998, S. 9) Auch das sind pädagogische Räume, sie wirken prägend, regen uns zu bestimmten Gedanken an, beeinflussen und beeindrucken uns. Die Erlebnispädagogik und das erlebnis- und handlungsorientierte Lernen haben neue Lernräume erschlossen: Gipfel und Täler, Schluchten und Kletterwände, Wildnis, Wälder und Wiesen, Höhlen und Höhen, Wildwasser, Seen und Meere. Diese Orte wurden erst wegen des Natursports aufgesucht, bis findige Pädagogen gemerkt haben, welche Schatzkiste von Metaphern, aber auch von Lerngelegenheiten, draußen zu finden sind. Wer sich Zeit lässt, – siehe nächstes Kapitel – dem erschließen sich ganz neue Gedankenwelten.

Hochschulen sind dagegen meistens keine pädagogische Provinzen sondern pädagogische Bunker. Wir haben viele Stunden in Hörsälen vieler Hochschulen verbracht. Es waren Räume dabei ohne Fenster, nur mit künstlichem Licht versehen. Manche Hörsäle waren einfach schmutzig, versaut, vollkommen mangelhaft ausgestattet, Stifte ausgetrocknet, Flipcharts einfach beschmiert, und oft fehlte sogar die Kreide für die Tafelanschrift. Die Sitzordnung ist fast immer frontal, die Tische so groß und schwer, dass man es entmutigt bleiben lässt, etwas zu verändern. Und dazu kommt, dass niemand für fehlendes Seminarmaterial zuständig ist. Ausnahmen gibt es und auch dankbare Studierende, wenn andere Lernräume genutzt werden. Hier eine kurze Übersicht – und natürlich ein Auszug – aus dem Lehrangebot von Werner Michl.

Dunkle Höhlen, weißer Winter – neue Lernräume an Hochschulen

Seit fast 20 Jahren lehre ich an der Fakultät Sozialwissenschaften der Georg-Simon-Ohm Hochschule Nürnberg. Am Anfang zögerlich, jetzt mit klarer Struktur, habe ich erlebnispädagogische Angebote an unserer Fakultät eingeführt. Jetzt gibt es folgende Angebote in Wahlpflichtfächern, die ich seit 2008 zu einer „Basisqualifikation Erlebnispädagogik", zusammen mit weiteren Anforderungen, geformt habe:
* „Höhlen und Labyrinthe" findet als dreitägiges Blockseminar in der Fränkischen Schweiz statt. Mehrmals war es ein gemeinsames Angebot unserer Hochschule und der Fakultät Geoinformationswissenschaften der Hochschule München. Die zukünftigen Geoinformatiker haben uns über Orientierung mit Karte und Kompass oder mit GPS, Gesteinsschichten und Geologie etc. informiert. Unsere Studierenden haben Problemlösungsaufgaben durchgeführt, Vorträge über Fauna und Flora in Höhlen, Märchen und Mythologie gehalten, Höhlenmalerei und Höhlenmusik in Praxis und Theorie behandelt.

- „Winter erleben" findet als dreitägiges Blockseminar in einer DAV-Berghütte in den oberbayerischen Alpen statt. Zusammen mit Studierenden der Fakultät Bauingenieurwesen bieten meine Studierenden spannende Übungen im Schnee, von Iglubau bis Flaschenbobbahn an, während die zukünftigen Bauingenieure uns Praxis und Theorie von Statik, Fließgeschwindigkeit in Bächen, Schneegewicht, Schneeschmelze und Berechnungen zur Entwässerung eines Talkessels erlebnisorientiert beibringen.
- „Laufen hilft – von null auf 21 km." Mit der Teilnahme am Regensburger Halbmarathon unterstützen wir das *Thomas-Wiser-Haus* in Regenstauf, eine Einrichtung für verhaltensauffällige Kinder und Jugendliche. Im Wintersemester wird ein detailliertes Laufprogramm angeboten, denn das Angebot wendet sich auch an Studierende, die mit dem Laufen beginnen wollen. Kurzvorträge der Studierenden zu den physischen und psychischen Wirkungen des Laufens, zu pädagogischen und therapeutischen Ansätzen und eine Exkursion ins Thomas-Wiser-Haus sind weitere Pflichtteile dieses Angebots. Inzwischen bieten wir „Laufen hilft" in zwei- bis dreijährigem Turnus an.
- „Internationaler Kongress erleben und lernen." Meine Studierenden arbeiten bei der Durchführung des Kongresses mit, dort wo Hilfe notwendig ist, betreuen sie Experten/innen bei der Durchführung von Foren und Workshops und besuchen in den Arbeitspausen Veranstaltungen ihrer Wahl.
- „Sommer- und Winteruniversitäten" finden jeweils in zweijährigen Abständen statt *(siehe Kapitel 6.2)*.
- „Adventure Education". Zusammen mit der Mikkeli University of Applied Sciences/Finnland und der Fachhochschule Oberösterreich, Fakultät Gesundheit und Soziales, läuft das Angebot über drei Jahre. Es beginnt mit einem einwöchigen Wildnistrekking in Finnisch-Lappland, dann folgt im nächsten Jahr ein Projekt an einem Standort von *GFE / erlebnistage* (z.B.: 2009 – Bau einer „Kota" bei *erlebnistage Bayerischer Wald*). Im dritten Jahr werden alpine Aktivitäten wie Bergwandern, Klettern, Höhlentouren, Kanu und Kajaktouren in den österreichischen Bergen angeboten.
- „Konzepte erlebnis- und handlungsorientierten Lernens." Diese Veranstaltung will unterschiedliche Methoden, Konzepte und Theorien des erlebnis- und handlungsorientierten Lernens vermitteln. Dazu gehören Lerntheorien wie Konstruktivismus und Ergebnisse aus der Gehirnforschung, aktivierende Methoden (z. B: Think-Pair-Share, Fishbowl, Pro- und Kontradiskussion, Kartenabfrage, Experteninterview, Infomarkt), Trainingskonzepte wie Open Space, Action Learning, Mentoring etc., Problemlösungsaufgaben und konstruktive Lernprojekte sowie ein viertägiges Blockseminar bei *erlebnistage Bayerischer Wald*.

4.3 Into the Wild: Wald und Wildnis

„Into the Wild" ist der Titel eines Buches von Jon Krakauer nach einer wahren Geschichte. Sean Penn hat daraus 2007 einen Spielfilm gemacht, der das tödliche Ende eines Wildnisaufenthalts beschreibt. „Into the Wild" muss ja übersetzt werden mit: „Ins Wilde". Es geht um die Wildnis draußen und um die Wildnis in mir. Gerhard Trommer (1992) hat in einer feinen, kleinen, leider vergessenen Studie die unterschiedlichen Wildniskonzepte von Deutschen und Amerikanern verglichen. Hier das Ergebnis mit einigen Ergänzungen.

Wildnis Nordamerika	Wildnis Deutschland
Freiheit: „Live free or die"	Ein öder Platz der Unkultur
Der Wilde Westen als Archetyp: west = wild = free	Unordentlicher Ort von Einsiedlern, Heiden, Ungeheuern, Bestien, Problembären, Zecken
Einmalige Landschaften – Grand Canyon, Yosemite Natural Park, Rocky Mountains	Der Rheinsteig, die Ostsee, die Alpen, der Schwarzwald, der Hausgarten
Thoreau: Freiheit, Inspiration, Therapie	Johann Jakob Seume: Ein Spaziergang nach Syrakus Gebrüder Grimm: Hänsel und Gretel
Der Waldensee	Der Dorfteich
Cowboy und Indianer	Bergvagabunden sind wir. Das Wandern ist des Müllers Lust

Die Deutschen haben ein besonderes Verhältnis zum Wald, sagt man. Es ist vermutlich der Romantik geschuldet, den Gebrüder Grimm und ihren Märchen, dass der tiefe Wald, auch wenn es eine Fichtenmonokultur ist, etwas Berührendes und Beruhigendes hat, vielleicht sogar etwas Spirituelles. Diese fast hymnische Verehrung ist die eine Seite, die Kehrseite ist, dass die emotionale Distanz, gerade von Kindern und Jugendlichen zu Wald und Wiese immer größer wird. Es drohen Zeckenbisse, Wespenstiche, Mücken, Dreck und Bakterien, der Fuchsbandwurm, die Urangst des Verirrens, Problembären und der böse Mann. „Die Hälfte der Kinder glaubt, dass Baumklettern verboten sei", stellt der Forstwirt Schreiner (Blawat in SZ vom 11.8.2011) fest. Zwei Drittel aller Kinder fürchtet sich vor einem Käfer auf der Hand (ebd.). Und die Eltern fürchten sich noch mehr, daher ist es im eigenen Hausgarten oder auf dem Kinderspielplatz besser, da dann alles unter Kontrolle ist. Das freie Spiel ohne Erwachsene draußen in der Natur, am Tümpel, im Wald, auf der Wiese, im Unterholz, stirbt aus. Und womöglich auch die Lust auf Natur, die Neugierde, die Entdeckerlust. Andererseits sind Kinder und Jugendliche bestens informiert über den maroden Zustand der Natur und des Waldes und kennen Begriffe wie Kyoto-Protokoll, Waldsterben, Klimakatastrophe, Erderwärmung und Treibhausgasemissionen.

Der Wald gilt als so angeschlagen und kränkelnd, dass er vor den Menschen geschützt werden muss. Wenn, dann gehen wir sorgsam auf den Waldwegen, nehmen Müll mit, hinterlassen keine Spuren und bleiben feierlich ruhig. Der Mensch wird zum Feind der Natur, dem gelegentlich Zutritt erlaubt wird, ansonsten werden wir über Naturfilme und schöne Bücher informiert. Solche Defizite werden aktuell diskutiert, sind aber schon vor mehr als 50 Jahren konstatiert worden. Danach „braucht" das Kind seinesgleichen – „nämlich Tiere, überhaupt, Elementares, Wasser, Dreck, Gebüsche, Spielraum" (Mitscherlich, zit. nach Gebhard 2009, S. 74).

Rückblick: Vom „tumben Toren" zum Artusritter

Eigentlich ist die Flucht in den Wald ein Topos der abendländischen Kultur. Die Griechen und Römer sahen im Homo Silvaticus, dem Waldmenschen, ein Ungeheuer oder mindestens den Barbaren schlechthin. Die Betrachtungsweise dreht sich spätestens bei Tacitus, der in der Germania das glückliche Leben der Fennen (= Finnen; die Autoren) im Walde beschrieb: „Die Fennen leben ungemein roh, in abstoßender Dürftigkeit. Sie kennen keine Waffen, keine Pferde, kein Heim; Kräuter dienen zur Nahrung, Felle zur Kleidung und der Erdboden als Lagerstätte. (…) Auch gibt es für die Kinder keinen anderen Schutz vor wilden Tieren und Regengüssen, als daß man sie in einem Geflecht von Zweigen birgt; (…). Sie halten jedoch dieses Leben für glücklicher, (…). Sorglos vor den Menschen, sorglos vor den Göttern, haben sie das Schwerste erreicht; nicht einmal einen Wunsch zu kennen." (Tacitus 1971, S. 33f.). Parzifal von Wolfram von Eschenbach ist der erste große Roman der deutschen Literatur. Die Witwe Herzeloyde erzieht ihren Sohn Parzifal in einer Waldeinöde, in Einsamkeit, Unschuld und Unwissenheit. Er bleibt unwissend, weil es die Mutter so will. Als er den Wald verlässt und Ritter werden will, zieht er, auf Ratschlag der Mutter, in Narrenkleidern in die Welt und scheitert zunächst als Ritter und in der höfischen Gesellschaft. Er ist der „tumbe Tor" aus dem Wald, der dann doch klug und durchsetzungsfähig ist und zum Artusritter wird. Weitere Zeugen dieser Erziehung durch die Natur sind Jean Jacques Rousseau mit seinem „Émile", Henry David Thoreau mit „Walden oder Leben in den Wäldern", die Romantiker und Märchensammler, die Aussteiger und Einsiedler.

Artgerechtes Leben

Mehrere Bücher, Zeitschriftenartikel, Fernsehsendungen befassen sich mit dem artgerechten Leben bzw. der artgerechten Haltung von Kindern. Etwas provozierend beklagt Sibylle Kalas (2012, S. 15), dass man sich viele Gedanken über die artgerechte Haltung von Primaten im Zoo macht, aber insgesamt wenig Vorschläge findet über eine artgerechte Haltung von Kindern. Man könnte provozierend feststellen, dass viele Kinder in einer Art digitalem und manchmal sogar realem Käfig groß werden. Wie kann man vernünftig erwachsen werden? Wie viele Abenteuer und wie viele abenteuerträchtige Orte, Verstecke, Grünflächen, Brachland, Bäche, Tümpel, Wiesen, Wälder, Wildnis brauchen wir? Wie viel freies Spiel ohne Erwachsene muss möglich sein? Wie können Kinder ihr Leben eigenverantwortlich strukturieren?

Nehmen wir nur einige aktuelle Buchtitel. Die Autoren sind Erlebnispädagogen, Biologen, Fotografen, Journalisten, Pädagogen. Sie fordern „Kinder raus" (Roeper 2011) oder „Mehr Matsch" (Weber 2012) oder fragen sich, wann das „Das letzte Kind im Wald?" (Louv 2011) zu finden ist. Ein „Arbeitsbuch für die Praxis" haben Vater und Sohn mit dem Buch „Erlebnispädagogik im Wald" (Bach/Bach 2011) vorgelegt. Gerhard Trommer (2012) plädiert für „Schön wild! Warum wir und unsere Kinder Natur und Wildnis brauchen." Ulrich Gebhard setzt sich grundlegend mit dem Verhältnis von „Kind und Natur" (2003) auseinander und Herbert Renz-Polster schuf einige gedankliche Grundlagen in seinem Buch „Menschenbilder: Plädoyer für eine Artgerechte Haltung" (2011). Elschenbroich zufolge sollte ein siebenjähriges Kind „einen Tag im Wald verbracht, einen Brief gelesen und geschrieben, einen Gegenstand repariert und ein Konzept von Heimweh haben" (zit. nach Korte 2010, S. 258). Und einen Bestseller in den USA darf man nicht vergessen: „Dangerous Book for Boys" (Iggulden, Iggulden 2008). Greifen wir ein paar dieser Bücher heraus und betrachten sie genauer.

„Kinder raus"

Beginnen wir mit dem wunderschönen Fotoband „Kinder raus" von Malte Roeper (2011). Nicht nur das Titelbild besticht und macht Lust aufs Lesen und Blättern, auch die zahlreichen und meist wunderschönen Fotos zwischen den Buchdeckeln sind unschlagbar gut. Das Buch von Malte Roeper ist ein Herausgeberband, zu dem Martin Schwiersch – in erlebnispädagogischen Kreisen bestens bekannt – , Magdalena Neuner – ein kurzer, eher dünner Aufsatz, aber wer so schnell laufen und so gut schießen kann, muss nicht brillant schreiben können –, Gabriele Herzog-Schröder und Ulrich Gebhard beigetragen haben.

Der erste Beitrag von Malte Roeper „Ein sehr einfacher Gedanke" enthält viele einfache, aber auch eingängige Gedanken, auf die jeder kommen kann, der nachdenkt. Aber wer macht das schon – vor allem in jener Konsequenz von Malte Roeper? Er erinnert in seinem Ansatz an die klassischen, aber heute meist vergessenen, Verhaltensethologen wie Konrad Lorenz oder Irenäus Eibl-Eibesfeldt. Ja, wir fühlen uns am Wasser wohl, weil Trinkwasser die elementare Voraussetzung des Lebens ist, wir schauen fasziniert ins Lagerfeuer, weil es uns tausende von Jahren Wärme bot und wir sammeln – früher Pflanzen und heute Briefmarken – und jagen, weil es zigtausende von Jahren die Grundlage unserer Ernährung war. Seit 160 000 Jahren gibt es den Menschen und seit etwa 40 Jahren entfernt er sich radikal von seinen natürlichen

Grundlagen. Wie sehr Kinder letztlich unter diesem Entzug leiden, macht dieser Beitrag sehr deutlich. Dabei gerät Roeper nicht in die romantische Falle und verherrlicht weder die Steinzeit noch das einfache Leben in schriftlosen Kulturen. Martin Schwiersch setzt sich mit innerer Wildheit und äußerer Wildnis auseinander. Zu den wunderbaren Bildern gesellen sich geradlinige Gedanken zur eigenen Kindheit mit ihren moralischen Dilemmata und grundlegende Ausführungen über Naturgenuss und Naturverbrauch. Zu „Draußen im Wallgau" von Magdalena Neuner muss nicht viel gesagt werden: kurz und ganz nett. Denise Windmüller beschreibt, wie sie mit den Kindern „Den ganzen Tag im Wald verbringt". Ein wirklich schöner Bericht mit noch schöneren Fotos! Dann folgt ein Rückblick und Einblick des Herausgebers auf „Die Hütte meiner Eltern" – eine Kindheit in zwei Hektar Wildnis in Tirol. Natürlich überzeugend, aber letztlich ist es auch ein Luxus immer wieder dort in den Bergen zu sein und wieder zurück in die Zivilisation zu kommen. Dann folgt ein Bericht über Familienfreizeiten in der Natur, im Zelt und am Zeltplatz, am Kletterfelsen, in der Blumenwiese. Der folgende Beitrag über die Yanomami von Gabriele Herzog-Schröder ist dann doch so etwas wie die „Suche nach dem verlorenen Glück." Allerdings ist der Wald alles andere als ein Spielplatz, sondern ein gefährlicher Ort, eine wilde Sphäre, ein Ort der Geister und des Jenseits. Letztlich, und das steckt zum großen Teil hinter diesen Vorstellungen, ist der tropische Urwald einfach ein sehr gefährlicher Ort. Spielzeug ist hier gänzlich unbekannt und auch nicht notwendig, denn die Natur bietet alles in Hülle und Fülle an. „Nature never gets boring", meinten die Erforscher der San (Buschleute). Den Abschluss bieten Gedanken von Ulrich Gebhard zur erziehenden und bildenden Wirkung von Naturerfahrungen. Ein guter Anstoß für Pädagogik und Psychologie ist die These, dass wir uns zu viel mit den zwischenmenschlichen Beziehungen befasst und zu wenig mit dem Verhältnis zwischen Mensch und Natur auseinandergesetzt haben. Sollte uns das Urvertrauen zu der Natur verloren gegangen sein? Gerne wüsste man, welche empirischen Studien „eine Korrelation von positiven Naturerlebnissen und umweltpfleglichen Einstellungen" beweisen (ebd., S. 136). Auch den Beweis der plausiblen These, dass „Das Erleben von äußerer heiler Natur eben heilsam für die innere Natur sein (kann)" (ebd., S. 139) hätte man gerne nachvollzogen. Trotzdem regt auch dieser Beitrag zum Nachdenken an. Man wird dieses Buch erst mal weglegen, dann aber immer wieder darin blättern, denn an den Fotos kann man sich nicht sattsehen, und letztlich beweisen sie, was die Autorinnen und Autoren an inhaltlicher Botschaft vermitteln wollen.

„Mehr Matsch"

„Mehr Matsch" ist eine einfache Forderung, die letztlich auch medizinisch begründbar ist. Ein Forscherteam der Northwestern University in Chicago hat empirisch an 40 000 Probanden bewiesen, dass Stadtkinder deutlich häufiger überempfindlich auf Lebensmittel reagieren als Landkinder (Weber 2012). Das gilt auch für Allergien,

Asthma, Ekzeme, Heuschnupfen und Bindehautentzündung. Eine alte Regel von Kinderärzten lautete, dass sieben Kilo Dreck im Jahr das Kind gesund halten. Andreas Weber (2011, S. 76f.) meint, wie Richard Louv, dass Natur ADHS heilt. Das mag man natürlich gerne glauben, klare empirische Belege fehlen noch. Dem Statement, dass es eine Katastrophe für die Gesellschaft ist bzw. werden wird, dass Kinder heute kaum mehr im Freien herumstrolchen, stimmt man schon eher zu. Wie riecht es im Wald? Wie fühlt sich ein Baumstamm an? Wie sieht ein Fink aus und wie singt er? Frösche fangen, Baumhäuser bauen, Wasser stauen, Pilze suchen oder nur mit beiden Händen im Matsch zu wühlen, mit Naturmaterialien gestalten, das alles können Kinder in Naturkindergärten erleben, wo bei Wind und Wetter draußen gespielt wird. Kinder brauchen Natur, denn Natur macht gesund, lautet die These des Autors Andreas Weber. Sie helfe gegen Computerspiele, gegen AD(H)S und Depressionen. Das klingt verdächtig nach Allheilmittel, denn Belege dafür gibt es in manchen psychologischen Untersuchungen und erlebnispädagogischen Wirkungsanalysen, empirische Beweise allerdings nicht. Zwischendurch verliert man den roten Faden und fragt sich, ob es ihn überhaupt gibt. Die Beweise aus Ethnologie zeigen, dass der Autor zwar flott schreiben kann, aber ansonsten nur das recherchiert, was in sein Weltbild passt. Dass der Mensch als Sammler und Jäger (nicht umgekehrt!) friedlich und glücklich war (ebd., S. 125), entspringt ethnoromantischen Vorstellungen. „Dreißig Vorschläge für Eltern" (ebd., S. 207ff.) und „Zwanzig weitere Ideen für Lehrer und Erzieher" (ebd., S, 226ff.) hält der Autor am Ende des Buches bereit. Die 30 Tipps für Eltern in Ehren, sie sollten aber nicht dazu führen, dass engagierte Eltern nun ihre Kinder mit naturpädagogischen Ideen so quälen, dass diese selbst das Denken verlernen.

Erlebnispädagogik im Wald

Hajo und Tobias Bach haben ein solides Buch vorgelegt, das vor Erfahrungen, Tipps und Hinweisen und Anregungen strotzt. Es geht um nahen Kontakt zur Natur, Leben in der Wildnis, Überlebenstechniken – die man draußen immer brauchen kann, Sinneserfahrungen, Naturerlebnisse. Wie baut man sich ein Waldläuferbett oder eine Nothütte? Wie stellt man eigene Werkzeuge, Fallen und Waffen her? Wie fängt man Fische und wie bereitet man sie zu? Was wächst alles in Wald und Wiese, was man essen oder zu Tee zubereiten kann? Wie kann man sich auch ohne GPS und Kompass orientieren? Wie macht man Feuer, auch im Regen oder auf nassem Boden? Die beiden Autoren zeigen, wie man in und aus der Natur leben kann. Pädagoginnen und Pädagogen werden durch das Buch so inspiriert sein, dass sie bald vom Lesen ins Handeln kommen. Und erfreulicherweise bleibt es bei der Sache, so dass jede Verklärung, ganzheitliche oder ozeanische Gefühle, Naturmystik oder Verherrlichung schriftloser Kulturen – archaisch klingt natürlich besser – erfreulicherweise fehlen.

Der Wald im Jahreslauf

Ganz ohne pädagogische Absichten oder die Besserwisserei eines Andreas Weber kommt ein höchst anregendes Buch von Norbert Wimmer aus und wird doch alle erziehenden Erwachsenen ab einem Minimalinteresse für Natur erreichen. Der Jahresverlauf bildet die Gliederung.

Frühling – Der Wald beginnt zu atmen. Mit den ersten weißen Blüten im dunklen Wald beginnt dieses Buch. Dabei werden Einblicke geboten in die erste Blütenpracht, in den Zug der Kröten und Frösche, die „Sprachen der Waldbewohner" und ihr Zuhause – Höhlen, Nischen und Nester – und das „Leben einer Buche". Nicht nur die Bilder sind phänomenal, auch die tiefen Einblicke in den manchmal verherrlichten und oft verschmähten deutschen Wald zeigen, dass es immer spannend wird, wenn man Fachwissen mit Übersicht verbindet.

Sommer – Das Leben pulsiert. Nicht nur die Morgendämmerung im Wald ist ein besonderes Erlebnis, auch der Abend und die Nacht. Das Spiel von Licht und Schatten, die Vielfalt der Bäume, das neue Leben im Wald, Fledermäuse – die nächtlichen Jäger – und viele weitere Themen bieten einen kurzweiligen Lesegenuss. Auch bei der Verbindung von Wald und Wasser könnte man ins Schwärmen kommen: der einsame Waldteich, die Quelle, Wasserfälle, der behäbige Fluss und die vielen Tiere am und im Wasser rufen Träumereien, Kindheitserinnerungen und jugendliche Jagdgelüste (z.B.: Forellen mit der Hand fangen) hervor. Auch die Anmerkungen zu Insekten wie Käfer, Schmetterlinge, Hornissen und Ameisen beweisen, dass Förster, Biologen und Pädagogen allemal punkten können bei sonst medienverwöhnten Kindern und Jugendlichen.

Herbst – Die Zeit der Veränderung. Der Herbst ist die Zeit der bunten Blätter und intensiven Farben und auch die Zeit der Ernte, des Sammelns und Konservierens für den Winter. Die Menschen haben diese Vorratshaltung vergessen, weil Lebensmittel immer zugänglich sind. Früher wurde Marmelade eingekocht, Mus gemacht, Most angesetzt, Pilze haltbar gemacht, Salben und Getränke als Waldmedizin hergestellt. Auch die Tiere erfasst eine Sammelwut, wie sie einst Leo Leonni in seinem unvergessenen Kinderbuch „Frederick" beschrieben hat. Für sie geht es ums Überleben. Die Pilze kommen in diesem Kapitel leider etwas zu kurz. Sie sind auch ein weites Feld, das neben den bekannten Pilzsorten noch viele Überraschungen bereithielte.

Winter – Das Leben geht weiter. Vor ein bis zwei Generationen war der Winter eine große Herausforderung. Man fürchtete den Winter, als es weder Strom noch Schneepflug gab und lernte die „Kunst des Überlebens" in der warmen Stube. Franz Schubert hat in seiner „Winterreise" das Grauen des Winters musikalisch verarbeitet, und die Dichter haben Schrecken und Zauber der kalten Jahreszeit beschrieben.

Expeditionen – Wald erleben. Auch Erlebnispädagogen/innen haben es sich zum Ziel gemacht, den Wald zu entdecken. Wer dieses Buch zu Grunde legt, wird sicherlich eher mit dem Wald leben, ihn verstehen und erleben, als der Geocacher, Seilgarten-bauer, Jogger, singende Wanderer, oder der Mystiker, der vor Verzückung die Amsel nicht mehr singen hört, und auch als der Jäger und Förster. Natürlich dient der Wald auch Sammlern, die auf Bärlauch, Pilze, Beeren aus sind. Riechen und Schmecken – die Nase und der Gaumen sind zwei Sinnesorgane, die sonst beim Lernen eher ver-nachlässigt werden. Natürlich kann man im Wald auch zu sich kommen, schweigen, nachdenken, meditieren oder auch ruhig werden, nur um Tiere zu beobachten. Wenn aber morgens die Vögel pfeifen, dann macht es auch Spaß, ein Fachbuch und ein Fern-glas dabei zu haben und dem Gesang den jeweiligen Vogel zuzuordnen. Auch die Blätter des Waldes reizen zum Vergleich, zum Trocknen und Pressen. Und schließlich ist der Wald auch der Ort des Verirrens, nicht nur im Märchen. Daher bietet es sich an, den Umgang mit Karte und Kompass, oder auch mit einem GPS-Gerät zu vermitteln und gleich zu üben. Neben der Ast-Pyramide oder dem Blätterdach bietet die kleine schnell und selbst gebaute Schutzhütte wohlige Geborgenheit. Auch das Zitat auf der letzten Seite hat der Autor sorgfältig ausgewählt: „ In den Wäldern sind Dinge, über die nachzudenken man jahrelang im Moos liegen könnte." (Franz Kafka). Trefflich gesagt, und wer dieses Buch ernst nimmt, kann jahrelang Neues entdecken.

5 Methoden, Moden oder mehr?

Wir bieten im Folgenden einige Anregungen, Tipps und Ideen zu Anfangssituationen an. Der Anfang eines Seminars, Trainings, Kongresses ist eine schwierige Situation. Was hier schief läuft, kann sich durch das ganze Training ziehen. Fehlerfreundlich wird es erst dann, wenn sich das Training in der „Wir- oder Vertrautheitsphase" befindet. Die zehn aktivierenden Methoden stehen für das bewegte Lernen im Seminarraum. Sie erscheinen einfach. Aber jeder, der sie durchgeführt hat, weiß, dass alles von einer guten Vorbereitung und von viel Erfahrung abhängt. Wer sie auf die leichte Schulter nimmt, hat bald schwer am Misserfolg zu tragen. Bei „No more Games!" und den „13 heißen Tipps" arbeiten wir mit der paradoxen Intervention und bei den „Gehungen statt Sitzungen" wollen wir zu bewegten Meetings und Tagungen ermutigen.

5.1 Anfangssituationen – im Anfang war das Wort und die Tat

„Aller Anfang ist schwer": Jeder, der schon mal vor einer unbekannten Gruppe einen Workshop beginnen musste, weiß das. „Auch eine Reise von tausend Meilen beginnt mit dem ersten Schritt": Ja, wenn der erste Schritt getan und gelungen ist, dann geht es meist alles wie von selbst. „Jedem Anfang wohnt ein Zauber inne", behauptete Hermann Hesse. Aber keiner merkt das; der Trainer steht unter Strom und so manche Teilnehmer sind mit schwer wiegenden Fragen beschäftigt. Im Rückblick auf ein gelungenes Seminar, da spürt man dann auf einmal den Zauber, der im Anfang lag.

In dem folgenden Beitrag werden die Chancen und Risiken von Anfangssituationen beschrieben und konkrete Möglichkeiten aufgezeigt, mit denen ein Trainer diesen Anfang gestalten kann. Abgerundet wird der Artikel durch ein kleines Alphabet des Anfangs. Anfangen scheint ganz einfach zu sein: der Dozent betritt den Seminarraum, begrüßt, beschreibt das Programm und steigt mit dem Stoff ein. Die alltäglichen Erfahrungen zeigen, dass dies selten so funktioniert. Jedenfalls funktioniert es umso besser, je mehr wir uns Gedanken zur Anfangssituation machen.

Der zu schnelle Start!

Anmerkungen zur Psychologie der Anfangssituation

Zu allen Zeiten und in allen Kulturen finden wir zahllose Rituale des Anfangs. Sich die Hände geben, sich umarmen, auf die Schulter klopfen, sich verbeugen, der Handkuss, der Kniefall – alle diese Verhaltensweisen bezeugen, dass der Anfang, ebenso wie der Schluss, eine emotional aufgeladene Situation ist. Alle Beteiligten sind unsicher, und ihre einzige Gemeinsamkeit ist, dass sie noch nichts gemeinsam haben. Werfen wir einen Blick auf Teilnehmer und Trainer.

Die Teilnehmer: Alle sind unsicher, und zur Reduktion dieser Unsicherheit wird vom Trainer Aktivität erwartet. Die passive Orientierung ist am bequemsten in dieser unstrukturierten Situation! Kommt der Trainer dieser unausgesprochenen Erwartung nach Führung nicht nach, so entsteht ein interaktiver Notstand. Der Überschuss von Möglichkeiten ist dann gleichzeitig eine Beschränkung. Zunächst führen dieser Überschuss an Möglichkeiten, die unstrukturierte Situation und die Suche nach Orientierung zu Vereinfachungen und Typisierungen. Mit Phantasie wird fehlende Realität gefüllt. Die anderen Teilnehmer und der Trainer werden schnell – und mehr unbewusst als bewusst – in sympathisch und unsympathisch eingeteilt. Dabei kommen die Lebenserfahrungen zu Hilfe, die unmittelbar auf diese Situation projiziert werden; denn in uns stecken Vorbilder des sympathischen und unsympathischen Menschen. Solche Vorurteile sind nützlich, wenn sie wieder revidiert werden können. Aus den Beziehungsdefiziten, die den Anfang charakterisieren, resultieren ungefragte Fragen an die anderen Teilnehmer:

• Wer ist mir sympathisch/unsympathisch und wem könnte ich sympathisch/ unsympathisch sein? (Beziehung)
• Was wissen die anderen von mir, was weiß ich von Ihnen? (Information)
• Wer wird von wem akzeptiert werden? Wer sind die Führungspersönlichkeiten? (Gruppendynamik)
• Was wollen die anderen, was will ich? (Motivation)
• Wie werden sich das Seminar und die Gruppe entwickeln? (Zukunft)
• Welche Ansprüche werden gestellt? Wie kann ich diese Veranstaltung erfolgreich abschließen? Was kann und will ich hier lernen? (Lernziele)
• Lohnt sich der Zeitaufwand? Ist das Seminar das Geld wert? (Effizienz)

Diese und weitere Fragen binden in der Anfangssituation die psychische Energie. Fachliches steht im Hintergrund. Dies erklärt, warum Informationen zu Beginn des Seminars so schnell verloren gehen, werden sie nicht über mehrere Sinneskanäle vermittelt und schriftlich festgehalten.

Der Trainer: Jeder Anfang birgt die Gefahr des Scheiterns, auch wenn diese Ängste in der Routine des Alltags in den Hintergrund gedrängt werden. Zudem wäre es nicht schicklich, sich diese Ängste einzugestehen. Trotzdem ist jeder Beginn einer Veranstaltung für den Leiter bedrohlich. Die Teilnehmer sind Raubtiere und der Referent, Redner, der Trainer ist der Dompteur. Oft ist nach wenigen Minuten entschieden, ob er zerfleischt wird oder ob er die Raubkatzen so gezähmt hat, dass sie ihm nahezu aus der Hand fressen. Teilnehmer können ihre Mitarbeit verweigern, passiv sein, schweigen, boykottieren, zu spät kommen, demonstrativ gelangweilt sein, stören, von Anfang an renitent sein – auch wenn die Expertenrolle formal abgesichert ist. Daraus leiten sich Fragen an sich selbst als Trainer ab:

• Bin ich auf dem neuesten Stand der Wissenschaft?
• Spüren die Teilnehmer meine Begeisterung für die Sache?
• Finde ich die gleiche Anerkennung wie beim letzten Workshop?
• Wie muss ich handeln, dass man mich fachlich und menschlich akzeptiert?
• Welche Teilnehmer könnten mich verunsichern, mich stören, mir gefährlich werden?
• Was nehme ich hin und wo setze ich Grenzen?
• Welche Wünsche und Erwartungen der Teilnehmer kann ich erfüllen?
• Wie schaffe ich die Gratwanderung zwischen Nähe und Distanz?

Aus diesen meist unausgesprochenen Fragen folgen die vier Aufgaben der Anfangssituation.

Die vier Aufgaben des Anfangs

Mehr oder weniger ausführlich, je nach Gruppe und nach Anlass, sind zu Beginn eines Seminars vier Aufgaben zu erledigen: Kennenlernen ermöglichen, Orientierung geben, Erwartungen klären und Regeln vereinbaren.

1. **Kennenlernen:** Die Teilnehmer wollen ihren Trainer kennen lernen, nicht nur als Fachmann, sondern auch als Person. Eine kurze Vorstellung mit Informationen zum beruflichen Werdegang, zu den inhaltlichen Schwerpunkten und einige Worte zu Familie und Freizeit machen den Trainer nicht nur als Fachmann, sondern auch als Mensch greifbar. Dies könnte man als Mind-Map darstellen, in dessen Mittelpunkt der Name steht, für die Wissenschaft zeichnet man an die Tafel einen Tempel, für den beruflichen Werdegang ein typisches Symbol und für Familie und Freizeit eine Familie mit Kindern, die Fahrrad fahren. Oder jeder dieser drei Bereiche wird durch ein Symbol repräsentiert: Die Freizeit mit Bergschuhen, Tennisschläger usw., die wissenschaftliche Aktivität mit einer neueren Publikation etc. und der berufliche Werdegang mit einem weiteren Symbol. So lassen sich von Beginn an didaktische Wegmarken setzen! In Großgruppen die Teilnehmer kennen zu lernen, ist schwierig, aber nicht unmöglich. Wer den Mut dazu hat,

könnte quer durch den Seminarraum durch die Teilnehmer eine Reihe bilden lassen nach Entfernung Seminar – Geburtsort, an deren einem Anfang jene Person steht, deren Heimatort am weitesten vom Seminarort entfernt steht. Weitere Möglichkeiten: Sortieren nach Alter, Größe, alphabetisch nach Familien- und Vornamen. In Kleingruppen (bis zu 20 Personen) gibt es in der Literatur zur Erwachsenenbildung zahlreiche Tipps zum Warming-up. Doch Vorsicht! Diese Übungen müssen zum Trainer passen und die Ziele und die Zielgruppe berücksichtigen, sonst wird aus dem Warming-up schnell ein Cooling-down.

Dazu drei ausgewählte Beispiele zu Warming-ups:

- Die Seminare für die neu berufenen Professoren/innen beginnen wir im „Zentrum für Hochschuldidaktik der bayerischen Fachhochschulen – DiZ" (www.diz-bayern.de) manchmal mit folgender Übung: „Suchen Sie sich im Didaktikzentrum einen Gegenstand, der für Sie beruflich oder privat spricht und stellen Sie sich mit diesem Gegenstand vor." Sofort kommt Bewegung ins Seminar, die Teilnehmer lernen ganz nebenbei die Einrichtung und die Mitarbeiter des DiZ (die darauf vorbereitet sind!) kennen.

- Partnerinterview in kleinen Seminargruppen: „Interviewen Sie sich gegenseitig (zehn Minuten) und stellen Sie dann Ihren Partner vor. Weben Sie in die Vorstellung eine Lüge ein, die der Rest der Gruppe entdecken soll."

- Jeder Teilnehmer bekommt einen Fragebogen, mit der Überschrift „Kennen Sie einen Seminarteilnehmer, der … schon mal eine Kuh gemolken hat … jemanden persönlich kennt, der 90 Jahre alt ist … schon einen Berg bestiegen hat, der höher als 3500m ist … kein Auto besitzt … weiß, wer Comenius war …" Ca. 15 Fragen (oder so viel Fragen wie Teilnehmer) müssen nach und nach abgehakt werden, indem man die anderen Seminarteilnehmer nach diesen Eigenschaften befragt. Die Fragen können neben solch skurrilen Themen selbstverständlich auch thematischen Inhalt haben.

2. **Orientierung geben:** Gerade in der Anfangssituation ist Orientierung notwendig. Zu Beginn jeder Veranstaltung sollte eine wenigstens grobe, schriftliche Übersicht vorgelegt werden, auf Pinnwand oder Flipchart vorbereitet sein. Oder ein Handzettel, der einen kurzen Überblick bietet, bringt Orientierung, liefert noch eine überschaubare und kommentierte Literaturliste und umfasst weitere Hinweise, eine Teilnehmerliste und wichtige Termine. Eine Folie zu Beginn der jeweiligen Veranstaltung mit der Gliederung ist meist ungünstig, da die Orientierung wieder verloren geht, wenn die nächste Folie kommt. Die Tafel oder das Flipchart oder die Pinnwand leisten hier bessere Dienste, da dort das Programm immer für jeden sichtbar bleibt. Und dann kommen erste Fragen der Teilnehmer. Wer sich am Anfang Zeit lässt für solche Fragen, gewinnt die verlorene Zeit wieder und dies bei größerer Lernmotivation, da bedrängende Fragen geklärt sind und sich nicht mehr auf die Konzentrationsfähigkeit auswirken.

3. **Erwartungen klären:** Teilnehmer können ihre Erwartungen deutlicher formulieren, wenn sie über den Inhalt und die Lernziele Bescheid wissen. Kommt die Frage nach den Erwartungen zu früh, so wird nur ein Ritual daraus – oder lähmendes Schweigen tritt ein. Manche Trainer behaupten, dass es besser sei, gleich am Anfang des Anfangs die Erwartungen abzufragen. Darüber kann man trefflich streiten. Damit die Abfrage der Erwartungen Ergebnisse bringt, ist der Einsatz schriftlicher Methoden sinnvoll.

Der folgende Fragebogen zum Einstieg soll die Erwartungen deutlich machen:

Fragebogen zum Einstieg

Name: _____ Vorname: _____

- Welches sind Ihre persönlichen Zielsetzungen für dieses Seminar?
- Welche fachlichen Ziele setzen Sie sich?
- Was könnte Sie behindern, diese Ziele zu erreichen?
- Was könnte Sie dabei fördern/unterstützen, diese Ziele zu erreichen?
- Was erwarten Sie von dem Experten – als Fachmann und als Mensch?
- Was erwarten Sie von den anderen Teilnehmern?
- Wie würden Sie mit wenigen Worten ihren Lernstil beschreiben?

Eine Kartenabfrage mit grünen Karteikarten für die positiven Erwartungen, mit roten für die Befürchtungen, wäre eine weitere Methode. Die Ergebnisse sollten aufbewahrt und in der Mitte des Seminars noch einmal besprochen werden: Welche wurden erfüllt? Welche werden noch erfüllt? Welche Erwartungen können nicht erfüllt werden?

4. **Regeln vereinbaren:** Wer in einen partnerschaftlichen Lernprozess tritt, sollte Regeln für den gemeinsamen Umgang erarbeiten. Solche Regeln könnten lauten:
   - Wir beginnen gemeinsam und hören gemeinsam auf (Anwesenheit und Pünktlichkeit).
   - Je nach Dauer der Veranstaltung machen wir eine, zwei, mehrere Pausen (Arbeitsrhythmus).
   - Fragen haben Vorrang (Beteiligung der Teilnehmer).
   - Wir lassen jeden ausreden; jeder Beitrag ist wichtig (Kommunikation).
   - Wir können nach dem Workshop über Email oder Chatroom fachliche Themen weiter vertiefen (Vertiefung des Lehrstoffes).
   - Mobiltelefone bitte ausschalten! (Störungen)
   - Kritik an der Veranstaltung soll so schnell wie möglich geäußert werden (stete Verbesserung).

Ganz nebenbei klären sich in der Diskussion über diese Regeln die gruppendynamischen Rollen. Wer in diesem Seminar nimmt die alpha-Position ein, wer ist eher Außenseiter, wer sind die Denker und Tüftler, wer sind die Aktivisten? Wenn es die Zeitstruktur irgendwie zulässt, ist es natürlich besser, wenn diese Regeln durch die Gruppe erarbeitet werden. Bei schwierigen Gruppen kann man die Regeln, die jetzt an einer Pinnwand hängen, von allen unterschreiben lassen. Das ist juristisch nicht relevant, erhöht aber trotzdem die Verbindlichkeit.

Ein kleines Alphabet des Anfangs – Anregungen zum Einstieg in das Seminar

Im Folgenden haben wir einige Anregungen zu einem spannenden Einstieg in den Workshop oder in das Seminar zusammengestellt.

A wie Anekdote. Inzwischen liegen zahlreiche Anekdotenbücher vor (Kauder 2000, Köhler 2001, Duden Bd. 12); ein Fundus für Erwachsenpädagogen und Trainer. Die besten Anekdoten werden im PC gesammelt. Als Appetitanreger hier eine Anekdote als Einstieg, die uns gut gefällt: Auf der Höhe seines Ruhmes ließ der Philosoph Hegel folgende Notiz am Schwarzen Brett seiner Fakultät anschlagen: „Die Vorlesung von Herrn Professor Hegel muß heute leider ausfallen, da der Herr Professor mit dem Nachdenken noch nicht fertig geworden ist. gez. Hegel“.

B wie berufliche Erfahrungen. Die in der beruflichen Praxis gemachten Erfahrungen sind eine reiche Quelle, die aber schnell versiegt. Daher empfehlen wir, diese Erfahrungen schriftlich festzuhalten.

F wie Fragen. Am Anfang des Lernens steht das Fragen. Auch wenn sie nicht geäußert werden, so werden Ihre Teilnehmer doch von vielen Fragen bewegt.
- Worum geht's? Was ist Sache? (Fokussierung)
- Wozu braucht man das? (Nutzen, Anwendung)
- Warum ist das Thema wichtig? (Relevanz)
- Wo steckt das Problem? (Problemorientierung)
- Was ist das Wesentliche? (Schwerpunkt)
- Wie ist man darauf gekommen? (Logik)
- Wie kann man sich das merken? (Memo-Hilfe)
- Wo ist der rote Faden? (Vorgehensweise)
- Wie hängt das zusammen mit…? (Querverbindung)

Stellen Sie sich einfach vor, die Teilnehmer würden dies alles fragen! Einige ehrliche und befriedigende Antwort können Sie im Vorweg geben und für die anderen Fragen sind Sie hoffentlich gewappnet!

G wie Gemälde. Bilder und Bildung hängen nicht nur sprachlich eng zusammen. Als Folie oder über den Beamer können Gemälde berühmter Maler einen anregenden Einstieg in das Thema bieten. Der Verlag Directmedia Publishing GmbH bietet auf zehn CD-ROMs 5555 Meisterwerke an. In manchen Seminaren bietet das Gemälde „Die Schule von Athen“ von Raffael einen guten Einstieg in das Thema Lernen.

I wie Interviews. Fiktive Interviews mit berühmten Persönlichkeiten, Wissenschaftlern und Forschern lassen schwierige Theorien und komplizierte Gedankengebäude lebendig und verständlich werden. Sie wecken die Neugierde am Thema und die Lust nach Vertiefung. In fiktiven Interviews mit Pädagogen, Philosophen, Psychologen haben Michl und Schödlbauer (1999) den Zusammenhang zwischen „Erleben und Lernen" herausgestellt.

P wie persönliche Erlebnisse. Auch aus Ihrem privaten Leben eignen sich Geschichten, Begebenheiten, Erlebnisse und Erfahrungen. Werden sie wohldosiert eingesetzt, dann werden Sie nicht nur als Trainer und Experte, sondern auch als Mensch greifbar.

K wie Karikaturen. Wie gute Witze sind Karikaturen ein humorvoller Einstieg. Als Beispiel eine Karikatur von Hans Traxler, dessen Text zugegebenermaßen verändert wurde.

Kürzlich wurden im Hochtaunus mehrere Professoren
ausgewildert, um sie wieder an das Leben in der Praxis
zu gewöhnen.

L wie Literatur. Kurze Texte aus Romanen als Handzettel oder vorgelesen, stimmen auf das Thema ein. Meisterlich hat Anton Čechov (1997, S. 19) in dem Roman: „Eine langweilige Geschichte" den Anfang einer Vorlesung beschrieben: „Ich weiß worüber ich lesen werde, weiß aber nicht, wie ich lesen werde, womit ich anfangen und womit ich enden soll. Im Kopf habe ich keinen einzigen fertigen Satz. Doch es reicht mir, nur einen Blick in den Hörsaal zu werfen (er hat bei mir die Form eines Amphitheaters) und, stereotyp wie immer, auszusprechen „In der letzten Vorlesung waren wir stehen geblieben bei...", schon fliegen mir im langgestreckten Schwarm die Sätze aus der Seele und – ab geht die Post. Ich spreche unaufhaltsam schnell, leidenschaftlich, und es scheint die Kraft nicht zu geben, die den Strom meiner Rede unterbrechen könnte. Um gut zu lesen, das heißt nicht langweilig und zum Nutzen der Hörer, muß man außer Talent, auch Geschick und Erfahrung besitzen, muß man über eine sehr klare Vorstellung der eigenen Kräfte verfügen, über die seiner Hörer und über das, was den Gegenstand der eigenen Rede bildet. Außerdem muß man klar im Kopf sein, muß aufpassen wie ein Schießhund und darf nicht für eine Sekunde den Überblick verlieren."

R wie Rätsel. Das Rätsel ist die Urform der Motivation. Es regt zum Nachdenken und Fragen an, es aktiviert oft müde Teilnehmer und kann ein passender Einstieg sein. Das Rätsel „Menschen im Hotel" könnte sich z.b. für einen Einstieg in ein betriebswirtschaftliches Thema eignen: „ Herr Beck und Herr Bauer sind auf Geschäftsreise und verbringen die Nacht im selben Hotel. Zufällig bekommen sie benachbarte Zimmer im vierten Stock. Nachdem sie beide zu Bett gegangen sind, schläft Herr Beck sofort tief ein. Herr Bauer kann jedoch, obwohl er müde ist, kein Auge zu tun. Schließlich ruft er Herrn Beck in seinem Zimmer an und schläft unmittelbar nach dem Gespräch problemlos ein. Wieso?" (Sloane 1996, S. 11). Die Lösung wird hier aus didaktischen Gründen nicht verraten!

T wie Tagesgeschehen. Ein Blick in die Tageszeitung, auch kurz vor der Veranstaltung, lohnt sich allemal. Manchmal passen die Ereignisse punktgenau zum Thema. Manchmal sind die Meldungen so wichtig, dass man bloßgestellt wird, wenn man uninformiert ist und manchmal weiß und spürt man, dass man diese Meldung archivieren sollte. Die kurzen News eignen sich zum Einstieg, längere Artikel werden zur Grundlage für Arbeitsaufträge.

S wie Spiele. Spiele gelten als der Klassiker des Warming-up, und der Fundus an Spielebüchern ist unerschöpflich. Darüber hinaus ist in der pädagogischen Fachwelt ein Modetrend zu verspüren. Vor zwanzig Jahren waren die Spiele ohne Sieger, die New Games und die Kimspiele die Renner, die die Erwachsenenbildner faszinierten. Heute haben Problemlöseaufgaben, kooperative Abenteuerspiele (Gilsdorf, Kistner 2000) und konstruktive Lernprojekte (Heckmair 2008) einen Siegeszug durch Bildungsstätten und Hochschulen angetreten. Sie sind ein vorzüglicher problemorientierter Einstieg.

W wie Witze. Wenn alle gemeinsam lachen können, ist bald das Eis gebrochen. Aber Achtung! Wir lachen über durchaus unterschiedliche Witze, manche sind abgedroschen, andere frauenfeindlich oder gar rassistisch. Gute Witze und solche, die einigermaßen zum Thema passen, sind selten. Daher kann es auch hier nicht schaden, sich eine Kartei mit guten Witzen anzulegen.

Z wie Zitate. Gute Zitate sind so wichtig wie ein Aperitif, nicht unbedingt notwendig, aber durchaus sehr anregend. Als Einstimmung zum Thema „Lebenslanges Lernen" gibt es ein Zitat aus Goethes „Wahlverwandtschaften": „Es ist schlimm genug, rief Eduard, dass man jetzt nichts mehr für sein ganzes Leben lernen kann. Unsere Vorfahren hielten sich an den Unterricht, den sie in ihrer Jugend empfingen; wir aber müssen jetzt alle fünf Jahre umlernen, wenn wir nicht ganz aus der Mode kommen wollen." Ein wirklicher Fundus für passende Zitate, geordnet nach Autor und Thema ist die CD-ROM „world wide words" (Edition Hans Böck 1998/99), aber auch das Internet bietet inzwischen unerschöpfliche Quellen.

Zum Schluss des Anfangs

Viel Lärm um nichts? Pädagogengerede und Psychologengefasel? Oder wohnt nicht doch jedem Anfang ein Zauber inne? Wir haben versucht, unsere Erfahrungen mit Anfangssituationen zu Papier zu bringen, und obwohl es subjektive Erkenntnisse sind, bleibt diese Behauptung wie ein Menetekel stehen: Es gibt keine zweite Chance für den ersten Eindruck! Da aller Anfang schwer ist, sollen wir etwas zur Lösung dieser sensiblen Situation beitragen. Es sind keine Kochrezepte, aber doch einige Menüangebote und vor allem Anregungen, sich selbst Gedanken zum gelungenen Start ins Seminar zu machen – zum Wohle der Teilnehmer, von sich selbst und letztlich auch dem Thema zuliebe.

5.2 Aktivierende Methoden – drinnen bewegt lehren und lernen

Keiner weiß genau, woher die Mythen und Märchen, die Anekdoten und Witze kommen, wer diese Problemlösungsaufgabe oder jenes Spiel geschaffen und wer jene Seminarmethode erfunden hat. Von Plagiat kann man aber auch kaum sprechen, wenn das Spinnennetz im einen Buch als kooperatives Abenteuerspiel und in anderen als vorzügliche Teamübung beschrieben wird. So geht es uns auch mit der folgenden Auswahl an aktivierenden Methoden, die zunehmend in der Erwachsenenbildung, in der Hochschullehre, in Aus- und Weiterbildung eingesetzt werden. Sie entsprechen in idealer Weise dem konstruktivistischen Paradigma, denn sie verlagern die Verantwortung vom Pädagogen auf den Lernenden, machen den Pädagogen zum Mentor,

Lernbegleiter, Coach. Grundlage dieses Kapitels ist das vorzügliche Buch von Franz Waldherr und Claudia Walter (2009). Wir bieten hier eine kleine Hitparade, die Top-Ten der aktivierenden Methoden.

1. Kleingruppen bilden

Kleingruppen bilden? Nichts leichter als das? Es kann aber so viel falsch gemacht werden und so viel schief gehen, dass der Pädagoge schließlich zu der Erkenntnis kommt, dass Kleingruppenbildung nur zu Chaos führt. Also lassen wir das und begeben uns wieder an die Front des Frontalunterrichts? Nein, es gibt nur ein paar Dinge zu beachten:

- Vorbereitung: eine effektive Kleingruppenarbeit braucht immer eine eindeutige Zielsetzung (schriftlich an Tafel, Pinnwand, Folie oder besser: als Handzettel mit allen Anweisungen), vorbereitete Arbeitshilfen (Literatur, Handwerkszeuge, neue Medien), klar formulierte Vereinbarungen zur Berichterstattung (Vortrag, ausgearbeitete Folien, schriftliches Konzept, Beamer-Präsentationen, Infomarkt, …), klare Vorgaben über Zeit und Raum sowie über Gruppengröße und Gruppenbildung.

- Gruppenaufteilung: Sollen die Teilnehmer sich selbst in Kleingruppen einteilen (Wahlgruppen) oder moderiert oder manipuliert dies der Seminarleiter (Zufallsgruppen)? Meistens eignen sich Zufallsgruppen besser, manchmal passen Wahlgruppen und gelegentlich bietet sich die Einteilung nach dem Stand des Wissens an (Wissensgruppen).

- Zufallsgruppen kann man durch Abzählen bilden, durch Spielkarten (vier Farben und pro Farbe acht Blätter), farbige Moderationskarten in einer Schachtel, persönliche Merkmale wie Schuhgröße, Körpergröße, Geburtstage – der Fantasie sind keine Grenzen gesetzt.

- Arbeitsort: Reicht die Raumgröße für drei bis vier Kleingruppen aus? Braucht es einen zweiten Raum? Vorsicht: Sind die Kleingruppen zu weit entfernt, verliert der Seminarleiter leicht den Überblick. Sind sie zu nah, dann lenkt das womöglich so ab, dass keine konzentrierte Arbeit zustande kommt.

- Kontrolle ist gut, Betreuung ist besser. Arbeiten die Kleingruppen wirklich, oder unterhalten sie sich über die Champions League? Die Ängste mancher Seminarleiter sind letztlich unbegründet. Aus dem Konstruktivismus folgt, dass jeder für seinen Lernerfolg selbst verantwortlich ist. Es braucht also keine Kontrolle, weil bei Vorträgen und Präsentationen auch niemand kontrollieren kann, wer noch zuhört. Betreuung braucht es schon. Der Seminarleiter sollte also nicht zum Kaffeetrinken gehen, oder seine E-Mails abrufen oder schnell ein paar Dinge mit der Sekretärin besprechen. Seine Botschaft sollte sein: Ich bin Ansprechpartner, beantworte gerne alle Fragen, beobachte und berate, mich interessiert auch, was hier diskutiert wird, gebe gerne Informationen und Anregungen weiter und verdrücke mich, wenn ich den Diskussionsprozess störe.

- Plenum: Berichte aus der Kleingruppenarbeit vor einem großen Plenum langweilen meistens, ein Infomarkt mit Plakaten, Wandzeitungen und Collagen ist sinnvoller.

2. Murmelgruppe

Die Murmelgruppe ist eine Allzweckwaffe. Sie funktioniert in Kleingruppen genauso gut wie in Großgruppen mit 200 Teilnehmern. Der Referent stellt eine Frage ans Publikum. Die Handlungsanweisung zur Frage lautet: „Bitte bilden Sie, so wie Sie sitzen, mit Ihren unmittelbaren Nachbarn eine Gruppe zu zweit oder dritt, und besprechen Sie meine Frage."

Nach zwei Minuten bitten Sie wieder um Ruhe. Sie können natürlich nachfragen und zu Fragen auffordern. Sie können aber einfach weitermachen und auf die Schlussdiskussion verweisen. Wenn Sie nachfragen, bekommen Sie eine sofortige Rückmeldung dazu, ob Ihre Ausführungen angekommen sind. Und dafür kann man die Murmelgruppe einsetzen:

- Als Einstieg in ein neues Thema. Die Frage lautet dann: „Was wissen Sie schon über aktivierende Methoden?"
- Zum Kennenlernen: Was weiß mein Nachbar zu diesem Thema?
- Sie bringen ein Praxisbeispiel, eine Falldiskussion: „Diskutieren Sie mit Ihrem linken Nachbarn Lösungsmöglichkeiten!"
- Pro- oder Contra-Argumente sammeln: „Wir haben nun das Thema aktivierende Methoden abgeschlossen. Sie haben viel über die Vorteile gehört, sammeln Sie nun einige Argumente, die dagegen sprechen."

Die Inhalte können in Kleingruppen auch mit Moderationskarten festgehalten werden. In großen Gruppen wird man einige ausgewählte Diskutanten darum bitten, ihre Ergebnisse zu erzählen. Ein Nachteil liegt darin, dass jene, die sich sehr gut kennen oft nebeneinander sitzen. Wenn man mutig ist, lässt man die Teilnehmer sich alphabetisch ordnen: Anfangsbuchstaben A und B sitzen in der ersten Reihe, C und D in der zweiten Reihe usw.

3. Wissenspool

Der Wissenspool ist die einfache Variante des Mindmaps. Es ist zwar längst bewiesen, dass das Mindmap weit weniger zur Entfaltung der kreativen Kräfte beiträgt, als ihm zugeschrieben wird. Macht nichts, denn zum Sammeln von Ideen, Meinungen, Vorerfahrungen und Wissen eignet sich der Wissenspool auf jeden Fall. Schreiben Sie einen Begriff oder eine Frage in die Mitte der Tafel (Pinnwand, Flipchart, Folie ...) und ziehen Sie einen Kreis darum. Schreiben Sie auf Zuruf sternförmig die zugerufenen Begriffe rund um das zentrale Thema. Sie können also schnell auf ein Thema einstimmen, an das vorhandene Wissen anknüpfen und gleichzeitig assoziatives Denken üben. Anfangs ist es manchmal zäh, da muss man Geduld haben und warten können. Wenn das Eis gebrochen ist, sprudeln die Zurufe. Wenn die Ideen nachlassen und es leise wird, können Sie entweder aufhören oder wiederum geduldig warten. Dann gibt

es mit hoher Wahrscheinlichkeit einen zweiten Ideensturm. Anschließend können Sie den Wissenspool mit Ihren Inhalten zum Thema anreichern. Und daraus entwickeln Sie eine Gliederung für den Workshop, das Seminar, den Vortrag. Zudem dient der Wissenspool als Themenspeicher für die weitere Diskussion.

Geben Sie erst eine Minute Zeit zum stillen Nachdenken, bevor Sie mit dem Sammeln von Stichworten beginnen. Sie haben viel Stoff gemeinsam mit der Gruppe erarbeitet und müssen behutsam und wertschätzend auch damit umgehen, welche Themen Sie aufgreifen und welche Sie vernachlässigen werden.

4. Lernspaziergang – Walk and Talk

Die Methode eignet sich für Gruppen von zehn bis 100 Personen. Es sollte genügend Raum vorhanden sein, um herumgehen zu können, entweder ein großer Seminarraum oder der Gang bzw. das Treppenhaus oder viel besser: im Freien. Man braucht ein hörbares Zeichen, z.B. eine Quietschente, eine Pfeife, eine Trompete etc. Der Seminarleiter hat vier bis sechs Fragen oder Themen vorbereitet. Die Übung verläuft so:

- Paare bilden (wenn es nicht ausgeht, dann eine Dreiergruppe)
- Erste Frage laut stellen, so dass sie wirklich alle verstehen.
- Die Ente quietscht.

Die Paare haben nun drei Minuten (fünf Minuten?) Zeit, um sich zu dieser Frage auszutauschen. Sie können den Raum verlassen, dürfen aber nicht zu weit weg gehen, damit das Quietschen der Ente noch hörbar ist.

Die Ente quietscht. Auf einem Tisch, an einem zentralen Ort, sind Moderationskarten und Stifte verteilt. Die Teilnehmer haben zwei bis vier Minuten Zeit, um auf zwei Karteikarten (oder zu zweit auf vier oder mehr) Themen und Ergebnisse zu schreiben – ein Schlagwort pro Karte. Die Karten übernimmt der Seminarleiter. Dann geht es, wie oben beschrieben, weiter:

- Jeder sucht sich einen neuen Gesprächspartner.
- Die zweite Frage laut stellen.
- Die Ente quietscht.
- Dann drei Minuten Zeit geben.
- Gesprächsergebnisse auf andersfarbigen Moderationskarten festhalten.

In der Zwischenzeit kann der Seminarleiter, oder besser: der zweite Trainer, auf einer Pinnwand jeweils die Kärtchen anpinnen und eventuell mit Überschriften ordnen. Nach den Fragerunden geht man von Pinnwand zu Pinnwand. Fragen und Kommentare und Ergänzungen sind erwünscht.

Worauf muss man achten? Auch hier gilt: Paare, die sich anderen Themen widmen als der gestellten Frage, haben sich bewusst dafür entschieden. Das ist ihnen offensichtlich wichtiger, aber, ein Trost für den Seminarleiter, nach drei Minuten wird der Gesprächspartner getauscht. Die Ergebnisse des Gesprächs werden erst dann festgehalten, wenn das Zeichen dazu ertönt, nicht vorher, denn das würde den Gesprächsfluss hemmen. Man muss die Teilnehmer auffordern, zu schlendern, zu gehen und nicht zu sitzen oder nur zu stehen. Es gibt begeisterte Wanderer, die sich im Freien so weit entfernen, dass sie die Tonsignale nicht mehr hören – also den Freiraum draußen vorher durch fiktive Grenzen abstecken. Es wird nur in den Paaren gesprochen, Gruppendiskussionen sollen unbedingt vermieden werden. Die Übung findet am besten in freier Natur statt, natürlich kann man auch gemeinsam einen Weg zurücklegen, zum Beispiel einen See umrunden. Bei größeren Gruppen macht es kein Sinn mehr, die Gesprächsergebnisse auf Moderationskarten festzuhalten. Man kann ganz darauf verzichten oder sich einige Paarungen herausgreifen und sie mit Mikrofon befragen, oder einige große Plakatwände anbringen.

5. Zick-Zack-Diskussion

Die Methode eignet sich für Gruppen von zehn bis ca. 20 Personen. Es braucht ein kontroverses Thema. Die eine Hälfte der Gruppe steht für die Pro-Argumente, die andere Hälfte für die Contra-Position. Dies kann mit der eigenen Meinung übereinstimmen, muss aber nicht. Denn man lernt auch etwas dabei, einmal eine ganz andere Meinung als die eigene vertreten zu müssen. Die Gruppen werden voneinander getrennt und haben nun 30 Minuten Zeit, ihre Argumente zu sammeln und auch zu überlegen, welche Argumente denn die andere Hälfte einbringen könnte. Die Sammlung der Argumente kann auf ein Flipchart oder auf eine Pinnwand geschrieben werden. Schriftliche Unterlagen, Zeitungsartikel mit Pro- und Contra-Positionen, auch ein Videofilm, der vorher gezeigt wird, inspirieren die Gruppen zu neuen Argumenten.

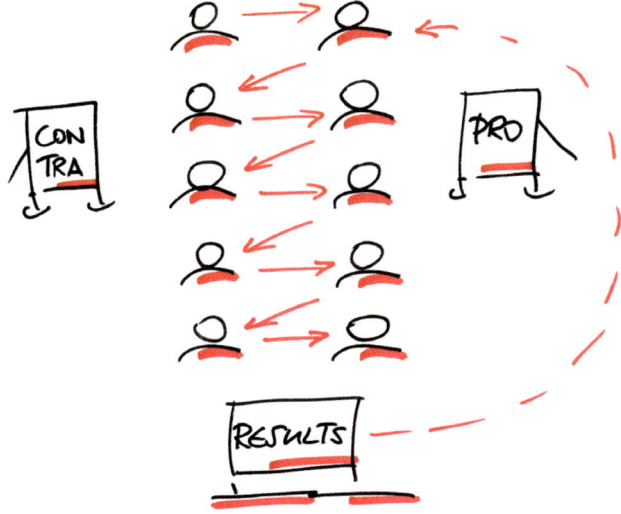

Dann trifft man sich im Seminarraum. Der Seminarleiter hat inzwischen zwei Stuhlreihen gebildet, so dass sich die diskutierenden Gruppen gegenüber sitzen. Also bei 20 Teilnehmern stehen in einer Reihe jeweils zehn Stühle. Die Diskussion beginnt ganz vorne und wird in der Reihenfolge der Skizze weitergeführt (siehe oben). Wer sein Argument gebracht hat, kann nicht direkt antworten. Die Reihenfolge der Redner/innen ist strikt einzuhalten. Die Pinnwände mit den Argumenten können so gestellt werden, dass die jeweilige Gruppe ihre Argumente sieht. Man darf sich dann natürlich nicht umdrehen! Die Ergebnisse können auf einer weiteren Pinnwand oder auf einer Tafel festgehalten werden. Zum Schluss kann man die Diskussion für 10–15 Minuten frei geben.

6. Eins-zwei-viele

Manchmal gehören die ganz einfach erscheinenden Methoden zu den wirksamsten. Sie sind leicht zu erklären, man braucht wenig Material, und schon geht es los! Diese Übung, manche sagen auch „Think – Pair – Share" dazu, verläuft in drei Phasen. Zuerst ist Einzelarbeit angesagt, dann folgt der Austausch mit einem Gesprächspartner und drittens schließlich werden die Ergebnisse im Plenum oder einfach in einer Kleingruppe mitgeteilt und zur Diskussion gestellt, denn es muss nicht immer alles im Plenum gesagt werden.

Man kann die Methode nach einer Präsentation zu einem komplexen Thema einsetzen, damit Fragen generieren, Themen vertiefen und erweitern. Natürlich kann man auch verschiedene kurze Texte zu einem Thema austeilen und sie ca. 10 bis 20 Minuten lang allein bearbeiten lassen, dann Zweiergruppen bilden und weitere 20 bis 30 Minuten vorgeben zum gegenseitigen Austausch der erarbeiteten Inhalte. Anschließend werden die Ergebnisse im Plenum zur Diskussion vorgestellt.

Wenn man sich Zeit nimmt, dann führt diese Methode auch bei schwierigeren Fragen, Themen und Projekten zu spannenden Ergebnissen. Studierende im sechsten Semester, zum Beispiel, suchen mehr oder weniger verzweifelt nach einem geeigneten Thema für ihre Bachelorarbeit. Man gebe ihnen im Rahmen einer Klausur dafür eine Stunde Zeit für wirkliche Einzelarbeit, um einige mögliche Themen zu finden oder ein bereits geplantes zu präzisieren. In der zweiten Phase wird ein engagierter Gesprächspartner abwägen und die Themen bewerten, auf Fachliteratur und praktische Anwendung hinweisen. In der dritten Phase gibt es weitere Hinweise, Tipps, Erfahrungen und es bilden sich Netzwerke durch die weiteren Gesprächspartner.

7. Die Erkläranlage

„Teaching is learning twice" – wer etwas in eigenen Worten darstellen, zusammenfassen, erklären muss, merkt sehr schnell, ob er den Sachverhalt verstanden hat. Die Übung verläuft in fünf Phasen und zeigt auf, wie schwierig es ist, Sachverhalte zu erklären.

Statt einem längeren Theorieteil hat der Experte seine Inhalte auf 10 bis 20 Schlagworte reduziert. Im Manuskript kann man Details zu diesen Schlagworten nachlesen. Er verteilt sie nun an die Hälfte der Teilnehmer. Und so funktioniert die Erkläranlage:

1. Immer zwei Partner treffen sich. A erklärt B sein Schlagwort. (einseitig: nicht gegenseitig!) (ca. fünf Minuten).
2. Man trifft sich zu viert. B erklärt nun den beiden Neuen (A^1 und B^1) das, was ihm A erklärt hat (ca. fünf Minuten).
3. Erste Reflexionsrunde: B gibt A ein Feedback über seine Erklärung in der Zweiergruppe. A , A1 und B1 geben B Feedback. (ca. zehn Minuten).
4. B^1 erklärt nun A und B das, was ihm A^1 erklärt hat (ca. fünf Minuten).
5. Zweite Reflexionsrunde: B^1 gibt A^1 ein Feedback über seine Erklärung in der Zweiergruppe. A^1, A und B und geben B^1 Feedback. (ca. zehn Minuten).

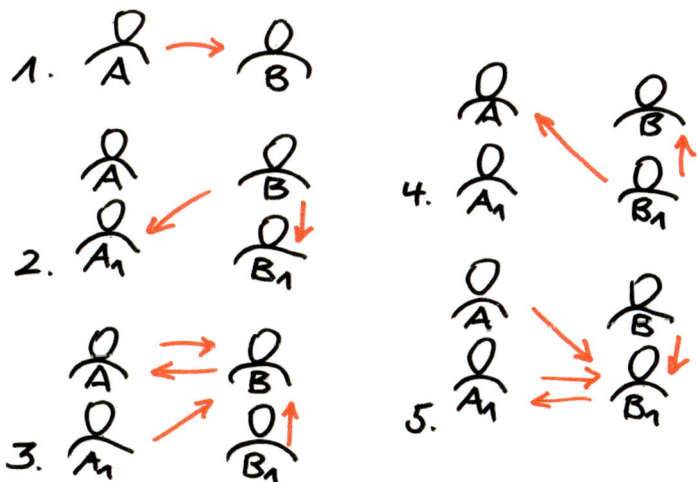

73

Mit Erklärung dauert diese Übung etwa 40 Minuten. Bei ungerader Teilnehmerzahl kann der Seminarleiter sein Assistent oder ein Praktikant mitmachen. Natürlich eignet sich diese Übung auch für Themen, die die Teilnehmer mitbringen, bewegen, beschäftigen. Die Übung muss gut erklärt werden, am besten durch eine Skizze an Tafel oder Flipchart.

Einige Informationen zu einer guten Erklärung als Input vor dieser Übung können nicht schaden. Wir halten erst Mal fest, dass Folgendes dazu gehört: ein Sachverhalt, der erklärt wird, jemand, der erklärt und einer oder mehrere, dem bzw. denen etwas erklärt wird. Die Erklärung muss zumindest einen Hinweis darauf, was erklärt wird, enthalten, einen motivierenden Einstieg und eine abschließende Zusammenfassung. Wenn eine Erklärung verstanden werden soll, muss der Erklärende den Sachverhalt im Verhältnis zum Wissensstand und zum Grad der Verständnisfähigkeit seiner Teilnehmer beachten. Natürlich ist es entscheidend, ob ein Problem erklärbar ist, denn es gibt es keine absolute Erklärung. Unsere Erklärung ist eine mögliche von vielen Erklärungen.

Wir können drei Typen von Erklärungen unterscheiden:
1. Die interpretierende Erklärung spezifiziert die Bedeutung eines Begriffes, einer Aussage bzw. erklärt sie (Frage: *Was?*)
2. Die begründende Erklärung umfasst die Auslegung von Prinzipien, Werten, Gründen, Ursachen etc. (Frage: *Warum?*)
3. Die beschreibende Erklärung beschreibt Geschehen, Strukturen, Prozesse, Funktionsabläufe (Frage: *Wie?*)

Oft sind in einer Erklärung diese Typen vermischt. Daher muss entschieden werden: Mit welchem Erklärungstyp haben wir es jetzt zu tun? Diese Frage ist zuerst zu beantworten.

8. Kugellager

Mit der Methode „Kugellager" wird das bei den Teilnehmern vorhandene Wissen sehr effizient gesammelt. Es werden zwei Stuhlkreise aufgestellt, der innere mit den Sitzflächen nach außen. Der äußere enthält genauso viele Stühle, die je einem Innenstuhl gegenüberstehen (Sitzfläche nach innen, so dass man sich gegenübersitzt).

Nehmen wir an, Sie wollen Vor- und Nachteile und Tipps zu folgenden Medien sammeln: Tafel, Whiteboard, Flipchart, Pinnwand, Powerpoint, Handzettel. Jedes Thema wird auf ein DIN-A-4-Blatt als Überschrift geschrieben, die Blätter werden an die im Innenkreis sitzenden Teilnehmer verteilt. Wir haben nun Themenverantwortliche. Diese erarbeiten mit ihrem „Gegenüber" möglichst viele Tipps, Vorteile und Nachteile und notieren auch die Ergebnisse auf ihrem Blatt. Nach einer angemessenen Arbeitszeit rückt der Außenkreis im Uhrzeigersinn um einen Stuhl weiter. Die Personen außen wandern also zu einem neuen Thema, die innen befindlichen diskutieren ihr Thema mit einer neuen Person. Man rotiert, bis der Außenkreis einmal ganz herum ist. Der Zeitbedarf wächst von Station zu Station, weil die Außenkreispersonen vom gegenüber sitzenden Themenverantwortlichen zu Beginn des Gesprächs immer erst über die bereits mit den anderen besprochenen Inhalte informiert werden müssen. Beginnen Sie mit einer relativ kurzen Zeit, z.B. zwei Minuten, damit nicht im ersten Durchgang das Thema bereits erschöpfend behandelt werden kann.

Die Gesamtdauer variiert je nach Themenkreis und Personenzahl zwischen 15 Minuten und einer Stunde. Als Zeitwächter sollte man die Gratwanderung zwischen „Ausschweifen lassen" und „zu früh Abwürgen" sensibel angehen. Maximal sollten je Kugellager sechs Themen behandelt werden. Bei größeren Gruppen kann man

mehrere Kugellager mit gleichen Themen parallel laufen lassen. Die Ergebnisse werden dann je von einem Kugellager exemplarisch präsentiert und von den anderen bei
Bedarf ergänzt.

Man muss den Außenkreis nicht vollständig rotieren lassen, manchmal reicht auch
drei- oder viermal. Ergebnisse aus einem Kugellager können Ausgangspunkt für
weitere Arbeitsschritte sein. Am besten lässt man die letzte Paarung die Ergebnisse
auf einer Tageslichtfolie zusammenfassen. Beide können dann anschließend die Ergebnisse präsentieren. Bei ungeraden Teilnehmerzahlen können im Außenkreis auch
zwei Personen einem Themenverantwortlichen gegenübersitzen.

9. 6-5-1-Methode

Die Methode ist schnell erklärt, aber der Teufel steckt, wie so oft, im Detail: Es sind
sechs Teilnehmer, fünf Lösungsvorschläge bzw. Ideen und ein Problem. Es funktioniert auch mit sieben Teilnehmern und zwei Problemen, dann sagen wir einfach
7-6-2-Methode. Die Gruppe sitzt in einer Runde. Jeder Teilnehmer bekommt eine
Schreibvorlage und trägt nun oben ein möglichst konkretes Problem ein. Das Ge-
neralthema könnte zum Beispiel Anfangssituationen sein: Schwierigkeiten mit der
Technik, Nervosität, Widerstände, Verspätungen, usw. Eine Bitte an alle Teilnehmer
ist, so deutlich und lesbar wie irgend möglich schreiben. Bitte das Problem so klar
und konkret wie möglich beschreiben. Reicht der Platz nicht, dann ist auch noch die
Rückseite da. Dazu muss man fünf bis zehn Minuten Zeit geben.

Dann wird das Blatt – am besten machen das alle gleichzeitig – nach rechts weitergereicht. Jeder liest die Problemstellung durch, manchmal muss nachgefragt werden.
Dann soll man möglichst spontan durchaus auch verrückte und utopische Ideen und
Lösungsansätze notieren. Das Blatt wieder gleichzeitig nach rechts weitergegeben.
Die Lösungsidee wird nun entweder weiter ausdifferenziert, besondere Aspekte werden betont, der Lösungsansatz kann eingeschränkt und vertieft werden. Es kann aber
auch eine ganz neue Idee aufgeschrieben werden. So wird das Blatt im Kreis herum-
gereicht, bis es wieder beim Verfasser der Problemlage ankommt. Während der Aktion, und bis alle fertig sind, sollte geschwiegen werden. Dann kann man die Lösungen
und Ideen diskutieren und sich austauschen!

6 - 5 - 1 - Methode	
Selbst *dann Blatt nach* *rechts geben*	Problembeschreibung ――――――――――――――――― ――――――――――――――――― ――――――――――――――――― ―――――――――――――――――
Ideen, Lösungsvorschläge (1)	――――――――――――――――― ――――――――――――――――― ――――――――――――――――― ―――――――――――――――――
Ideen, Lösungsvorschläge (2)	――――――――――――――――― ――――――――――――――――― ――――――――――――――――― ―――――――――――――――――
Ideen, Lösungsvorschläge (3)	――――――――――――――――― ――――――――――――――――― ――――――――――――――――― ―――――――――――――――――
Ideen, Lösungsvorschläge (4)	――――――――――――――――― ――――――――――――――――― ――――――――――――――――― ―――――――――――――――――
Ideen, Lösungsvorschläge (5)	――――――――――――――――― ――――――――――――――――― ――――――――――――――――― ―――――――――――――――――

10. Infomarkt

Fast 90 Teilnehmer aus der ganzen Welt treffen sich alle zwei Jahre zum dreiwöchigen internationalen Workshop für Führungskräfte der Landjugendarbeit im Haus der bayerischen Landwirtschaft/Herrsching am Ammersee. In der ersten Hälfte des Workshops werden zunächst in einer Open-Space-Phase globale Themen und deren lokalen Auswirkungen thematisiert. Dann werden in regionalen, thematischen und manchmal auch zufälligen Kleingruppen die Ergebnisse auf Pinnwänden dargestellt (Analyse, Problembeschreibung, Lösungsideen …). Dieser Infomarkt dient zum umfassenden Austausch. Natürlich geht es auch mit Flipchartpapier, braunem Moderationspackpapier oder mit Restrollen von Zeitungen. Mit Tesakrepp, Nadeln oder Klebstoff werden die Plakate an der (Pinn-)Wand angebracht.

Die Hälfte der Gruppe bleibt nun bei ihrem Plakat, die andere Hälfte fängt an, zu den anderen Plakaten zu wandern. Das kann systematisch geschehen (in Uhrzeigerrichtung), bei großen Gruppen können die „Wanderer" ihren Interessen folgen. Die jeweils Verbleibenden erklären und diskutieren mit den Wandernden ihr Gruppenergebnis. Die Wanderer erhalten eine kurze Einführung von etwa ein bis zwei Minuten, sie lesen sich die Plakate durch und stellen dann Fragen. Bei systematischer Vorgehensweise, also in Uhrzeigerrichtung, müssen die Zeiten natürlich exakt vorgegeben werden („Sieben Minuten, dann eine Station weitergehen"), und der Moderator muss mit Tonsignal an diese Zeitstruktur erinnern. Auf diese Fragen werden Erklärungen/ Antworten gegeben. Dann werden die Rollen getauscht, die „Wanderer" kehren zurück und die anderen fangen an zu wandern. Der Zeitbedarf liegt bei etwa sieben bis zehn Minuten pro Gruppe und Runde, d.h., wenn fünf Gruppen im Workshop sind, dann dauert das mindestens eine Stunde. Bei Großgruppen sollte man eher die doppelte Zeit einplanen. Und wer zwischendurch zum Kaffeetrinken und zur Kuchentafel geht – der soll es sich schmecken lassen!

5.3 „No More Games!" –
Lernprojekte statt Spiele im Managementtraining

Auch in der Weiterbildung geraten frontale Unterrichtsmethoden immer mehr in die Defensive. Denn die Lernenden sollen aktiv beteiligt werden und nicht nur „Musik von vorn" konsumieren. So zieht die gute alte Spielpädagogik in die Seminarräume ein: als Pausenfutter für den kleinen Hänger zwischendurch. Nichts gegen Spiele. Jeder weiß, dass sie Unmengen von Emotionen freisetzen können. Und eben diese Emotionen sind es, die unser Bewusstsein steuern. Insofern liegt es nahe, Spiele als Nervennahrung in Workshops und Seminare einzubauen. Nur: Wenn Spaß die einzig wahre Messgröße ist, werden ohne Not wertvolle Potentiale vergeudet. Denn im spielerischen Tun steckt mehr als Ablachen, Spaß und Zeitvertreib.

Spiele in Workshops und Seminaren werden gern genommen als rasch verdauliche Energiedrinks zwischen zwei inhaltlichen Blöcken. So weit so gut. Doch warum sind sie eigentlich nötig? Weil die eingesetzten Methoden während der eigentlichen Arbeitsphasen so dröge und langweilig sind. Entweder Ernst oder Spaß heißt die Parole. Beides zugleich scheint unmöglich. Oder doch?

Ernst und Spaß zusammen bringen

Wenn die Elemente des Spiels, also Absprungzonen, Wassergräben und Zielbereiche radikal auf betriebliche Abläufe sowie Produktionsprozesse ausgerichtet sind, dann kann die unselige Dichotomie von Ernst und Spaß überwunden werden. Aber das geht nur ohne den sozialpädagogischen Mief des Mediums Spiel. Von dem muss man sich trennen.

Einige eherne Prinzipien des traditionellen Spiels sind nämlich im Managementtraining fehl am Platz:

- In der Spielpädagogik wird häufig das Bild des Bergführers bemüht[3], der voran schreitet und den Weg absteckt. Übertragen auf das Management wäre das die Führungskraft, die alles vorgibt und keinen Raum lässt. Doch eben die steht konträr zu modernen Führungsprinzipien, denn die Mitspieler müssen selbst Strategien entwickeln und das Gelände ausmessen können Nur so ist Entwicklung möglich.

- Spielerklärungen sollen möglichst einfach und präzise sein. Falsch! Selbst im Zwei-Mann-Pizza-Service ist die Welt nicht simpel und eindeutig, sondern in der Regel relativ komplex. Und eben das muss auch für zeitgemäße Szenarien gelten.

---

3   Die hier aufgeführten „ehernen Prinzipien" finden sich in diesem Beitrag: Funke, A., Rachow, A.: Aufgaben des Spielmoderators. So bringen Sie Spiele ins Laufen. In: ManagerSeminare, Heft 58, 7–8/2002, S. 70–76

Wenn die Komplexität zu weit reduziert wird, sind die Bilder, die entstehen, nicht mehr die richtigen.

- Spielregeln sollen sich am schwächsten Teilnehmer orientieren. Das ist zum einen ziemlich apodiktisch und klingt zum andern schwer nach Sozialromantik der 1970er Jahre. Kein Teamleiter definiert seine Ziele – ob im Team oder allein – am untersten Rand der Möglichkeiten, sondern eher am Visionären, an dem was kaum erreichbar scheint. Denn gerade die Herausforderungen sind es, die Teams voran bringen.

- Ernst- und Spielsituationen sollen klar von einander abgegrenzt werden. Schon wieder ein Nein. Ob etwas spaßig oder ernst ist, entscheidet jeder Mensch höchst individuell. Da wäre ein Imperativ des Trainers erstens fehl am Platz und zweitens kontraproduktiv. Was nötig ist, sind Trainer, die mit offenen Situationen umgehen können. Und die auch eine Affinität zu einer „Ästhetik des Scheiterns" haben.

- Im Nachhinein begännen oft die Diskussionen, wie der Trainer was gesagt hat. Doch das muss nicht sein. Und ob: Da wird es erst richtig spannend! Wenn zum Beispiel ein Team vor lauter Verliebtheit ins eigene Bild („Wir sind 'ne Super-Truppe!") permanent mit externen Faktoren argumentiert, um vom eigenen Unvermögen abzulenken. Kann durchaus sein, dass der Trainer sich hier kurzzeitig unbeliebt macht, indem er den Finger in die Wunde legt.

Lernprojekte schöpfen aus der Emotionalität des Spiels, sind aber keine Spiele. Mit den Lernprojekten werden Strukturen und Prozesse, wie sie für einen Betrieb oder ein Team typisch sind, auf spielerische Weise rekonstruiert, ohne dass damit Karriere oder Betriebsergebnis betroffen sind. In „Mikrowelten" werden die Teilnehmer mit herausfordernden Aufgaben konfrontiert: strategisches und operatives Management zum Anfassen. Fehler sind erlaubt, aus Trainersicht sogar erwünscht! Erfolge und vor allem auch Misserfolge sind Anlässe, gemeinsam über Differenzen, Defizite und Dilemmata nachzudenken. In Reflexionen und Feedbackrunden analysieren Teilnehmer und Trainer jeweils nach den Aktionen die abgelaufenen Prozesse, vergleichen Selbst- und Fremdbilder und fragen nach den Konsequenzen. Die Lernprojekte sind dabei Werkzeuge, sowohl für Diagnose als auch für Entwicklung. Und: Sie fördern und unterstützen Veränderungsprozesse in Unternehmen.

Lernprojekte entwickeln ihre Stärken am besten in einer inspirierenden Umgebung, wenn möglich unter freiem Himmel. Denn Kontraste motivieren und schaffen neue Anreize. Die Rollen werden getauscht: Chefs werden zu Mitarbeitern, Dienstleister zu Produzenten, Verwalter zu Forschern und Entwicklern. In ihren neuen Rollen können die Akteure ungewohnte Perspektiven einnehmen und damit ihr Selbstverständnis und ihre Haltung überprüfen und neu ausrichten. Branchen- und Fachspezifisches bleibt bei den Aufgaben außen vor. So wird verhindert, dass endlose Sachdebatten vom Substanziellen ablenken.

Spiele	Lernprojekte
Maßstab ist Spaß	Maßstab ist Entwicklung
Ernst- und Spielsituation werden klar voneinander getrennt	Mischung von Ernst und Spiel, von Lust und Unlust ist beabsichtigt
Teilnehmer sind Spieler	Teilnehmer sind Auftragnehmer eines Projekts
Trainer hält sich raus oder spielt mit	Trainer ist nach Anmoderation Kunde, Teilnehmer sind Auftragnehmer
Trainer orientiert sich am schwächsten Teilnehmer	Trainer nimmt in Kauf, dass nicht alle im Bilde sind
Erklärungen sind einfach und präzise	Erklärungen sind – wie im „richtigen Leben" – oft vage und manchmal unverständlich
Diskussion nach Spiel, z.B. über Regeln soll vermieden werden	Diskussion nach Lernprojekt wird bewusst gesucht

Die Methode stammt aus dem angelsächsischen Erfahrungslernen („Experiential Education") und wird dort unter dem Titel „Problem Solving Tasks" geführt (vgl. zum Beispiel Priest/Rohnke 2000). Eine enge Verwandtschaft besteht zu den „Kooperativen Abenteuerspielen" (vgl. Gilsdorf/Kistner 2001 und 2003; Reiners 2007), die sich seit Beginn der 1990er Jahre in Jugendarbeit und Schule eingenistet haben. In der Regel sind diese Lernprojekte ein integraler Bestandteil von Seminaren und Workshops. Typische Anwendungsfelder sind Führungs- und Teamtrainings sowie Fortbildungen in Projektmanagement (vgl. Heckmair 2008).

Als Beispiel soll hier das Lernprojekt „Triangel" vorgestellt werden:

Lernprojekt „Triangel"

Der Trainer/Moderator erteilt als „Kunde" einem virtuellen Unternehmen den Auftrag, aus einem Seil ein Dreieck legen zu lassen und dabei bestimmte Qualitätsstandards zu erfüllen: Die Enden des Seils sollten verknüpft werden, die Schenkel genau gleich lang sein; außerdem sind die Ecken zu markieren. Ansprechpartner des Kunden ist eine „Steuerungsgruppe", die den schriftlich fixierten Auftrag mit ausschließlich nonverbalen Mitteln an eine „Koordinationsgruppe" weitergeben soll, der wiederum ein „Produktionsteam" zugeordnet ist. Gehandikapt durch Augenbinden müssen die Mitglieder dieses „Produktionsteams" das Dreieck, also den Triangel innerhalb eines bestimmten Zeitrahmens fertig stellen. Erschwert wird die Kommunikation noch dadurch, dass die Teams ihre zugewiesenen Plätze nicht verlassen dürfen und dass aufgrund der räumlichen Anordnung die Steuerung nicht in die „Werkstätten" des Produktionsteams blicken kann.

Über den eigenen Tellerrand hinausschauen, sich in die Lage anderer versetzen können, kreativ Defizite kompensieren und vor allem einfühlend informieren, das sind im Kern die Anforderungen, die hier erfüllt werden müssen. Die Chefs sollten sich auf die Produktionsbedingungen in den Werkstätten einstellen können, die produzierende Basis in die Zwänge der Führungsetage. Den schwierigsten Job hat die Koordination, die als mittleres Management in der berühmt-berüchtigten Sandwich-Position zwischen Oben und Unten vermitteln soll. „Triangel" kann unglaubliche Aha-Effekte erzielen. Wenn Führungskräfte mal die Seiten tauschen und sich von ungeduldigen Koordinatoren wie Marionetten herumdirigieren lassen müssen, werden sie hautnah erfassen, was es bedeutet, ausgeliefert zu sein. Aber auch umgekehrt kann es lehrreich sein, den Atem des ungeduldigen Kunden im Nacken zu spüren und zu merken, dass manches unten nicht ankommt, was oben so selbstverständlich erscheint.

Marionetten oder Mitdenker?

Meist dauert es ziemlich lange, bis die ersten Informationen von den „stummen" Steuerern über die Koordinatoren die Produktion erreichen. Das führt oft dazu, dass sich die Produktion in einen leicht gelangweilten „Stand-by-Modus" begibt und – aufgeschreckt von den unvermittelten und vielleicht ein wenig hektischen Zurufen der Koordinatoren – erst einmal genervt und unwillig reagiert. Jetzt erfolgt die zentrale Weichenstellung: Wie geht das mittlere Management mit den Produzenten um? Werden diese im Befehlston „Geh mal drei Schritte vor, bück' Dich und nimm das Seil!" wie Marionetten herumdirigiert oder als mitdenkende Partner in die Lösungsfindung einbezogen? Wird überhaupt das Ziel erklärt? Harsche Anweisungen demotivieren in der Regel – die Produktion verrichtet dann „Dienst nach Vorschrift" und schaltet ihre Hirne wieder auf Stand-by. Wenn die Produzenten dagegen als Partner angesprochen werden, nehmen sie die Aufgabe als ihre eigene an und entwickeln Energie, um zu einer Lösung zu gelangen. Eben an dieser Stelle haben es die Koordinatoren in der Hand, ob die Produktion ihre „Dopamindusche" aufdreht und – obwohl „blind" – voller Motivation Strategien und Techniken entwickelt und dann auch umsetzt.

Das Einzige, was stört, ist der Kunde

Mindestens ebenso interessant ist die Kommunikation zwischen dem Kunden (Trainer) und den Steuerern. Wie reagieren letztere, wenn sie kurz vor Ablauf der Lieferzeit gefragt werden, ob der Liefertermin und die geforderte Qualität eingehalten werden können? Da sie keine direkte Einsicht in die Werkstätte des Produktionsteams haben, sind sie auf die Rückmeldungen der Koordinatoren angewiesen, die ihrerseits aufgrund der räumlichen Entfernung zu ihren Arbeitern nur ein vages Bild vom Fortschritt der Arbeiten haben dürften. Behaupten sie nun wider besseren Wissens, dass alles wie gewünscht fertig wird, beschwichtigen sie oder verweisen sie vorsorglich auf interne Kommunikationsprobleme? Oder nutzen sie die Gelegenheit und handeln einen späteren Liefertermin mit dem Kunden aus? Meist läuft dieses Treffen auf eine Fristverlängerung hinaus und der Kunde (Trainer), der als Einziger seine Bewegungsfreiheit nutzen darf, macht sich schlau, wie weit die Produktion mit dem Dreieck ist. Wenn nun die Qualität immer noch nicht stimmt, geht er beim Folgetreffen in die Offensive, in dem er die Steuerer auffordert, doch ihre offenkundig unfähige Koordination zu „feuern" und selbst das Kommando zu übernehmen. Wie reagieren die Steuerer nun? Geben sie den Druck ungefiltert weiter, in dem sie ihre Koordinatoren tatsächlich „kalt stellen" und selbst das Ruder übernehmen oder unterstützen sie ihr mittleres Management, in dem sie zurückhaltend beraten?

Nach dem Ende der Durchführungsphase wird das Lernprojekt ausgewertet. Der Trainer verlässt seine Rolle als Kunde und übernimmt nun die Moderation. Bei größeren Gruppen können Beobachter, die nicht unmittelbar Akteure des Lernprojekts waren, berichten. Folgende Fragen stehen vorrangig auf der Agenda:

- War den Steuerern bewusst, dass die Produzenten blind sind? Wussten umgekehrt die Produzenten vom Problem der Steuerer, dass sie nicht sprechen konnten? Wie wirkte sich das eventuelle Nicht-Wissen aus? (Die Koordinatoren informieren in den seltensten Fällen entsprechend, was dazu führt, dass sich Steuerung und Produktion gegenseitig der Unfähigkeit verdächtigen.)
- Wann wurde der Liefertermin kommuniziert? Wie wirkte sich eine eventuell späte Bekanntgabe desselben aus?
- Wie wurden innerhalb der Gruppen die verschiedenen Aufgaben verteilt? Gestikulierten Steuerer und redeten Koordinatoren durcheinander, was zu zusätzlichen Irritationen führte?
- Traute man den Produzenten, obwohl sie blind waren, auch eigene Ideen zu oder wurden sie wie Marionetten geführt? Und umgekehrt: Entwickelten die Produzenten Eigeninitiative oder ließen sie alles willig mit sich geschehen?
- Hielt die für das Gelingen des Projekts verantwortliche Steuerungsgruppe auch in der Schlussphase Kontakt zu den Koordinatoren oder gab sie die Verantwortung ab nach den Motto: „Die werden schon machen. Wir haben alles Menschenmögliche getan!"
- Wie ging es den Koordinatoren, als die Steuerer die Dinge selbst in die Hand nahmen? Was passierte dann? Mussten sich die Produzenten auf neue Stimmen, nämlich die der Steuerer einstellen, die ja vorher stumm waren oder gab es gar eine „Kakophonie" von Steuerern und Koordinatoren?

Natürlich ist es durchaus erwünscht, wenn die Akteure bei der Auswertung von Lernprojekten sagen: „Das lief jetzt genauso wie bei uns im Unternehmen!". So war ein Bauunternehmer, der bei „Triangel" die Rolle eines „blinden" Produzenten wählte, von der Erfahrung so beeindruckt, dass er beschloss, sein Führungshandeln radikal umzustellen. Am Morgen des darauf folgenden Seminartags berichtete er von einer Routinebesprechung, die er mit seinen Bauleitern und Polieren gerade absolviert hatte: Das Lernprojekt hätte ihm „die Augen geöffnet": Heute Morgen hätte er erstmals ganzheitlich und umfassend informiert. Er wolle seine Leute nicht länger „dumm halten", so wie es ihm gestern ergangen war.

Change Management in Pillenform

In der Praxis wird es eher selten vorkommen, dass noch während der Veranstaltung Seminarteilnehmer ihre Verhaltensmaximen über Bord werfen und so Entwicklungen anstoßen, die nicht nur ihnen selbst, sondern vor allem dem Team und letztlich dem Unternehmen zugute kommen. Andererseits sind Lernprojekte sehr gut geeignet, tradiertes Verhalten zu „stören" und ein Klima zu schaffen, in dem Veränderungen potentiell möglich werden.

Die Palette der Lernprojekte reicht vom 15-minütigen „Aufwärmer" bis zum zweitägigen „Multi-Task-Szenario" für fünfzig und mehr Teilnehmer. Die Anforderungsprofile sind dabei naturgemäß recht unterschiedlich. Die dazu passenden Projekte sollten sich dann auf komplementäre Weise ergänzen. Keinen Sinn macht es jedenfalls, wie auf einer Perlenschnur ein Projekt an das nächste zu reihen. Das wäre nicht viel mehr als „action hopping". Der Stellenwert, den man den Lernprojekten bei einem Seminar oder Workshop einräumt, ist höchst variabel: Sie können als Gerüst oder Gerippe dienen, an die Kurzreferate, Einzel- und Kleingruppenarbeit und Plenumsdiskussionen angedockt werden: oder sie fungieren als Aufreißer, als Scharnier zwischen zwei thematischen Blöcken, als symbolischer Rausschmeißer … (Heckmair 2001 und 2008).

5.4 Wie man eine Gruppe fertig macht – 13 heiße Tipps [4]

Überall wird gepredigt, wie wichtig gute Teams sind. Der Einzelne leistet mehr in gut funktionierenden Teams, überhaupt ist Teamarbeit unschlagbar. Wir bestreiten das nicht, weisen aber auch darauf hin, dass man in schlechten Teams auch verblöden kann. Darüber, wie man die Dynamik des Teams erzeugt, steuert und nutzt, sind ganze Buchregale geschrieben worden.

Wir wollen heute 13 Tipps zum Besten geben, wie man eine Gruppe zerstört. Natürlich ist auch diese Idee nicht neu. Jonathan Cook hat uns inspiriert, Paul Watzlawick hat dieser Technik mit seiner „Anleitung zum Unglücksein" Kultstatus verliehen.

1. Sorgen Sie dafür, dass die Gruppe zu groß ist, so dass man sich kaum kennen lernen kann. Mit mindestens 25 bis 30 Teilnehmern schaffen Sie das!

2. Beklagen Sie sich beim jedem Treffen, wie wenig Leute sich für Ihr Thema interessieren. Das vermittelt den Teilnehmern ein ordentliches Schuldgefühl. Entweder werden sie nicht mehr kommen oder noch einige Freunde dazu überreden, mitzumachen. Dann wird aus der kleinen Gruppe wieder eine sehr große (siehe Punkt 1).

3. Am besten sitzt man in Reihen wie im Klassenzimmer. Sie haben dann alles und alle unter Kontrolle. Erlauben Sie keinesfalls, dass man im Kreis sitzt. Wenn Sie das machen, fühlen sich zu viele Teilnehmer ermutigt, etwas beizutragen. Vorsicht, dann treten Sie womöglich in den Hintergrund.

4. Bei jedem Treffen sollen zuerst ausführlich alle Tagesordnungspunkte besprochen und die organisatorischen Fragen wiederholt geklärt werden. Natürlich werden sich manche langweilen, aber so verkleinert sich die Gruppe um jene, die nicht genügend Frustrationstoleranz haben. Gehen Sie dann nach Punkt 2 vor!

5. Beherrschen Sie die Gruppe von Anfang an. Sie sind Ansprechpartner für alles, was im Gruppenprozess geschieht; Sie sind verantwortlich und daher entscheiden Sie auch alles.

---

4 Nach einer Idee von Jonathan Cook

6. Sie wissen am meisten, also sind Sie auch meistens der Redner. Bei jedem Treffen sollten Sie ein Thema ausführlich selbst behandeln. Beenden Sie Ihre etwa 60-minütigen Ausführungen mit der Frage: „Haben Sie noch Fragen." In der Regel meldet sich niemand mehr, was ein klares Zeichen dafür ist, wie gut Sie dieses schwierige Thema erklärt haben.

7. Die Bedürfnisse und Interessen der Gruppenmitglieder sind nicht so wichtig. Schließlich wissen Sie genau, welche Inhalte Sie wie vermitteln wollen. Und darum geht es doch letztlich immer: um Inhalte, Fakten, Tatsachen. Bleiben Sie dran, denn die meisten Menschen wissen sowieso nicht, was für sie gut ist.

8. Beantworten Sie alle Fragen selbst. Erlauben Sie nicht, dass Gruppenmitglieder miteinander sprechen oder sich gegenseitig Fragen beantworten. Was wissen die schon, was Sie nicht besser sagen könnten?

9. Glauben Sie bloß nicht, dass ein Teilnehmer eine Diskussion leiten könnte. Die Gruppe wird dann zu engagiert und zu unruhig, und zudem entwickelt sich ein Beziehungsgeflecht zwischen den Mitgliedern. Und Sie stehen dann außen vor!

10. Erlauben Sie es nicht, dass persönliche Gespräche geführt werden. Sie sind zum Arbeiten da! Ermahnen Sie und sorgen Sie für einen fachlichen Austausch.

11. Pflegen Sie den fachlichen Austausch mit den wenigen aktiven Gruppenmitgliedern, die sich durch ihre rhetorischen und intellektuellen Beiträge hervortun. Der unwürdige Rest wird sich langweilen und wegdämmern. Selbst schuld!

12. Ermutigen Sie die schüchternen und ruhigen Teilnehmer nicht zur Mitarbeit. Sie könnten sonst glauben, dass Sie sie ernst nehmen und ihre Meinung gefragt ist. Schließlich müssen sie selber drauf kommen, dass sie zu passiv sind. Außerdem reden dann einfach zu viele mit.

13. Versuchen Sie auf einem hohen theoretischen Niveau zu diskutieren, verbunden mit pädagogischen und philosophischen Theorien. Weben Sie in ihre Ausführungen Namen ein wie Jürgen Habermas, Niklas Luhmann, Ulrich Beck, Peter Sloterdijk ein. Das ist nicht nur geistreich, es zeigt auch auf, wie groß doch das Bildungsgefälle zwischen Ihnen und den Teilnehmern ist.

5.5 Gehungen statt Sitzungen

Noch nie in der Geschichte Menschheit ist der Mensch so viel gesessen. Sind Kinder im Alter von sieben oder acht Jahren noch verspielt und halten sich gelegentlich draußen auf, erhöhen sich ab dem Alter von zehn bis zwölf der Konsum von Burger, Pommes, Cola und Süßigkeiten; die Zeiten vor dem TV, dem PC, der Spielkonsole erhöhen sich dramatisch. Hier beginnt die frühe Genese eines langsamen Suizids mit Messer und Gabel. Eine Umfrage an 700 Müttern durch das Institut iconkids &youth bestätigt diese Aussagen.

Die Zähmung beginnt unmittelbar nach dem Kindergarten. Wir pflegen das Stillsitzen zum Zwecke des Lernens. Das zieht sich zehn Jahre und mehr hin – jedenfalls solange, bis wir selber glauben, dass das Lernen mit dem Sitzen zu tun hat. Und wenn das nicht ordentlich klappt, dann bleiben wir sitzen, oder wir sitzen einige Probleme aus, wenn wir genügend Sitzfleisch haben. Das mit dem Sitzen geht weiter: an der Universität, im Job, bei der Weiterbildung, bei Geburtstagsfeiern, im Altersheim – aber da haben wir oft keine Wahl mehr. Wir sind es so gewohnt, dass auch bei Weiterbildungen an den schönsten Orten und Tagen keine Frustration aufkommt, wenn wir den ganzen Tag drinnen lernen, obwohl es draußen schön ist. Der Geruch der frischen Blumenwiese dringt herein, falls mal gelüftet wird, und im besten Fall gelingt es dann der bunten Wiese doch noch, uns zu einem Mittagsspaziergang zu bewegen. Der Radius der Raucher beträgt bis zu 50 Meter um das Bildungshaus, die Spaziergänger schaffen ein bis zwei Kilometer und die wenigen Jogger ein Vielfaches davon. Andererseits wäre die Mittagspause schon ideal dazu geeignet, E-Mails zu schreiben und vermeintlich wichtige Anrufe auf dem Mobiltelefon zu beantworten. Man würde ja so gerne … draußen wäre es eigentlich so schön, aber leider … Die körperliche Deformierung durch Schule und Hochschule ist erfolgreich abgeschlossen und wird nun fortgeführt durch die Erwachsenenbilder. Auch durch Vorträge über aktives Lernen, durch Informationen über die neuesten Ergebnisse aus Hirn- und Lernforschung, die darauf hinweisen, dass Vorträge zu den ineffizienten Formen des Lernens gehören. Dabei zeigen zwei persönliche Einstiege, dass mit dem Gehen die Chancen der Persönlichkeitsbildung wachsen.

Geschichten zum Gehen

Im August 1972 besteigt Werner Michl mit zwei Freunden den über 4000 m hohen Süphan Dag. Der einsame Vulkan liegt nördlich des osttürkischen Van-Sees. Auf etwa 3000 m Höhe treffen sie am späten Nachmittag einen kurdischen Hirten. Hier der Inhalt des Gesprächs:

Der Hirte: „Was wollt ihr auf dem Gipfel des Süphan? Es ist gefährlich dort, es gibt Bären und Wölfe, und es wird sehr kalt in der Nacht."

Wir: „Wir haben keine Angst vor Bären und Wölfen und haben einen Schlafsack dabei."

Der Hirte: „Kommt in mein Dorf, es liegt einen guten Tagesmarsch entfernt. Dort trinken wir zusammen Tee. Ihr könnt in meinem Zelt übernachten."

Wir: „Vielen Dank für die Einladung, aber wir wollen auf den Gipfel."

Er schüttelt verwundert den Kopf. „Dann nehmt meinen Mantel mit, denn dort oben ist es sehr kalt." Er reicht uns seinen groben, warmen, weißen Filzmantel. Die Schulterpartien sind durch Weidenzweige verstärkt, am Rücken sind mehrere Verzierungen angebracht. Der Mantel löst mit seiner archaischen Schönheit bei uns allen Begeisterung aus, aber wir brauchen ihn nicht. „Nehmt ihn trotzdem!" Der Hirte besteht darauf und schließlich lassen wir uns überreden. Aber, wohin mit dem Mantel nach unserer Besteigung? „Mein Dorf liegt etwa einen Tagesmarsch entfernt – in diese Richtung." Mit seinem Stab weist er nach Nordwesten. Einen Tag später steigen wir ab vom Gipfel. Wir suchen das Dorf und wollen dort dem Hirten den Mantel abkaufen. Einen Tag später treffen wir den Hirten und machen unser Angebot. Der Hirte: „Es tut mir leid. Ich kann den Mantel nicht verkaufen; ich brauche ihn täglich." Alle unsere Angebote werden ausgeschlagen. Erst einige Stunden später wird uns klar, welches Vertrauen der Hirte in uns gehabt hat. Es wäre wohl so, wie wenn man nachts auf der Landstraße einen Wanderer trifft, ihm das Auto leiht, die Scheckkarte gibt und ihn dann für unbestimmte Zeit nach Hause einlädt. Solche Geschichten lassen nicht mehr los; sie prägen die Persönlichkeit, und der Hirte hat in den Fremden eine grundsätzliche Dankbarkeit verankert.

1982 leitet Werner Michl ein Jugendzentrum südlich von München. Die männlichen Jugendlichen träumen von einem Leben in den Wäldern Kanadas. In einer einfachen Blockhütte ist das Nötigste vorhanden, durch Fischen und Jagen ist die Ernährung gesichert, und gelegentlich fährt man in die Stadt um kurz an der Zivilisation zu nuckeln. Schön, diese Träume, meint er, aber, so der Vorschlag, „wir sollten einfach einen Test in den winterlichen oberbayerischen Bergen machen." Die Jugendlichen willigen ein und bald sind sie in der winterlichen, eisigen Natur. Trotz warmen Schlafsäcken und sonstiger guter Ausrüstung frieren alle, und auch ansonsten wird die Stimmung realistischer. Zurück im Jugendzentrum ist nicht nur ein neuer Realismus eingekehrt und die Kanadaträume werden allmählich verdrängt, auch die Beziehung zwischen den Sozialpädagogen und den Jugendlichen hat sich deutlich zum Positiven verändert. Die Türe zur Praxis und Theorie der Erlebnispädagogik wurde weit aufgestoßen – und seitdem nicht mehr geschlossen.

Die Schule von Athen

Wie wäre es, wenn irgendwer statt einer Sitzung eine Gehung durchführte? Herr Michl und Herr Heckmair lassen sich dann durch ihre Sekretärin entschuldigen, weil sie gerade auf einer Gehung sind. Nimmt keiner Ernst, Sitzung wäre okay, aber Gehung? Während der Sitzung kann man nachdenken, abschweifen, ein Nickerchen machen. Das geht im Gehen nicht. Das Gehen ist nicht nur in der Erwachsenenbildung die am meisten unterschätzte Form des Lernens. Aber sie hat Tradition. Sind Sie schon mal in Athen von der Agora zur Akropolis gegangen? Den steilen Weg, den man Peripatos nennt, den Weg der Philosophen? Vermutlich kamen Sokrates, Platon und Aristoteles ins Schwitzen. Noch auf der Agora hatte Sokrates, der Jugendverderber, heftig mit Athens Spießbürgern und seinen Kontrahenten, den Rhetorikern, diskutiert, die ja immer alles wussten und besser wussten. Jetzt zwingt ihn der steile Weg aufwärts zum Schweigen und Nachdenken. Da wird einiges an eigenen und Gegenargumenten verdaut, überdacht, durchdekliniert. Und oben auf der Akropolis geht es weiter. Auch im Gehen. Schließlich ist Peripatos auch die Wandelhalle; sie lädt zum Philosophieren im Gehen ein. Ganz ähnlich steht es mit der Pädagogik: pais, der Knabe, das Kind, und agogos, der Begleiter. Die reichen Athener Bürger ließen ihre Söhne und Töchter auf dem Schulweg von Sklaven begleiten. Daraus entwickelte sich der Begriff der Pädagogik – aus dem gemeinsamen Schulweg, vom Unterwegssein, vom Begleiten und Beschützen. Und vom Gespräch, das zwischen den beiden Gehenden geführt wurde. Nichts ist sortiert hier wie in der Schule, kein Curriculum bestimmt das Vorgehen, dafür aber ist es ein gleichberechtigter Dialog, dessen Themen der Knabe bestimmt. Okay – das ist vielleicht ein bisschen zu romantisch.

Als Leiter des „Zentrum für Hochschuldidaktik der bayerischen Fachhochschulen – DiZ" ist Werner Michl auf das für Hochschulen für angewandte Wissenschaften wichtige Wörtchen des „seminaristischen Unterrichts" gestoßen. Niemand konnte es richtig erklären, weder die alteingesessenen Didaktiker, noch die Psychologen an den Fakultäten und nicht mal das Bayerische Wissenschaftsministerium. Vielleicht ist es Zufall, vielleicht Notwendigkeit: Das Gemälde von Raffael „Die Schule von Athen" – das ist „seminaristischer Unterricht." (Abbildung auf S. 162) Wer diese „Schule von Athen" betrachtet, merkt sofort, dass es ein Sauhaufen ist. Hier sitzt niemand in Reih und Glied, hier wird geredet und gegangen. Und wer nicht mehr mag, macht seine Pause draußen und lässt den Blick über Athen schweifen. Auch Raffael zeigt uns, dass am Ursprung der Philosophie und am Beginn der Pädagogik das Gehen eine bedeutsame Rolle spielt.

Lernen und Vergessen

Heute herrscht immer noch in zu vielen Schulen und zumeist in Hochschulen Frontalunterricht und dadurch entsteht natürlich eine Front, eine Art Krieg, zwischen Lehrer und Schülerin, zwischen Professorin und Student, zwischen Erwachsenenbildner und Seminarteilnehmer. Tief drinnen im Gehirn schlägt der Mandelkern umgehend Alarm und empfiehlt dem Referenten die Flucht. Das Großhirn geht auf Tauchstation und versucht, beruhigend einzugreifen.. Wird schon alles gut gehen, obwohl einige Teilnehmer sehr kritisch dreinschauen. Die neuberufenen Professoren haben sich mächtig Mühe gemacht, um aus viel Stoff lange Vorlesungen zu machen, haben alles mit Powerpoint perfektioniert, stellen das Skript ins Netz und prüfen das alles am Schluss ab. Der Nürnberger Trichter lässt grüßen. Je fertiger das didaktische Produkt umso eher werden die Studierenden bzw. Seminarteilnehmer abgefertigt. Es gibt zahlreiche Untersuchungen über die Effizienz der Methode Vorlesung bzw. Vortrag. Erschreckend erbärmliche Behaltensleistungen vermelden die Lernpsychologen, die Vergessensleistung dagegen ist beachtlich. Verbessern kann man einiges, wenn man die Sinne einsetzt. Comenius merkte 1654 in seiner „didactica magna" an: „Alles soll, wo immer möglich, den Sinnen vorgeführt werden, was sichtbar dem Gesicht, was hörbar dem Gehör, was riechbar dem Geruch, was schmeckbar dem Geschmack. Was fühlbar dem Tastsinn. Und wenn etwas durch verschiedene Sinne aufgenommen werden kann, soll es den verschiedenen zugleich vorgesetzt werden." (Flitner 1954, S. 135). Ist das jemals von Lernpsychologen, Pädagoginnen, Lehrern, Professorinnen ernst genommen worden? Und heute? Spitzt man die Argumente der Hirnforscher Gerhard Roth, Gerald Hüther und Manfred Spitzer zu, dann kann nur das handlungs- und erlebnisorientierte Lernen Zukunft haben. Schüler, Studierende und Seminarteilnehmer sollen sich möglichst selbsttätig den aufbereiteten Stoff aneignen. Der Lehrer wird zum Lerncoach; wie wunderbar zutreffend ist doch der englische Facilitator: der Lernerleichterer!

Gelungene Gehungen

Zurück zu gelungenen Gehungen. Keiner glaubt an die Möglichkeit, wenn es nicht Vorreiter und Beispiele und Ideen gäbe.

Bei einer kleinen Tagung zu den neuen Studienformen Bachelor und Master im verschneiten Bayerischen Wald gab es vier Stationen: einen Heuschober, eine Waldlichtung, ein Holzstoß und – natürlich – ein Wirtshaus. Der Stoff wurde in vier Hauptpunkte eingeteilt und auf die vier Stationen, die wir nach und nach erwanderten, verteilt. Der kurze Vortrag mit einem Flipchart-Plakat wurde jeweils mit leitenden Fragen beendet, die paarweise auf dem etwa halbstündigen Weg zur nächsten Station diskutiert wurden. Und zwischendurch gab es auch einen in Thermoskannen vorbereiteten warmen Tee. Obgleich natürlich die Stofffülle begrenzt ist, kann man alles intensiv im Gehen besprechen – und am Schluss winkt das Wirtshaus mit einer deftigen Brotzeit.

Natürlich steht eine Wandertagung noch aus. Kleingruppen streifen z.B. durch den Harz, im Gehen ein Thema vertiefend. Sie treffen an bestimmten Punkten andere Gruppen, um ihre Ergebnisse auszutauschen. Am späten Nachmittag wird das Seminarhaus erreicht, um im Plenum zu diskutierten. Der nächste Morgen beginnt mit einem Vortrag und dann geht es schon wieder los. Vielleicht lässt es sich auch verbinden mit den Spuren Heinrich Heines oder Goethes oder historischen Pfaden oder dem Verlauf der ehemals innerdeutschen Mauer. Wie wäre es mit dem Lateinlehrer, der mit seinen Schülern in den Alpen auf den Spuren Hannibals wandelt, Livius im Gepäck? Oder könnte der Architekturprofessor nicht mit seinen Studierenden Städte und Dörfer durchwandern und so Baustile entdecken? Ein Versuch an der Georg-Simon-Ohm Hochschule Nürnberg wurde von den Studierenden begeistert angenommen. Ein Tag unterwegs sein, allein, auf einsamen Wegen, von Sonnenauf- bis Sonnenuntergang. Das waren Lebenswege und Diskussionsstoff für mehrere Tage.

Seit Jahren gibt es literarische Wanderungen im Süden Münchens. Am Ufer des Ammersees hatte Bert Brecht ein Haus gekauft und dort einen Sommer verbracht und einige seiner Gedichte geschrieben. Dort lag er wohl im flachen Wasser des Ammersees, das ihn zum Gedicht „Vom Schwimmen in Seen und Flüssen" inspirierte. Und wird nicht einer, der dort, wo Brecht im Wasser lag, dieses Gedicht vorgelesen bekommt, oder besser: vielleicht selbst im Wasser liegt, einen besonderen Zugang zur Lyrik Brechts bekommen? Das Gehen, Unterwegs-sein, Wandern erlebt eine Renaissance. Michael Holzach (2001) marschierte vor einigen Jahren zu Fuß und ohne Geld durch ein Wohlstandsland („Deutschland umsonst"). Wolfgang Büscher (2003) zieht auf der Landkarte einen Strich von Berlin nach Moskau und geht dann zu Fuß diese Strecke. Ein andermal umrundet er Deutschland („Deutschland, eine Reise", 2005) und durchquert schließlich die Vereinigten Staaten von Nord nach Süd (2011).

Peter Handke, der begeisterte Wanderer der modernen Literatur – der aber auch in großer Tradition steht – berichtet in „Gestern unterwegs" (2005) von seinen Fußreisen. Aber auch die Pädagogen ziehen nach, neue Wandervögel schwärmen aus:

Gleich mehrere Heime mit schwer erziehbaren Jugendlichen waren und sind auf Pilgerreise nach Santiago de Compostela. Auch der Abt eines ehrwürdigen bayerischen Klosters und Internats geht mit seinen Schülern diesen Weg. Auf den Spuren der Schwabenkinder waren Erzieherinnen und Sozialpädagogen der Evangelischen Diakonie Nürnberg (Bereuter 2003).

Es muss also nicht gleich die mehrwöchige Trekkingtour sein. Der gemütliche Spaziergang tut es auch – jedenfalls draußen lernen und nicht drinnen alles verpennen. Draußen lernen: nichts anderes heißt Outdoor-Training.

6 Projekte der „neuen Praxis" – Erziehung, Bildung und Therapie

Man kann die These wagen, dass das bewegte Lernen in eine neue Ära eintritt. Nach wie vor trägt es Wesentliches zur Personalentwicklung bei, und zur Team- und Organisationsentwicklung leistet es nach wie vor fast unentbehrliche Beiträge. Allerdings war im letzten Jahrzehnt eine gewisse Stagnation zu verspüren – in der Praxis vor allem, aber auch in der Theorie. Gibt es jemand, der sich noch nicht am Spinnennetz ausprobiert hat? Ist der schwebende Stab, der in jedem zweiten Folder von Firmen abgebildet ist, wirklich noch die Überraschung, die Staunen lässt? Alles wird überall von vielen Trägern angeboten. Auch die erlebnistherapeutischen Vertiefungen wie Visionssuche und die unvermeidlichen systemischen Ansätze können nicht mehr als Innovation durchgehen. Wenngleich all diese Dinge letztlich nicht an Lernpotentialen verloren haben.

Schaut man genauer hin, dann gibt es allerdings mehr Entwicklungen als Sackgassen. Handlungs- und erlebnisorientierte Methoden unterstützen zunehmend Schule und Hochschule in der Vermittlung fachlicher Themen, ergänzen und bereichern den üblichen Sitzunterricht, der, laut Hartmut von Hentig, die Schüler nur wenige Stunden am Vormittag erreicht und nur den alleroberste Körperteil beschäftigt. An fünf Beispielen zeigen wir die „neue Praxis" des bewegten Lernens in Erziehung, Bildung und Therapie auf und hoffen, dass dies nur Anfang und Startschuss für viele kreative Ideen ist.

6.1 Montanalingua – Sprachen lernen in der freien Natur

„… Griechisch kann ich fast gar nicht. Mein Vater hatte die Idee, es mir durch Unterricht beibringen zu lassen, aber mit einer neuen Methode; in der Form eines Lehrspiels. Wir spielten Ball und sagten dabei die Deklinationen auf; etwa so, wie man manchmal die Schüler mit Hilfe des Spielbretts in Arithmetik und Geometrie einzuführen sucht. Denn es war ihm unter anderem geraten worden, er solle versuchen, in mir die Lust zum Lernen und zu meinen Pflichten durch das Prinzip der Freiwilligkeit wachzurufen; ich sollte selber den Wunsch danach empfinden."

Michel de Montaigne (1533–1592)

Das mit dem Bach hätte nicht kommen dürfen! Ivo hat offensichtlich ein Problem. Er soll Carla, deren Augen verbunden sind, sicher und nur mit Worten über eine definierte Strecke durch einen mit natürlichen Hindernissen gespickten Wald den Weg weisen. Was auf den ersten Blick nicht besonders schwierig anmutet, ist für Ivo eine besondere Herausforderung, denn er darf nur Englisch sprechen. Auch für Carla, die sich auf Ivo verlassen muss, wird die Sache kompliziert, denn sie bekommt ausschließlich Hilfestellung in englischer Sprache und darf nur auf Englisch nachfragen. Wie also soll Ivo Carla erklären, dass das Hindernis vor ihr nasse Füße verursachen und nur durch einen großen Schritt überwunden werden kann?

Carla und Ivo gehören zu einer Gruppe von Studierenden einer Hochschule für angewandte Wissenschaften, die erlebnisorientiertes Sprachenlernen mit dem Montanalingua Programm durchführt. Die Studierenden machen auf ihrer Exkursion das, was viele andere im Vorlesungsraum tun – sie lernen Englisch als Fremdsprache. Durch erlebnispädagogische Methoden, die für den Fremdsprachenunterricht getestet und aufbereitet wurden, lernen sie in der Natur die Notwendigkeit und den Einsatz grammatikalischer Grundlagen, verschiedenste Vokabeln in definierten Wortfeldern und deren Anwendung.

Bewegung im Fremdsprachenunterricht

Das 2004 gestartete Projekt „Montanalingua" ist ein Versuch, „Bewegung" in den Fremdsprachenunterricht zu bringen. Dabei sollen die Studierenden – oder natürlich auch Schüler – den Vorlesungsraum verlassen, hinaus in die Natur gehen und sich herausfordernden Aktionen und Übungen stellen, die von ihnen neben Teamgeist, Kooperationsbereitschaft sowie Kreativität und Initiative bei Problemlösungen und vor allem eine intensive Kommunikation verlangen. Lernen kann man mit der Montanalingua-Methode die Fremdsprachen Englisch, Französisch, Schwedisch und Deutsch. Und natürlich, wenn man das Prinzip verstanden hat, in jeder anderen Sprache. Erfahrungen gibt es mit Bulgarisch, Finnisch, Polnisch und Russisch. Die passenden Vokabeln und grammatischen Strukturen, die vorab eingeführt und in Grundzügen erlernt werden, sind dann der Schlüssel zum Erfolg. Entwickelt wurde das Sprachlernprogramm von dem Sprachinstitut *dialoge* in Lindau. Partner waren u.a. der Bundesverband Individual- und Erlebnispädagogik, die Jugendbildungsstätte des Deutschen Alpenvereins, Outward Bound Rumänien, die Universität Stockholm. Wissenschaftlich begleitet wurde das Montanalingua-Programm von Werner Michl (Georg-Simon-Ohm-Hochschule Nürnberg) und Claudia Riemer (Universität Bielefeld).

Zurück zu Carla und Ivo: Ivo zermartert sich das Hirn – vor einer halben Stunde hat er doch die Begriffe gehört und gelernt, die er jetzt so dringend braucht. Kurz vorher hatte es noch geklappt: „Be careful! A tree! Take a step to the right!" und „Okay, great!" lautete das Lob von Carla, als Ivo einer dicken Buche ausweicht. Das hilft ihm hier am Bach nicht weiter – einen Schritt nach rechts bedeutet für Carla trotzdem nasse Füße. Carla spürt Ivos Unsicherheit. „What's going on?", will sie wissen. Ivo murmelt etwas auf deutsch und erntet eine fragende Geste. Da fällt es ihm ein: „Watch out! It's slippery. Let me take your hand! Take a step forward!" – und Carla überquert den Bach. „Excellent! Well done!", lobt Ivo seine Partnerin und ist glücklich, dass sie das schwierige Wegstück gemeistert haben.

Die Erkenntnisse von „Montanalingua" sind sehr ermutigend. Im Einzelnen zeigte sich:

* Die Motivation der Beteiligten steigt deutlich, wenn sie die Hochschule verlassen und in die Natur gehen.
* Die Konstruktion „Ich lerne das, was ich anschließend sofort brauche" fördert die grundlegende Auseinandersetzung mit der Fremdsprache.
* Schlüsselqualifikationen wie z.B. Kommunikations- und Kooperationsfähigkeit werden quasi durch die Hintertür eingeführt und stützen die weitere Sprachausbildung – auch später im Hörsaal.
* Und das Gelernte prägt sich durch diese handlungsorientierte Methode besser und nachhaltiger ein.

Alte Seile und Wäscheklammern

Im Jahr 2008 gab es mehrere dreitägige Workshops für Dozenten. Auch an der Georg-Simon-Ohm-Hochschule Nürnberg setzt man mittlerweile auf die „neue" Art, Fremdsprachen zu lernen. Im Wahlpflichtfach „Konzepte handlungs- und erlebnisorientierten Lernens" der Fakultät Sozialwissenschaften waren im Sommersemester 2008 28 Studierende aus dem vierten und fünften Semester auf Exkursion bei *erlebnistage Bayerischer Wald*. Eine engagierte Studentin aus Russland hatte für ihren Leistungsnachweis zwei Module aus dem Montanalingua-Programm vorbereitet, um ihren Kommilitonen wichtige Worte aus der russischen Sprache nahezubringen. Dabei wurden mehrere alte Seile zu einer etwa 150 Meter langen Leine gespannt. An den Seilen wurden mit Wäscheklammern viele Kleidungsstücke und Dinge des Alltags angebracht. Erst lernten die Studierenden diese Begriffe auf klassische Weise. Dann bildeten die Teilnehmer Paare. A bekam die Worte auf einem kleinen Spickzettel. B hatte die Augen verbunden und wurde von A am Seil entlang geführt. Den ersten Gegenstand am Seil sollte B ertasten und das passende Wort in russischer Sprache finden. In einer zweiten Übung mussten die Worte zu kleinen Sätzen geformt werden.

Wieder im Raum zurück gab es eine kurze Wiederholung. Das alles dauerte natürlich viel länger als der klassische Sprachunterricht, aber war es auch nachhaltiger? Am Tag darauf machte die Gruppe die Probe aufs Exempel. Erstaunlich viele Worte waren „hängengeblieben", und alle Studierenden staunten über ihre Lernfortschritte.

Im September 2010 trafen sich 15 Studierende der Georg-Simon-Ohm-Hochschule Nürnberg mit Kommilitonen der Mikkeli University of Applied Sciences aus Finnland wieder bei *erlebnistage Bayerischer Wald*. Wer seine Muttersprache ohne Vorwarnung benutzte, musste zehn Cent in eine gemeinsame Sparkasse werfen. Aber einige Montanalingua-Lektionen später hatten die finnischen Studierenden unseren künftigen Sozialpädagoginnen und Sozialpädagogen einige wichtige Worte der finnischen Sprache beigebracht, und umgekehrt die Finnen etwas Deutsch gelernt.

Im Oktober 2011 versuchen sich 16 Trainer, Teilnehmer der Outward Bound-Weltkonferenz in Singapur, mit dem Zauberstab. Es ist schwierig diesen leichten Stab zu Boden zu bringen, wenn immer der Fingerkontakt gewahrt sein muss. Das Sprachniveau liegt bei den Niveaustufen A1 bis C2 des gemeinsamen europäischen Referenzrahmens, die Grammatik fokussiert auf den Imperativ, eventuell auf die Adjektivdeklination. Einige wichtige Wörter und Sätze, wie zum Beispiel „ein bisschen höher, ein bisschen tiefer, vorne hoch, langsamer, nicht so schnell, den Stab auf die Finger legen" werden eingeübt. Alles steht, sichtbar für alle, auf einem Poster. Dann geht es los. Zwischendurch kann man unterbrechen, die Wörter noch Mal wiederholen, die Aussprache verbessern, neue Worte hinzufügen. Nach etwa 30 Minuten ist die Übung beendet. Die 16 Trainer aus 13 Ländern sind begeistert und wollen in ihren Outward Bound-Häusern zukünftig Montanalingua einsetzen.

Fakten

Zum Montanalingua-Projekt gibt es vier Methodenbücher – zum deutsch oder englisch oder französisch oder schwedisch lernen. Montanalingua bietet 25 innovative Module für die oben genannten Zielsprachen und wendet sich an Lehrer und Hochschullehrer im Sprachunterricht und an Erlebnispädagogen bei der Arbeit mit fremdsprachlichen Gruppen. Eine jeweils 30-minütige DVD in den vier Sprachen dient als Zusatzkomponente zum Methodenbuch. Sie enthält u.a. eine kurze Animationssequenz und beispielhaft dargestellte Unterrichtseinheiten

6.2 Sommer- und Winteruniversität –
„… ein weltliches Kloster auf Zeit"

Wilhelm von Humboldt (1767–1835) hat die moderne Universität mit seinem Berliner Universitätsmodell (1810) geprägt: Forschung und Lehre befruchten sich gegenseitig, die Universität ist die Gemeinschaft der Lehrenden und Lernenden, die in Einsamkeit und Freiheit zusammenlebt. Dabei sind Universität, Wissenschaft und Forschung unabhängig von Kirche, Staat, Politik und Wirtschaft. Wissenschaft sollte auf Wahrheitssuche, auf Erkenntnis um ihrer selbst willen abzielen. Sein Bildungsbegriff wandte sich auch gegen eine zu starke und starre Spezialisierung und Expertentum und stellte eine universelle, zweckfreie Bildung dagegen. Charakterbildung und Persönlichkeitsentwicklung durch Lernen, Forschen, aber auch durch Gemeinschaft, Campus, Sport und Spiel gehören dazu. Sein Ziel ist der junge gebildete Mensch mit eigener Meinung, der selbsttätig lernt, Wissen erwirbt und verarbeitet und nicht nur reproduziert. Eigentlich stellt sich Humboldt diese Universität als eine Art Kloster auf Zeit vor. Daraus ist in Deutschland nichts geworden. In angelsächsischen Ländern dagegen bilden Elitehochschulen und Hochschulinternate eine Einheit, verbunden mit einem regen Campusleben. Oxford, Cambridge, Harvard, Stanford haben Humboldts Idee einer Gemeinschaft von Lehrenden und Lernenden verwirklicht.

Erstmals vor mehr als 50 Jahren gab es an einer deutschen Universität ein solches Gemeinschaftsgefühl im Rahmen einer Sommeruniversität, wieder in Berlin. Am 13. Juli 1967 hält Herbert Marcuse an der Universität Berlin einen Vortrag mit dem Titel „Das Ende der Utopie". 5000 Studierende drängen ins Auditorium Maximum, das brechend voll ist, rund 2000 Studierende liegen auf dem Rasen vor der Universität. Ein historischer Tag: Herbert Marcuse, der Philosoph der kritischen Theorie der Gesellschaft, trifft Rudi Dutschke, den Praktiker der studentischen Revolution. Es ist der Schlusspunkt einer dreitägigen Sommerakademie mit dem deutsch-amerikanischen Philosophen.

Eine ganz andere Sommer- und Winteruniversität gibt es seit 2005. Freilich werden hier kleinere Brötchen gebacken, aber immerhin ist es eine Gemeinschaft auf Zeit. Eine Woche lernen und leben 80–120 Studierende und deren Professoren/ innen in den dunklen Bergen des Harzes (Sommeruniversität) oder tief im Bayerischen Wald (Winteruniversität) Folgende Hochschulen waren bei der Konzeption der Sommer- und Winteruniversität beteiligt und tragen auch zur Weiterentwicklung der Idee kontinuierlich bei: Alanus Hochschule, Alfter bei Bonn (Prof. Dr. Janne Fengler), Hochschule Augsburg (Prof. Dr. Nik Klever), Universität Augsburg (Prof. Dr. H. Altenberger, Dr. Martin Scholz, Marieke Klein), Fachhochschule Düsseldorf (Prof. Dr. Harald Michels), Ernst-Abbe-Fachhochschule Jena (Prof. Dr. Ulrich Lakemann), Fachhochschule Linz (DSA Werner Ebner MSc., DSA Franz Schiermayr), Pädagogische Hochschule Ludwigsburg (Prof. in Dr. Heike Tiemann), Georg-

Simon-Ohm-Hochschule Nürnberg (Prof. Dr. Werner Michl), Ostfalia Hochschule Wolfenbüttel (Prof. Dr. Klaus Prenner, Holger Seidel MSM), Fachhochschule Würzburg (Prof. Dr. Sven Warnke). Weitere ca. zehn bis 15 Hochschulen nehmen an Winter- und Sommeruniversität teil, darunter auch Studierende und Dozenten aus Bulgarien, der Universität Luxemburg und der Universität Wladimir (Russland).

Der Praxispartner der Hochschulen ist der Stiftungsverein *GFE | erlebnistage*. Deutschlands größter nicht-kommerzieller Anbieter von erlebnispädagogischen Kursen, Programmen und Trainings mit zirka 30.000 Teilnehmern pro Jahr betreibt derzeit vier Standorte in Deutschland (Schweriner See, Harz, Vogelsberg und Bayerischer Wald). Als pädagogischer Dienstleister sind die *erlebnistage* Anbieter von erlebnispädagogischen Klassenfahrten für alle Schulformen und Jahrgangsstufen, Gruppenreisen für Vereine und Verbände sowie Seminare für Auszubildende von Firmen, Ausbildungsstätte in der Form einer kompetenzorientierten Lernwerkstatt für erlebnispädagogische Aus- und Weiterbildungen, u.a. für junge Erwachsene und Studierende. Sie sind auch Praxis-Partner für Schulen, Hochschulen, Universitäten und Firmen durch Veranstaltungen wie Vorträge, Workshops und Seminare und bieten ihre Standorte für die Sommer- und Winteruniversitäten an.

Folgende Sommeruniversitäten haben bislang stattgefunden: erleben und lernen (2005), Die Macht der Metaphern (2007), Bewegende Wege (2009), Risiko Alltag – keine Bewegung ohne Wagnis (2011) und 2013 lautet das Motto: Wiese, Wald und Wildnis – Ich und die Anderen. Die Winteruniversitäten hatten folgende Titel: Lernen zwischen Kälte und Kachelofen (2008), Die Farben des Winters (2010), Schnee Spuren (2012).

Die Seminarsprache ist deutsch. Es nehmen ausschließlich Hochschulen mit Studierenden und ihre Dozenten teil, Einzelanmeldungen sind nicht möglich. Jede Hochschule bereitet praktische Angebote vor und trägt somit zum Programm der Sommer- bzw. „Winteruni" bei. Dies gilt dann in der Regel als Leistungsnachweis; je nach Hochschule können die Studierenden zwei oder drei Leistungspunkte (ECTS-Punkte) erwerben. Neben den praktischen Angeboten gibt es durch die beteiligten Hochschullehrer/innen, durch Gastreferenten und durch die Experten/innen von *GFE | erlebnistage* Angebote zu Theorie, Konzepten, Trends, Forschung im Bereich der Erlebnispädagogik bzw. des erlebnis- und handlungsorientierten Lernens. Anbei exemplarisch das Programm der Sommeruniversität 2011 und der Winteruniversität 2012:

Programm Sommeruniversität 2011 „Risiko Alltag – keine Bewegung ohne Wagnis"

	Sonntag, 31.7.2011	Montag, 1.8.2011	Dienstag, 2.8.2011	Mittwoch, 3.8.2011	Donnerstag, 4.8.2011	Freitag, 5.8.2011	Samstag, 6.8.2011
		13:00 Uhr Allgemeine Anreise der Teilnehmer	8:30 Uhr Vortrag: „Mut zum Risiko". Jürgen Einwanger	8:30 Uhr Vortrag: „Grenzverschiebungen in der EP" Daniel Mastalerz	8:30 Uhr Vortrag: „Lappland Hike". Tommi Pantzar	9:00 Uhr Aufräumen	9:00 Uhr Aufräumen/ Packen
			10:00 Uhr „Übungen zum Thema Risiko" in Kleingruppen/ FH Nürnberg	10:00 Uhr Outdoorelemente – 1. Teil - Floßbau - Kletterturm - Klettern Plus - Stollenbegehung - Seilüberquerung	10:00 Uhr Eigenverantwortliche Planung und Vorbereitung des Biwaks (FH Linz) 10:45 Uhr Einweisung in Expertengruppen	11:00 Uhr Rückwanderung zu den Häusern 13:00 Uhr Ankunft an den Häusern	10:00 Uhr Heimreise
Mittagessen		Suppe	13:00 Uhr – Lunch	13:30 Uhr – Lunch	Lunchpakete	13:00 Uhr – Lunch	
		14:30 Uhr Eröffnungsveranstaltung 16:00 Uhr Getting Together 18:00 Uhr Organisatorische Aspekte	14:00 Uhr „Interaktionsübungen" in Kleingruppen/ FH Jena 17:00 Uhr Plenum: Auswertungen und Perspektiven	14:00 Uhr Outdoorelemente in der Erlebnispädagogik – 2. Teil - Floßbau - Kletterturm - Klettern Plus - Stollenbegehung - Seilüberquerung	13:00 Uhr Uhr eigenständige Wandertour zum Waldzeltplatz 17:00 Uhr Ankunft am Zeltplatz, Einrichten des Biwakplatzes, Zubereiten einer Mahlzeit.	14:30 Uhr Abschlussveranstaltung Haus Gifhorn 17:00 Uhr Verleihung Zertifikate Bilder der Woche/ XXX	
Abendessen		19:00 Uhr – Brotzeit	18:30 Uhr – warm	19:00 Uhr – warm	Selbstgekochtes	18:00 Uhr – Grillen	
	20:00 Uhr mögliche Ankunft von Frühanreisenden	22:00 Uhr Nachtwanderung	19:30 Uhr Kurzseminare (2x je 45 min), Auswahl aus 8 Angeboten.	20:00 Uhr Materialausgabe für Biwakübernachtung	20:00 Uhr Lagerfeuer und Biwak	18:30 Uhr Gemütlicher Grillabend	

Programm Winteruniversität 2012 „Schnee Spuren"

erlebnistage.

	Sonntag, 26.2.2012	Montag, 27.2.2011	Dienstag, 28.2.2012	Mittwoch, 29.2.2012	Donnerstag, 1.2.2012	Freitag, 2.3.2012	Samstag, 3.3.2012
		12:00 Uhr Allgemeine Anreise der Teilnehmer	8.30 Uhr Warming up (erlebnistage) 9.00 – 9.45 Uhr Kurzvorträge Lakemann, Seidel, Fengler, Schiermayr, Heimrath 10.15 – 12.30 Uhr Übungen im Schnee (FH Nürnberg)	8.30 Uhr Warming up (erlebnistage) 9:00 – 9:45 Uhr Kurzvorträge Lakemann/Seidel/ Fengler Schiermayr/Heimrath 10.15 bis 12.45 Uhr Workshops zur Auswahl I Snow-Art (FH Jena) Lawine (N. Klever) Ski-LL (Seidel/Michl) Zirkus (S. Eichinger) Praxistipps (erlebnistage)	9:00 – 10:00 Uhr Tourbeginn - SkiLL lang (35 km) - SkiLL kurz (12 km) - Schneeschuhtour lang - Schneeschuhtour kurz	Tourenziele säubern 9:00 Uhr Winter-Olympiade (FH Linz) Gruppenfoto 10:30 Uhr gemeinsame Abfahrt zum Haus Wiesengrund Materialrückgabe	9:00 Uhr Aufräumen/ Packen 10:00 Uhr Heimreise
Mittagessen		13:00 Uhr – Brotzeit	13:00 Uhr – warm	13:30 Uhr – Brotzeit	Lunchpakete	13:00 Uhr – warm	
		14.00 – 15.45 Uhr Spaziergang nach Bischofsreut, Aktivitäten zum Kennenlernen Eröffnung Gedanken zum Rückweg	14:00 – 17:30 Uhr Bau einer Schneestadt Schneekunst Labyrinth (Uni Augsburg, Alanus Bonn) Ausleihe Skilanglaufausrüstung	14:00 – 16:30 Uhr Workshops zur Auswahl) (siehe Mittwochvormittag) 17:30 Uhr Vorstellung Tour(en) Materialausgabe	ab ca. 16:00 Uhr Ankunft im Freilichtmuseum Finsterau Einweisung erlebnistage Einrichten der Schlaflager	14:00 Uhr Auswertungen in Hochschulgruppen Evaluation 16:00 – 18:00 Uhr Abschluss Verleihung Zertifikate	
Abendessen		19:00 Uhr – warm	18:30 Uhr – Brotzeit	19:00 Uhr – warm	Selbstgekochtes	18:00 Uhr – Brotzeit	
	20:00 Uhr mögliche Ankunft von Frühanreisenden	21:00 Uhr Nachtwanderung		20:00 – 22:00 Uhr feierliche Einweihung der Schneestadt (Uni Augsburg, u.a.)	20:00 Uhr Lagerfeuer und Biwak	19:00 Uhr Gemütliches Beisammensein Grillabend	

Ein sehr treffendes Stimmungsbild der Winteruniversität 2012 hat Sabine Kain in der „Passauer Neue(n) Presse" vom 5.3.2012 verfasst:

Bischofsreut. Unweit von Bischofsreut stand dieser Tage ein orientalischer Palast in freier Natur, unweit davon ein Prachtbogen, Höhlen, Oasen und eine Feuerstelle – alles gemauert aus Schnee und bunt bemalt. Architekten waren Studenten aus ganz Deutschland, Österreich, Bulgarien und Russland. Rund hundert Studierende, Dozenten und Organisatoren tummelten sich vorige Woche in Bischofsreut in der „Winteruni". (…)

Damit die Studenten eine Vorstellung davon bekommen, wie vielfältig man sich auch im Winter draußen betätigen kann, bot ihnen der Stundenplan der „Winteruni" unter dem Motto „Schnee Spuren" ein buntes Programm: eine Nachtwanderung, Übungen zur Problemlösung im sumpfigen Tiefschnee und der Bau einer Schneestadt nach orientalischem Vorbild waren nur einige Beschäftigungsmöglichkeiten.

In Workshops wurden die über Nacht leicht angetauten Schneebauten von den Studenten bunt bemalt, einige Kommilitonen versuchten sich einige Meter weiter im Skilanglauf und eine dritte Gruppe machte sich mit Schneeschuhen auf, um sich bei Dozent und Bergwachtler Nik Klever über Lawinen zu informieren und wie man die weiße Gefahr bei Touren einschätzen kann. (…)

Höhepunkt der Woche war eine Tour, bei der die Studenten auf Skiern oder Schneeschuhen von verschiedenen Standorten aus zum Freilichtmuseum Finsterau liefen. Dort übernachteten sie in den historischen Bauernhöfen und kochten auf den alten Öfen ihr Abendbrot. Nach einer Winter-Olympiade kehrten die Teilnehmer per Bus für eine Abschlussbesprechung nach Bischofsreut zurück.

Nicht um Auswendiglernen oder Leistungsnachweise geht es bei der „Winteruni", sondern um die Erfahrung, die man dort sammelt. (…) Studentin Christina Reitelshöfer von der Georg-Simon-Ohm-Hochschule Nürnberg zog schon zur Halbzeit der Woche eine positive Bilanz: „Es ist super, im Schnee zu sein. Es ist ein bisschen so, als wäre man wieder Kind." Mit Blick auf die weite, trotz des Frühlingseinbruches noch immer um Bischofsreut vorhandene Tiefschneelandschaft, in der sich ihre Kommilitonen mit Langlauf-Übungen, Schnee-Kunst und Lawinenkunde beschäftigen, sagt sie: „Das Element Schnee bietet ein so breites Spektrum an Möglichkeiten. Darauf kommt man im Alltag gar nicht. Und man braucht kaum Hilfsmittel, denn der Schnee ist ja schon da."

6.3 ScienceKids – Bewegung und Verpflegung

ScienceKids ist ein Projekt der AOK Baden-Württemberg, des Ministeriums Sport, Jugend und Kultur und des Landesinstituts für Schulsport, Schulmusik und Schulkunst Baden-Württemberg. Schülerinnen und Schüler nähern sich dem Thema Gesundheit und Ernährung mit forschendem Lernen. Sie klären als junge Forscher Fragen wie: Wo steckt die Energie in meinem Körper? Warum bekommt man Muskelkater und warum macht Milch starke Knochen? Sie sollen begreifen, wie ihr Körper funktioniert und was ihm gut tut. Sie experimentieren selbst und finden so die Antworten auf ihre Fragen. Natürlich sollen sie dabei auch lernen, mit ihrem Körper verantwortlich umzugehen, sich gesund zu ernähren, sich zu bewegen, Übergewicht zu vermeiden.

Die Idee baut auf einem wissenschaftsorientierten, forschenden Lernen und erlebnis- und handlungsorientieren Methoden auf und legt die Selbstbestimmungstheorie von Deci und Ryan (1993) zu Grunde. Im Zentrum dieser Theorie stehen das Selbst und seine Bedürfnisse. Deci und Ryan geht es vor allem um die Frage, wie die intrinsische Motivation erhalten und gestärkt werden kann. Sie gehen davon aus, dass es angeborene psychische Bedürfnisse gibt. Sie beeinflussen, wie die physiologischen Bedürfnisse (Hunger, Durst, Müdigkeit …) und die Emotionen (Angst, Ekel, Hass …), die Handlungsenergie. Deci und Ryan stellten drei grundlegende psychische Bedürfnisse fest:

- Autonomie: „Ich kann mitbestimmen!"
- Kompetenzerwerb: „Ich kann was!"
- Soziale Eingebundenheit: „Ich bin mit dabei!"

Wird man diesen Bedürfnissen gerecht, dann entwickeln Lernende eine Motivation, die zu einer selbstbestimmten Beschäftigung führt.

Neben dem naturwissenschaftlichen Zugang, so eine schnelle Erkenntnis der Macher von *ScienceKids*, braucht es auch emotionale Zugänge, um nicht nur Wissen und Fakten zu kennen, sondern sie auch im alltäglichen Verhalten umzusetzen. Dabei soll möglichst an den emotionalen Lebenswelten und Entwicklungsaufgaben der Jugendlichen angeknüpft werden. *ScienceKids* setzt daher auf Lernmodule der Erlebnis- und Medienpädagogik. Zunächst wurden Lehrmaterialien für die Grundschule entwickelt, die inzwischen von über 200 Schulen in Baden-Württemberg verwendet werden.

Die Lehr- und Lernmaterialien für die Grundschule sind auf fünf zentralen Themenblöcken aufgebaut:

- Energie und Energiewandel
- Anatomie und Physiologie
- Wasser und Wirkstoffe

- Sinne und Wahrnehmung
- Lebensmittel herstellen und genießen

Die Materialien dienen als Grundlage für einen Projekttag, können im Unterricht eingesetzt oder sogar zum Regelunterricht werden. Lehrkräfte können im Rahmen einer Weiterbildung die *ScienceKids*-Materialien praktisch erproben. 2007 wurde die Pilotphase von *ScienceKids* von der Pädagogischen Hochschule Ludwigsburg evaluiert. Es wurde bestätigt, dass die „Kinder nachweisbar ihre Kompetenzen zum „Bewerten" und im „Umgang mit Tools" entwickelten und vergrößerten. Sowohl Kinder als auch Lehrer bewerteten den „Science-Aspekt, die Laborpraxis, die Bewegungsspiele sowie das sinnliche Erleben" signifikant positiv.

Im nächsten Schritt wurden Lehrmaterialien für die Sekundarstufe entwickelt. Ein Team von Wissenschaftlern wurde in die Konzeptentwicklung einbezogen. Prinzipiell gehen Mädchen fürsorglicher als Jungen mit ihrem Körper um. Diese Altersphase ist besonders wichtig, um ein lebenslanges Bewusstsein für Bewegung und gesunde Ernährung zu schaffen. Alle Beteiligten sind sich einig, dass neben Wissen und Wissenschaft der Alltagsbezug der Jugendlichen, ihre Interessen, die Peergroup eine besonders wichtige Rolle spielen. Da lag es nahe, Methoden des handlungs- und erlebnisorientierten Lernens zu prüfen und in das Lernprogramm zu implementieren. Aus den Gesprächen mit den Wissenschaftlern unterschiedlicher Disziplinen (Gesundheitspsychologie, Erlebnispädagogik, Neurowissenschaften, Ökotrophologie, Pädagogik, Psychologie, Sozialwissenschaften, Sportwissenschaften) wurden folgende Themen definiert:

- Ich & Mein Körper („Den eigenen Körper bewohnen lernen", Körperbild und Körperkult)
- Ich & Die anderen (Leben in der Clique, Selbstbehauptung, Anerkennung)
- Ich & Die Alten (Familie und Abgrenzung)
- Ich & Meine Orientierung (Werte, Ziele)
- Ich & Starke Gefühle (Risiko, Liebe, Stress …)

In einem zweiten Schritt wurden diese Themen mit den Inhaltsbausteinen der Primarstufe verbunden.

Für die Motivation von Jugendlichen können handlungsorientierte Methoden der Schlüssel zum Erfolg sein. Über persönliche Erlebnisse und Erfahrungen können Gesundheitsthemen spannend und interessant werden. Jens Westhoff und Werner Michl haben in einem Fachgespräch mit *ScienceKids* die Möglichkeiten der Erlebnispädagogik ausgelotet. Hier in Auszügen einige Ergebnisse dieses Gesprächs, das von folgenden Leitfragen ausging:

- Welche Themen und Methoden sollten Angebote handlungsorientierter Gesundheitsbildung für die Sekundarstufe berücksichtigen?

- Lassen sich Heranwachsende in der Pubertät für Themen rund um Ernährung und Bewegung interessieren?
- Wie, mit welchen Methoden sowie Lern- und Erfahrungsangeboten können wir Jugendliche für Gesundheitsthemen interessieren?

Pubertät – Gesundheitsbildung – Erlebnispädagogik

Wer bin ich, wer will und wer kann ich sein? Die Suche nach der eigenen Identität prägt die Phase vor und in der Pubertät. Jugendliche orientieren sich neu – sowohl als Individuen als auch als Mitglieder der Gesellschaft. Die Suche nach einer Peergroup und nach Vorbildern sind dabei bedeutende Herausforderungen. In der Übergangsphase von der (behüteten) Kindheit zum Erwachsensein stoßen Jugendliche erstmals an physische und psychische Grenzen. Wie weit kann ich gehen? Körperliche Reifungs- und Entwicklungsschritte führen für Mädchen und Jungen zu einem veränderten Körperbewusstsein. Identität und Attraktivität, diese zwei wesentlichen Lebensthemen, haben für weibliche und männliche Jugendliche jedoch eine unterschiedliche Bedeutung.

Durch den Spiegel der anderen – Lebensthemen und Gesundheitslernen

Obwohl Jugendlichen zunächst der persönliche Bezug zu Gesundheitsthemen fehlt, können jedoch Erfahrungen (und die Überwindung) von physischen (und psychischen) Grenzen der Beginn einer Auseinandersetzung sein. Peer Groups bieten dafür wichtige Erfahrungs- und Resonanzräume. Sich im Spiegel der anderen zu erfahren, nimmt starken Einfluss auf Identität und Selbstbilder. Wie Spaß und die Herausforderungen in der Gruppe zu einer Auseinandersetzung mit dem eigenen Körper und seinen Grenzen führen können, mag ein Beispiel verdeutlichen: Eine Clique plant eine gemeinsame Exkursion. Mit Fahrrädern und Booten soll es ein richtiges Outdoor-Erlebnis werden. Hier stellen sich dann wichtige Fragen mit Gesundheitsbezug: Welchen Proviant nehme ich mit? Wie viel Energie braucht mein Körper? Welche Menge Wasser und Schlaf benötige ich etc.? Hunger, Kälte oder schweres Gepäck: Wer bei einer solchen Exkursion falsch angezogen ist und nicht genügend Proviant dabei hat, bekommt die Konsequenzen unmittelbar zu spüren. Ursache und Wirkung sind direkt persönlich erfahrbar. Die hier freigesetzten Emotionen leisten auch einen gewichtigen Beitrag zur Entwicklung von Selbstkompetenzen. Sport-, Spiel- und Outdoor-Aktivitäten verändern die Perspektiven auf den Körper. Ernährungs- und Bewegungsthemen bekommen einen gemeinschaftlichen Rahmen und eine persönlich-emotionale Aufladung. Neugier und Wissbegierde ergeben sich hier aus der Situation. Gut so, denn für normative Gesundheitsbotschaften („Lass das... – Du musst das so machen... – dieses Verhalten ist wichtig...!") sind Jugendliche ohnehin kaum aufgeschlossen oder zugänglich.

Ereignis – Erlebnis – Erkenntnis: Wie Gesundheitsbildung gelingen kann

Die handlungsorientierten Lernangebote von *ScienceKids* lassen sich gut durch erlebnisorientierte Methoden innerhalb und außerhalb des Klassenzimmers erweitern. Hochseilgarten oder (Schul)Küche, Kooperationsspiele oder Natursport, natürliche Lernumgebungen und Herausforderungen zwischen Alltag und Abenteuer, die zu gemeinsamen Aktionen motivieren: Solche Aktivitäten beanspruchen den Körper und Geist von Heranwachsenden gleichermaßen. Wir beschreiben den Erfahrungs- und Lernweg so: Aus Ereignissen werden Eindrücke, aus Eindrücken werden Erlebnisse, die zu Erfahrungen dann zu Erkenntnissen führen. Jugendliche „begreifen" auf diese Weise „von unten nach oben". Ihre Wissbegierde ergibt sich aus der Situation und setzt Lernmotivation frei. Handlungsorientierte Gesundheitsbildung sollte diese Potentiale nutzen.

ScienceKids hat 2008 mehrere bedeutende Bildungs- und Gesundheitspreise gewonnen: den Deutscher Innovationspreis für nachhaltige Entwicklung, einen Eintrag in „Willkommen im Land der Ideen. Deutschland – Land der Ideen" und den „Gesundheitspreis der Stiftung Rufzeichen Gesundheit!"

6.4 Via nova – ADHS zwischen Alm und Alltag

Letztlich, so der Philosoph Christoph Türcke (2012), leben wir in einer hyperaktiven Gesellschaft mit Aufmerksamkeitsdefiziten. Wir werden über ein bis drei E-Mailadressen mit wichtigen, scheinbar wichtigen, und unsinnigen Neuigkeiten versorgt, haben Zuhause eine Mailbox und natürlich auf dem Mobiltelefon eine Mailbox mit Nachrichten, bekommen vielleicht sogar noch Post zugesandt und halten über mehrere *moodle-Plattformen* Kontakt zu Studierenden und Seminarteilnehmern. Fernsehfilme, die ihr Sujet sorgfältig, eindringlich, episch langsam aber zielorientiert entwickeln, haben bei 50 weiteren Sendern geringe Chancen. Der Fernsehabend endet beim Zappen durch die Programme, wenn es langweilig wird, ist der nächste Sender dran. Dranbleiben an einer Sache ist out. Häufiger ist schon, an vielen Sachen gleichzeitig zu arbeiten. Mit dem Zug fahren und im Speisewagen essen, die Tageszeitung nebenbei lesen, kurz eine SMS schreiben und mit dem Tischnachbarn zwischendurch einen Smalltalk pflegen. Die westliche Gesellschaft ist hyperaktiv, Erwachsene sind zunehmend gestresst und ausgebrannt, die dauerhafte Hektik wird Alltag, und die Kinder bekommen das Etikett ADS oder ADHS verpasst, das inzwischen in den Katalog psychischer Erkrankungen aufgenommen wurde.

Beim Aufmerksamkeit-Defizit-Syndrom (ADS) oder bei der Aufmerksamkeitsdefizit-/Hyperaktivitätsstörung (ADHS) scheiden sich die Geister, es werden schnelle Diagnosen gestellt und einfache Therapien verordnet. Bewegungsarmut, Sitzpädagogik, neue Medien, Vernachlässigung einerseits, genetische Defekte andererseits werden als Ursachen genannt. Ist AD(H)S eine Krankheit oder gab es schon immer Zappelphilippe? Immerhin hat sich diese Störung im „Struwwelpeter" niedergeschlagen. Auch „Max und Moritz", die Lausbuben bei Ludwig Thoma, Nabokovs Lolita, Pippi Langstrumpf, Micky Maus und Mick Jagger waren Nervensägen. Aber heute hat sich die Lebenssituation deutlich verändert. Die neuen Medien konkurrieren erfolgreich mit Sport und Spiel, und das Einzelkind wird entweder nachhaltiger kontrolliert und verwöhnt oder vernachlässigt und gänzlich mit Medienkonsum ruhig gestellt. Etwas polemisch könnte man sagen, dass das schulische Lernen die pädagogische Käfighaltung fortsetzt, die heute im Elternhaus beginnt. Die Kindersicherheitsindustrie und der elterliche Überwachungswahn sorgen von Anfang an für Übersicht und Sicherheit. GPS-Kinderbändchen für Neugeborene schützen vor Verwechslung, Kinderhandys enthalten ein Ortungssystem, damit auch niemand verloren geht. Dafür sorgen auch Kleidungsstücke mit Peilsendern. Waldhütten, Verstecke, Hinterhöfe, Hecken und Höhlen wurden durch normierte und zertifizierte Spiel- und kontrollierte Sportplätze, Kindergarten und Kinderzimmer ersetzt. Pippi Langstrumpf wäre heute beim Psychotherapeuten und würde Ritalin verordnet bekommen. Der Verbrauch von Ritalin ist in den letzten zehn Jahren um das 270fache gestiegen (Rühle 2008). Hat sich die Zahl der Zappelphilippe um das 270-fache gesteigert? Oder hat sich vielmehr Bewegungsarmut als Volkskrankheit etabliert? Konrad Lorenz bezeichnete diese Entwicklung als die Verhausschweinung des Menschen.

Die gängige, schnelle und vielleicht auch bequeme Lösung des Problems sind Medikamente. Man darf aber auch mal den Fokus auf die Stärken und auf die Bedürfnisse der Kinder richten, die von AD(H)S betroffen sind. Manchmal mögen Medikamente helfen, sie ersetzen aber nicht ein gezieltes Training der Eltern, professionelle Beratung, Psychotherapie und zahlreiche weitere Methoden und therapeutische Ansätze.

Neue Wege in Sachen AD(H)S: *via nova*

Gerald Hüther zählt zu den bekanntesten Hirnforschern Deutschlands. Zusammen mit der SINN-STIFTUNG hat er 2009 das Projekt *Via nova* durchgeführt, ein innovatives Therapie- und Entwicklungs-Konzept für Jungen mit ADHS-Symptomatik Ein Bericht im „STERN", Interviews in „GEO" und „Psychologie Heute" und eine Fernsehsendung sorgten dafür, dass das Projekt in ganz Deutschland bekannt wurde. Zwölf Jungen im Alter von acht bis 14 Jahren verbrachten zwei Sommermonate auf einer Südtiroler Berghütte auf 2400 Meter Höhe unter einfachsten Bedingungen. Alle hatten eine ärztliche ADS-Diagnose und wurden mit Psychostimulanzien, meist Ritalin, behandelt. Während des Alm-Aufenthalts wurden die Medikamente abgesetzt. Wenn irgendwie möglich, sollten die Eltern auch später im Alltag darauf verzichten, ihren Kindern Medikamente zur Beruhigung zu verabreichen. Die Kinder wurden von Pädagogen, Therapeuten und Medizinern betreut. Das Hüttenleben bestimmte den Alltag: Holz machen, einheizen, gemeinsam kochen, die Hütte sauber halten, das Vieh versorgen. Natürlich blieb Zeit für kreative Aktivitäten, für's Draußensein, für eigene Interessen. Gerald Hüther bezeichnete den therapeutischen Ansatz von *Via nova* als „systemische Impulstherapie", die natürlich die Eltern einbezieht. Allerdings hätte ein Hinweis nicht geschadet, dass dieser Rückzug in die Bergeinsamkeit deutliche Parallelen zu erlebnispädagogischen Projekten aufweist. Schließlich sind Bewegung, Erlebnis, Gemeinschaft, körperliche Leistung, Durchhaltevermögen wichtige Faktoren dieser Therapie. Das Konzept von *Via nova* basiert auf Erkenntnissen der Hirnforschung, enthält Elemente der systemischen Psychotherapie und der Erlebnispädagogik.

Via nova ist natürlich kein leichter Weg, sondern steinig, labyrinthisch, alles andere als geradlinig. Die ersten Tage auf der Berghütte sind durch destruktives Verhalten gekennzeichnet: die Kinder stören, verstören und zerstören, schauen zu und ziehen sich zurück. Viele sind zum ersten Mal in einer Gemeinschaft, sollen sich ein- und unterordnen, müssen sich die Erwachsenen teilen, wollen, aber bekommen nicht die volle und alleinige Aufmerksamkeit. „Schon nach den ersten Tagen auf der Alm brauchten diese Kinder kein Ritalin mehr, und es wurde sichtbar, was alles in diesen Kindern steckt, die man so leichtfertig mit Psychopharmaka ruhigstellt. Ich hoffe sehr, dass Eltern dadurch bestärkt werden, sich künftig mit Händen und Füßen gegen die Pathologisierung ihrer Kinder zu wehren." (Gerald Hüther in: GEO-Magazin 11/09) Der Gehirnforscher Gerald Hüther, der wie kein anderer aus diesem Metier die Grenzlinien zur pädagogischen Praxis überschreitet, betrachtet AD(H)S eher als eine Variante misslungener Sozialisation, die sich durch eine graduell hohe Mutterbindung auszeichnet. Diese exklusive Bindung trägt zu einem großen Aufmerksamkeitsbedürfnis bei, das die Hinwendung zu Dritten und zu gemeinsamen Interessen beeinträchtigt. Daher, so Hüther, braucht es gemeinsame Erlebnisse, die man teilen kann.

Diese Erkenntnis wird in dem neuen Kultbuch, von Richard Louv (2011), dem US Bestseller „Last Child in the Woods", bestätigt, der von einer Naturdefizitstörung spricht (2011, S. 55f.), die auch der Auslöser von AD(H)S sei. Kinder werden zappelig, weil sie nicht mehr oder zu wenig in Natur, im Wald, auf der Wiese spielen. Seine Therapieempfehlung ist das freie Spiel draußen vor der Tür. Kinder mit ADHS-Diagnose verbesserten ihre Konzentrationsfähigkeit statisch nachweisbar nach einem 20-minütigen Spaziergang in einem Naturpark. Die Vergleichsgruppe war in gepflegten Stadt- und Wohngebieten unterwegs (2011, S. 141). Auch Andreas Weber behauptet in seinem Bestseller „Mehr Matsch" (2012): „Natur heilt ADHS" (ebd., S. 76).

Zurück zu *Via nova*: Die Kinder, ihre Betreuer und Therapeuten leben für acht Wochen gemeinsam auf einer Alm mit Tieren, die sie gemeinsam versorgen. Sie leben einfach – und meistern die täglichen Aufgaben gemeinsam. Es ist alles da, was die

Kinder zu einem erfüllten und kreativen Leben brauchen: Eine kleine Werkstatt; Ausstattung zum Kochen, Backen und Herstellen von Joghurt und Käse, aber auch Spiele aller Art, Musikinstrumente und Material für Kunstaktionen.

Die *SINN-STIFTUNG*, verantwortlich für die Durchführung von *Via nova*, sieht folgende Ziele für den Hüttenaufenthalt:
- „Impuls-Selbst-Kontrolle stärken
- Eigene und fremde Bedürfnisse erkennen
- Spannungspunkte lösen
- Aufmerksamkeit dosieren
- Und immer wieder: sich für andere einsetzen, gemeinsam etwas schaffen."

Eltern und Kinder sollen erkennen:
- „Veränderung und Selbstgestaltung sind möglich.
- Das Leben besteht aus prozesshaften Entwicklungen und Wechselwirkungen (nicht aus diagnostischen Festlegungen).
- Auffälligkeiten, Defizite und Schwächen können sich (vielleicht unerwartet) als Ausdruck von Bedürfnissen und/oder versteckten Talenten zeigen."

Natürlich war den Veranstaltern bewusst, dass nach dem Schritt von der Südtiroler Alm in den Alltag vieles von dem Gelernten verloren gehen kann. Zum einen wurde ein Internetforum angeboten, zum anderen sollten Mentoren die weitere Betreuung übernehmen. In der Sendung „Wo die starken Kerle wohnen. Kinder mit AD(H)S versuchen einen Neuanfang" (ZDF, 37 Grad, 9.3.2010) wurde das Projekt *Via nova* ausführlich geschildert. Eltern und Kinder wurden nach dem Almaufenthalt auch in ihrem Alltag begleitet. Manche Entwicklungen sind erfreulich, manche ernüchternd. Das Projekt wurde 2010 und 2011 wiederholt. Dass der Transfer in den Alltag allzu lässig unterstellt wird, ist eine grundlegende Kritik, mit der sich die Erlebnispädagogik von Anfang an auseinandersetzen musste. Auch *Via nova* muss in diesem Bereich noch neue Wege gehen, um das Gelernte noch besser zu sichern.

6.5 Erlebnistherapie – heilen, helfen, handeln

Es gibt historische und literarische Zeugnisse, die den Begriff der Erlebnistherapie vorbereiten: der Streit zwischen Voltaire („So bekommt man Lust, auf Vieren zu kriechen", Stein 1984, S. 24) und Rousseau („Aus freien Stücken bei den Wilden," ebd. S. 19ff.) über die heilende Wirkung des einfachen Lebens, der Rückzug in die Natur, um sich selbst zu finden oder eine Lebenskrise zu überwinden (Thoreau 1971), die Grenzerfahrung, die wieder Lust auf Leben macht (Aufmuth 1996). Die Tiefenpsychologen haben Erlebnisse als Ursache für seelische Traumen entdeckt, Kurt Hahn wollte mit positiven Erlebnissen die Gesellschaft von ihren Verfallserscheinungen heilen.

Ursprünge – Titanen der Tiefenpsychologie

Die Tiefenpsychologie hat die bürgerlichen Kinder- und Schlafzimmer gelüftet, hat Verdrängtes und Vergessenes aufgedeckt, Tabus angesprochen und das Langverschwiegene zum Thema gemacht: Sexualität und Aggression, Macht und Minderwertigkeit, Metaphern und Archetypen. Freud, Adler und Jung deckten zu Beginn des 20. Jahrhunderts die Abgründe der Kleinfamilie auf, betraten weiße Flecken auf den Landschaften der Seele und entkleideten damit die Ideale und die Verlogenheiten der bürgerlichen Welt. Während Freud auf der Suche nach den Trieben in der Kindheit ankam, Jung durch die Archetypen in die brodelnde Lava des allzumenschlichen Unbewussten blickte, interessierte sich Adler für das menschliche Streben und orientierte sich an der Zukunft.

Den drei Titanen der Tiefenpsychologie war bewusst, dass reale, fiktive, fantasierte Erlebnisse der Auslöser für seelische Erkrankungen sind. „Ich sage, das Leben verliert an Gehalt und Interesse, wenn der höchste Einsatz, eben das Leben selbst, in seinen Kämpfen ausgeschlossen ist. Es wird so leer wie ein amerikanischer Flirt, bei dem von vornherein feststeht, dass nichts vorfallen darf .... Wir sind genötigt, uns für die Verarmung des Lebens zu entschädigen und wenden uns hierfür an die Welt der Fiktion, der Literatur, des Theaters." (Freud 1915). Sublimation ist also ein Ausweg aus dieser Krise des Alltags, der Belang- und Bedeutungslosigkeiten, ein anderer Saumpfad des Heilens hätte der Ansatz der Erlebnistherapie Kurt Hahns werden können: Erlebnisse als ansteckende Gesundheiten.

Kurt Hahns Erlebnistherapie – die Gesellschaft heilen

Der politische Pädagoge Kurt Hahn, 30 Jahre jünger als Sigmund Freund, hätte damals die Grundlage für eine Erlebnistherapie bauen können. Sein Anliegen war aber nicht die Therapie des Individuums, sondern der Gesellschaft durch eine erlebnisintensive Erziehung. „Es gibt nicht nur ansteckende Krankheiten, sondern auch ansteckende Gesundheiten" (Hahn 1998, S. 283). Kurt Hahn hat mit seiner schmalen Theorie eine Erziehungsrepublik geschaffen, die ihresgleichen sucht. Seine Ideen umrundeten die Welt und haben nichts von ihrer Zauberkraft verloren. Outward Bound-Bildungshäuser findet man auf allen Kontinenten, der „Duke of Edinburgh Award", begründet von Kurt Hahn und Prinz Philip, wird in mehr als 100 Ländern der Erde verliehen und die Atlantic Colleges sind zu einem nachhaltigen Schulsystem gewachsen, das Leben und Lernen verbindet. Wo bleibt die Erlebnistherapie? Der Begriff ist eine Metapher für die Macht der Erziehung, an die Kurt Hahn glaubte. Mit seiner Erlebnistherapie wollte Kurt Hahn die gesellschaftlichen Fehlentwicklungen korrigieren und nicht die Neurosen des einzelnen Menschen heilen. „Wir müssen mehr als erziehen: wir müssen heilen. Ich empfehle die Erlebnistherapie – d.h. die Vermittlung von reinigenden Erfahrungen, die den ganzen Menschen fordern und der Jugend den Trost und die Befriedigung geben: Wir werden gebraucht." (Hahn 1986, S. 84). Seine Erziehung sollte die Gifte fernhalten. Nikotin, Alkohol, Verweichlichung durch die Zivilisation werden bekämpft. Seine Erlebnistherapie sollte die giftlosen Leidenschaften fördern. Kurt Hahn war ohne Zweifel ein leidenschaftlicher Pädagoge, ein Therapeut war er nicht.

Viktor Frankl und Helmut Schulze: „Höhenpsychologie" und „Grenzsituationstherapie"

Es ist erstaunlich, dass die Therapeuten es so lange auf der Coach, auf dem Stuhl, im Zimmer ausgehalten haben und nur wenige, und nur ansatzweise, Natur, Erlebnisse und Therapie miteinander verbunden haben – von der Couch in den Canyon, von der Tiefe der Seele in die Klüfte der Höhle, von der Betroffenheit zur Ergriffenheit, vom freien Assoziieren zum Flow. Das ist der weite Weg, den die Erlebnistherapie seit Kurt Hahn zu beschreiten hat. Die dunklen Wälder, die zackigen Felsen, die Gischt der Flüsse und die spröde Schönheit der Höhlen sind allemal Metaphern für das „Es". Wo „Es" war soll „Ich" werden, so lautet ein berühmter Satz von Sigmund Freud. Doch weiter in der Metapher! Die Kletterer, Kajakfahrer, Höhlengeher – sie machen aus Unsicherheit Sicherheit, mit jedem Griff, mit jedem Paddelschlag, nach jeder durchkrochenen Engstelle wird Unbekanntes bekannt und vielleicht „Unbewusstes" bewusst, bzw. aus „Es" wird „Ich". So kann die Tiefe der Höhle zu einem Vorstoß in die eigenen Tiefen werden. Die Berge wirken in der Regel nur durch den Erlebnistherapeuten – sie sind vergleichbar mit der Couch, neben der auch ein Psychoanalytiker sitzen sollte. Zwei Therapeuten waren ganz nahe an einer Erlebnistherapie: Viktor Frankl und Helmut Schulze.

Viktor Frankl, der Begründer der Logotherapie forderte neben einer Tiefenpsychologie eine Höhenpsychologie (1975, S. 14): „Ideals are the very stuff of survival – überleben kann der Mensch nur, wenn er auf Ideale hin lebt." Dieser logotherapeutische Ansatz unterscheidet sich fundamental von der Psychoanalyse. Viktor Frankl, der das KZ überlebte und der noch nach seinem 80. Geburtstag im 4. Schwierigkeitsgrad kletterte, weiß, wovon er spricht. Sinn hat mit den Sinnen und der Sinnlichkeit zu tun. Daher unterscheidet Frankl zwischen schöpferischen Werten und Erlebniswerten (ebd., S. 60). Sinn gibt auch die Größe eines Augenblicks: „ – ... schon an der Größe eines Augenblicks läßt sich die Größe eines Lebens messen: Die Höhe einer Bergkette wird ja auch nicht nach der Höhe irgendeiner Talsohle angegeben, sondern ausschließlich nach der Höhe des höchsten Berggipfels. So entscheiden aber auch im Leben über dessen Sinnhaftigkeit die Gipfelpunkte, und ein einziger Augenblick kann rückwirkend dem ganzen Leben Sinn geben. Fragen wir einen Menschen, der, auf einer Hochtour begriffen, das Alpenglühen erlebt und von der ganzen Herrlichkeit der Natur so ergriffen ist, daß es ihm einfach kalt über den Rücken läuft – fragen wir doch einmal ihn, ob nach solchem Erleben sein Leben noch jemals gänzlich sinnlos werden kann." Der Kletterer Frankl über das Bergsteigen: „Es kommt zu echten Leistungen: bezüglich körperlicher Leistungsfähigkeit ist beispielsweise der Kletterer in gewissen Situationen gezwungen, das Letzte aus sich herauszuholen. In seelischer Beziehung liegen ‚Leistungen' vor, wo immer er seelische Schwächen, wie Ängstlichkeit oder Höhenschwindel, überwinden lernen muß. ... Ein weiteres positives, ein soziales Moment stellt schließlich das Erlebnis der Seilkameradschaft dar." (ebd.). Warum, so fragt man sich, hat Frankl nicht den Weg gefunden von der Couch in den Canyon, von der Klinik ins Klettergebiet? Wir sind sicher, dass Viktor Frankl heute, mehr als 100 Jahre nach dem Start in die Tiefenpsychologie (Freud/Breuer 1895), den Mut hätte, eine Klinik in den Bergen oder an der See zu begründen, um seine Logotherapie mit jenen Erlebnissen zu bereichern, die im Leben Gipfelpunkte werden und zu dessen Sinnhaftigkeit beitragen.

Der Tiefenpsychologe Helmut Schulze hat in den 70er Jahren die wohl engste Verbindung zwischen Psychotherapie und Erlebnispädagogik geschaffen (vgl. dazu Heckmair/Michl 2012, S. 150f.). Er nannte seinen Ansatz Grenzsituationstherapie. Dabei knüpft er zum einen an dem Konzept des Selbstwertgefühls von Alfred Adler an, zum anderen an der Verhaltensbiologie von Konrad Lorenz. Im Vorwort zum Buch von Schulze, stellt Lorenz fest, dass das Selbstwertgefühl mit der Zahl der überwundenen Hindernisse steigt. Dem Zivilisationsmenschen, der den gefangenen Tieren im Tiergarten vergleichbar ist, fehlen aber die sichtbaren Gefahren und die tatsächlichen Gefahren, so Schulze. Atomkrieg und ökologische Katastrophen seien nur abstrakt erfahrbar. Der Patient soll in der Grenzsituationstherapie in Situationen gebracht werden, in denen er sich bewähren kann. Objektlose Angst wird zu genau definierter Angst und kann so bearbeitet werden. Schulze stellt fest, dass jeder Patient die Grenzsituationstherapie erstens freiwillig und selbstverantwortlich akzeptieren muss, dass zweitens kein wesentliches objektives Risiko eingegangen werden darf und drittens, dass jedes Ereignis zu einem Erfolgserlebnis führen soll. Alles Handeln bewegt sich innerhalb des Grenzbereichs der subjektiven Leistungsfähigkeit der Patienten. Schulze ist ein begeisterter Segelflieger. Natürlich stößt er auf Antoine de Saint-Exupéry: „Die Erde schenkt uns mehr Selbsterkenntnis, weil sie uns Widerstand leistet. Und nur im Kampf findet der Mensch zu sich selbst. Aber er braucht dazu ein Werkzeug..." (in: Wind, Sand und Sterne, zit. nach Schulze 1971, S. 3).

Schulze definiert dabei Handeln als Dialog zwischen Ich und Umwelt. Grundlage des Handelns aber ist der menschliche Antrieb. Dieser Antrieb kann durch den Willen aufgeschoben, verstärkt oder auch umgelenkt werden. Das, was das Individuum fühlt und damit innerlich erlebt, ist nach Schulze nur ein Bruchteil dessen, was er tut. Daher macht gemeinsames Handeln mehr bewusst als miteinander reden. Vier große Triebe leiten unseren Antrieb und das Handeln an: Sexualität, Nahrungstrieb, Aggression und Flucht. Die Abhängigkeit des Individuums von diesen Trieben soll durch Psychotherapie in Unabhängigkeit verwandelt werden, Unfreiheit wird zur

Freiheit. Dabei sieht Schulze die Handlungsunfähigkeit als eine moderne Form der Neurose, die aus seelischer Frustration und der materiellen Verwöhnung entsteht. In der Therapie setzt er dagegen die seelische Zuwendung und die materielle Askese. In der Grenzsituationstherapie werden die Klienten vor Konflikte gestellt, die durch Handeln gelöst werden können. Der Prozessablauf lautet: Konflikte erkennen, Lösungsmöglichkeiten abwägen, Bewältigung durch Handeln, therapeutische Sitzung.

Schulze bedient sich bei seiner Grenzsituationstherapie einiger bekannter erlebnispädagogischer Methoden. So nimmt er seine Patienten mit auf Segelflüge, unternimmt mit ihnen Gletscherwanderungen, er geht mit ihnen auf „therapeutische Hochgebirgsstation" und verbringt mit ihnen ein Wochenende auf der Berghütte. Er stellt seinen Patienten Mutproben, wie ein Sprung vom Felsen ins Wasser, ein Sprung in die Sandgrube, ein- bis zweistündiges Schweigen usw. Bei der von ihm entwickelten Grenzsituationstherapie gilt:

• persönlich vorgelebtes Beispiel durch den Therapeuten;
• der Patient ist vor eine Entscheidungssituation zu stellen, die er durch Handeln beeinflussen kann;
• der Patient muss sich freiwillig zum (subjektiven) Risiko, zur Angst, zum Unangenehmen, zur Entbehrung entscheiden;
• der ganze Mensch wird mit Kopf, Herz und Hand zum Handeln aufgefordert.

Mit Helmut Schulze die Grenzsituation aufsuchen und dort im Sinne von Viktor Frankl einen Sinn finden – die Nähe zu Kurt Hahns Pädagogik ist offensichtlich. Die Zeit ist längst gekommen, um diese erlebnistherapeutischen Ansätze weiter zu entwickeln. Verwilderungswünsche, Abenteuerlust und Grenzerfahrungen waren immer schon selbst entwickelte Methoden, um sich selbst zu finden. Warum sollte aus der Erlebnistherapie Kurt Hahns, der Logotherapie von Viktor Frankl und der Grenzsituationstherapie von Helmut Schulze – und der Lust auf Verwilderung und Abenteuer – nicht eine Praxis und Theorie der Erlebnistherapie geschmiedet werden können, die neue und ungenutzte therapeutische Möglichkeiten erschließt?

Ein Meilenstein der Erlebnistherapie

Die Dissertation von Rüdiger Gilsdorf (2004) ist ein weiterer Meilenstein auf dem Weg zu einer Erlebnistherapie. Sie betritt Neuland, denn sie ist die einzige systematische deutschsprachige Studie zum Thema Erlebnistherapie. Gilsdorf zeichnet den Weg von der Pädagogik zur Therapie nach, und zeigt auf, dass eine Erlebnistherapie nur als fruchtbare Synthese unterschiedlichster therapeutischer Ansätze gedacht werden kann, die als Ergänzung in einem Spektrum therapeutischer Maßnahmen dient. Inwieweit können Abenteuer dazu dienen, die Persönlichkeit weiter zu entwickeln? Dass Wildnis und Rituale, Einsamkeit und Einfachheit therapeutisch wirksam sind, ist im deutschsprachigen Raum eine relativ neue Erkenntnis. Gilsdorf entfernt sich hier weit von den klassischen Ansätzen der Erlebnispädagogik und versucht, den Emotionen und Kognitionen, dem Erleben und Handeln auch mit Hilfe der neueren Hirnforschung auf den Grund zu kommen.

Die Praxis heute – helfen und heilen durch handeln

Erst jetzt, 20 Jahre nach dem Boom der Erlebnispädagogik, werden die Potenziale einer Erlebnistherapie erkannt und genutzt. Sie reicht von der Prävention bis zur Selbsterfahrung, von der Begleitung von Menschen in schwierigen Lebenslagen bis zur Therapie für körperlich, geistig und seelisch kranke Menschen. Wir wollen das an sieben Beispielen aufzeigen.

1. Die Fontane-Klinik in Motzen bei Berlin hat in ihrem Therapiespektrum für alkoholkranke und medikamentenabhängige Patienten ein differenziertes erlebnistherapeutisches Programm entwickelt, das aus Problemlösungsaufgaben, Kanutouren, Klettern und weiteren Sportangeboten besteht (Fontaneklinik 1998). In einer umfangreichen empirischen Studie wurden die positiven Wirkungen bestätigt (Jagenlauf, Koth, Rehm 1998). Im Rahmen von zwei Fachtagungen wurden Experten aus der Hirnforschung, der Medizin, der Psychologie und der Erlebnispädagogik eingeladen. Die Klinik Wollmarshöhe, ein privates Fachkrankenhaus für psychosomatische Medizin, Psychotherapie, Psychiatrie, Neuropsychologie, Neurologie, Innere Medizin, Psychokardiologie, betreibt seit mehr als zehn Jahren einen Hochseilgarten, der therapeutisch zielgerichtet eingesetzt wird. Die positiven Wirkungen sind in einer umfangreichen Studie empirisch nachgewiesen worden (Mehl 2010). Darüber hinaus wird in dieser Klinik u.a. das Therapeutische Bogenschießen und ein neurologisch-neuropsychologisch konzipierter Parcours, sozusagen ein Seilgarten auf dem Boden, angeboten.

2. Das Centrum für Disease Management ist eine klinische und wissenschaftliche Einrichtung der Psychiatrischen Klinik der Technischen Universität München. Seit mehreren Jahren wird dort unter der Schirmherrschaft von Extremkletterer Alexander Huber ein Kletterprojekt mit psychisch kranken Patienten durchgeführt. Die Süddeutsche Zeitung vom 24.10.2009 (S. 57) berichtet unter der Überschrift „Klettern für die Seele" über die Entdeckung der therapeutischen Wirkungen des Kletterns. „Die Rückfallrate der schizophrenen und depressiven Patienten konnten wir bei den ersten 200 Patienten um 70 Prozent senken", so Werner Kissling vom Klinikum rechts der Isar. Trotzdem ist es noch schwer, diese Erfolge den Krankenkassen zu vermitteln. Dazu braucht es noch mehr empirische Beweise, die noch nicht in ausreichender Zahl vorliegen.

3. Der Münchner Psychotherapeut Thomas Lukowski geht seit mehreren Jahren mit einigen seiner Patienten in die Kletterhalle. Anders als beim Klinikum nutzt er den Sport gezielt als Methode in der Verhaltenstherapie. Sein Grundkonzept des therapeutischen Kletterns baut sich aus drei Bestandteilen auf (Lukowski 2010, S. 19ff.). Klettern spricht erstens die Grundängste des Menschen an, mit denen er sich beim Klettern auseinandersetzen muss. Die schrittweise Konfrontation stellt den verhaltenstherapeutischen Ansatz dar, die Auseinandersetzung mit Persönlichkeitsanteilen ist ein zentrales Motiv tiefenpsychologischer Theorien. Zweitens können durch Klettern und den Transfer der Erlebnisse Alltagsängste abgebaut werden. Drittens können diese Wirkmechanismen durch Neurotransmittersysteme erklärt werden, die natürlich auch andere Sportarten auslösen. Jedoch scheint das Klettern prädestiniert zu sein für angstneurotische Erkrankungen. Der Trainer, Therapeut und Heilpraktiker Christian Rödling, der ebenfalls seit Jahren mit Klienten aus allen Gesellschaftsschichten arbeitet und dabei therapeutisches Klettern erfolgreich einsetzt, steht allerdings massiven Finanzierungsproblemen durch die Krankenkassen gegenüber (Rödling 2010, S. 22).

4. Ganz anders stellt sich das dar beim Projekt „MS on the Rocks": Klettern mit Patienten, die an Multiple Sklerose leiden. Das Projekt wird von der Sportwissenschaftlerin Claudia Kern (2010) und Studierenden der Sportwissenschaft der TU München begleitet. Einmal in der Woche treffen sich an der Kletterwand der TU München MS-Betroffene und Studierende. Die positiven Auswirkungen auf Psyche und Physis wurden wissenschaftlich festgehalten. Die Lebensqualität und das Selbstwertgefühl konnten deutlich gesteigert werden, die Klettergruppe ist zu einem wichtigen Bestandteil im Wochenrhythmus geworden. Sie trifft sich auch zu anderen Anlässen. Am Lehrstuhl für Sportwissenschaft der TU München wird die Studie „TKMS – Therapeutisches Klettern mit MS" durchgeführt. Ziel ist es, „den Einfluss des Therapeutischen Kletterns auf die Alltagsfunktionen wie z.B.: das Gleichgewicht, die Kraft, die Mobilität und die Stimmungslage bei MS-Patienten nachzuweisen." (Kern 2010, S. 30)

5. Beim internationalen Kongress 2008 *„Menschen stärken für globale Verantwortung"* an der Universität Augsburg wurde der erste Preis *„erleben und lernen"* in der Kategorie Publikationen an Hans-Georg Renner verliehen. Er beschrieb in einem Artikel seine Arbeit im Kinderhospiz Olpe. Mit Methoden der Erlebnispädagogik versucht er, trauernde Kinder zu trösten. In der Natur sich finden, in den Bergen und Tälern Höhen und Tiefen erleben, in der Stille der Natur in sich gehen. Das Konzept „Gipfelstürmer. Mit trauernden Jungen Berge versetzen" ist die Grundlage dieser erlebnistherapeutischen Ansätze.

6. 2011 wurde im Rahmen des Projekts „Naturerlebnis und Kletterabenteuer für Familien nach einer Krebstherapie" ein verlängertes Wochenende für sechs betroffene Erwachsene und sechs Kinder angeboten. Das Pilotprojekt war so erfolgreich, dass es 2012 weiterging mit einer Freizeit für Jugendliche, die eine Krebstherapie hinter sich haben, aber auch für solche, die noch mittendrin stecken. Da insbesondere letztere oft mit erheblichen akuten gesundheitlichen Problemen zu kämpfen haben, hat eine Ärztin das Projekt begleitet.

7. Der Verein *EXEO* hat 2011 unter dem Titel „Achtung, jetzt komm ich!" eine Ferienmaßnahme für Geschwister von chronisch kranken oder behinderten Kindern konzipiert. Zum einen geht es um die Entlastung der Eltern, zum anderen um eine Kompensation der oft schwierigen Rolle von Kindern und Jugendlichen mit schwerkranken Geschwistern. Sie werden oft übersehen, sollen vor allem funktionieren, wenig Aufwand machen und verständnisvoll sein. Die Analyse ist nicht neu, sondern ist in Kliniken und auch in der Praxis Sozialer Arbeit bekannt. Es ist nur ein Beispiel für zahlreiche Angebote, die inzwischen auch mit Methoden der Erlebnispädagogik arbeiten.

7 Projekte der „neuen Praxis" – Berufsausbildung, Personalentwicklung und Weiterbildung

Das „duale System" der Berufsausbildung in Deutschland, Österreich, Südtirol und der Schweiz gilt als hoch effektiv in der Qualifizierung junger Mitarbeiter. In Expertenkreisen wird diese Arbeitsteilung zwischen Betrieb und Berufsschule als wichtiger Grundstein für die wirtschaftliche Stärke Mitteleuropas gesehen. Die betriebliche Weiterbildung ist dagegen zumindest in Deutschland auf einem wesentlich niedrigeren Qualitätsniveau anzusiedeln, wenn man die nackten Zahlen im europäischen Vergleich betrachtet (vgl. Grünewald/Moraal 2003). Andererseits investieren gerade große Unternehmen, namentlich internationale Konzerne und viele Mittelständler hohe Summen, um ihre Fach- und Führungskräfte für herausfordernde Aufgaben fit zu machen. Wenn man als Trainer das Glück hat, in diesem Bereich zu arbeiten, genießt man die oft recht hemdsärmelige Spontaneität der firmeninternen Personalentwickler und Weiterbildner, mit denen man – zumindest in wirtschaftlich guten Zeiten – Seminare und Workshops konzipieren kann. Während in Schulen, öffentlichen Verwaltungen und auch in Nonprofit-Organisationen umständliche Genehmigungsprozeduren und finanzielle Beschränkungen innovative Formate eher verhindern als befördern, sind viele Unternehmen offen für neue Ideen und deren Umsetzung. Exemplarisch wollen wir hier Projekte vorstellen, die sich teils implizit, teils auch explizit wie das folgende, auf neurodidaktische Prinzipien stützen.

7.1 Neuroleadership – „Führen mit Hirn"

Natürlich ist der Begriff Neuroleadership in gewisser Weise genauso „hölzernes Holz" wie das bereits im ersten Kapitel vorgestellte Label Neurodidaktik. Denn Führen ohne Hirn ist ebenso wenig möglich wie Lernen ohne Hirn. Das gilt im Übrigen nicht nur für den Menschen sondern auch für alle anderen höheren Lebewesen. Ob Bakterien lernen können, ist dagegen unter Biologen umstritten. Dennoch lohnt es sich, dieses noch relativ junge Etikett etwas genauer zu betrachten. Denn man muss kein Prophet sein, um zu prognostizieren, dass der Begriff Neuroleadership über kurz oder lang Karriere machen wird. Der eingängige Slogan wurde erstmals im Jahre 2006 vom US-amerikanischen Trainer und Coach David Rock verwendet. Kurze Zeit später liefen unter dieser Überschrift die ersten Führungskräftetrainings in den USA. Seit etwa 2010 findet man auch im deutschen Sprachraum derartige Programme.

David Rock und dessen Co-Autor Jeffrey Schwartz sehen Neuroleadership in erster Linie als Hebel, um Veränderungsprozesse in Unternehmen voranzutreiben („Change Management"). Das brachte ihnen den Vorwurf ein, allein aus Marketingüberlegungen heraus diese griffige Formel erschaffen zu haben. Christian E. Elger, Neurophysiologe und als ordentlicher Professor Leiter einer Fachklinik, knüpfte – wenn auch kritisch – an die Überlegungen von Rock und Schwartz an und legte 2009 die erste deutschsprachige Einführung zum Thema vor. Nach einem breiten, auch für Laien gut lesbaren Überblick in zentrale Funktionen des Gehirns, präsentiert Elger einen Leitfaden mit „sieben Grundregeln der (sic!) Neuroleadership":

- Das (körpereigene) Belohnungssystem ist die zentrale Schaltstelle *(s. Kapitel 2.1)*.
- Das Ultimatumspiel gilt überall[5].
- Vorinformationen beeinflussen die Erwartungen und das Verhalten.
- Jedes Gehirn ist anders.
- Es gibt keine Fakten ohne Emotionen.
- Erfahrungen bestimmen das Verhalten.
- Situationen können eine nicht vorhersagbare Eigendynamik entwickeln.

(Elger 2009, S. 158)

Aus diesen Grundregeln destilliert er Handlungsempfehlungen zur Kommunikation, Beurteilung und Förderung von Mitarbeitern und zur Entwicklung und Veränderung von Unternehmen. Im Wesentlichen setzt Elger dort an, wo auch der nordamerikanische und mitteleuropäische Mainstream in den letzten Jahren die Akzente setzte: bei der Bedeutung der Emotionen, der Fairness, dem Miteinander, den individuellen Erfahrungen jedes Einzelnen. Nur in einem Punkt hebt sich Elger von der vorherrschenden Auffassung der Neurowissenschaften ab. Er vertraut nicht darauf, dass Mitarbeiter in Unternehmen aus ihrer Tätigkeit selbst heraus ihr körpereigenes Belohnungssystem anwerfen. Vielmehr plädiert er für ein „ganzes Repertoire von Maßnahmen (...) große und weniger große Belohnungen (...) zum Beispiel eine Rose oder ein Blumenstrauß auf dem Tisch der Sekretärin ...", die eine Führungskraft aufbieten sollte (ebd. 179) und wandelt dabei auf längst vergessen geglaubten Pfaden behavioristischen Denkens. Trotzdem: Christian E. Elgers Werk ist eine wertvolle Hilfe für Berater, Trainer und Coaches, die sich neurodidaktisch aufrüsten wollen.

Schickes Marketing-Label

Abseits aller theoretischer Grundlegungen wird Neuroleadership zuvörderst als schickes Label wahrgenommen und zieht so manche Marketiers an, die auf den beschleu-

---

5   Das Ultimatumspiel ist ein Laborexperiment, mit dem gezeigt wurde, dass Menschen in Entscheidungssituationen Gerechtigkeit und Fairness vor wirtschaftliche Interessen stellen, die Idee des Homo oeconomicus sich deshalb letztlich als unzureichend erweist.

nigenden Zug aufspringen wollen. (Die Autoren dieses Buches sind sich bewusst, dass auch sie in dieser Hinsicht nicht unverdächtig sind.) Theo Peters und Argang Ghadiri beanspruchen als Betriebswirtschaftler, Grundlagen, Konzepte und Beispiele zum Thema Neuroleadership zu liefern (2011). Doch leider kommt hier einiges durcheinander: So gehen sie von einem völlig veralteten Verständnis der Emotionen aus (S. 43), bezeichnen den Cortex als Sitz des „‚Direktoriums', das entscheidet, wie der Organismus letztlich reagiert" (S. 30), um einige Seiten weiter das limbische System als den eigentlichen Entscheider zu qualifizieren (S. 48). Platt und mechanistisch sollen Mitarbeiter über Coaching (S. 118) und einem sogenannten „AKTIV-Modell" von einem „aktuellen IST-Zustand" in einen „gewünschten SOLL-Zustand" überführt werden (S. 129ff.; Versalien jeweils im Original). Die im Titel des Buches angekündigten Beispiele beschränken sich im Wesentlichen auf industriesoziologische Befunde aus den 1980er Jahren. Dass Volvo damals versuchsweise Autos nicht am Band sondern in teilautonomen Teams montieren ließ, wurde sicher schon tausendfach publiziert und kann wohl kaum als Beleg für ein erfolgreiches Neuroleadership-Projekt herangezogen werden.

Führungstrainings bei Infineon

Doch kommen wir nun zu einem Beispiel gelingender Praxis, wie man neurowissenschaftliche Erkenntnisse in die Konzeption eines Führungstrainings einfließen lassen kann. Die Infineon Technologies AG ist ein weltweit agierender Konzern, der Halbleiter und dazu passende Systemlösungen entwickelt. Im Jahr 2005 wurde bei Infineon ein Training für Führungskräfte mit dem Titel „Leading Teams" aufgesetzt. Adressaten dafür waren und sind sowohl Teamleiter mit Führungsverantwortung als auch Projektleiter ohne direkte Weisungsbefugnis. Die Teammitglieder agieren von mehreren Ländern aus, ihre Standorte sind zum Teil auf mehrere Kontinente verstreut, was typisch ist für ein internationales Unternehmen. Die Teamchefs können sich nicht allein auf herkömmliche Führungsinstrumente wie formale Vorgaben oder disziplinarische Maßnahmen stützen, sondern müssen auf stimmige Kommunikation, gelungenes Feedback sowie auf Menschenkenntnis und ihre eigene Persönlichkeit bauen. Die passenden Formeln dazu heißen seit den Nullerjahren „Führen ohne Macht" und „Laterale Führung". Ausschließlich fachlich verantwortliche Teamleiter führen ihre Mitarbeiter also ohne disziplinarischen Zugriff. Wie das gehen soll, das musste in gewisser Weise neu erfunden werden. Entwickelt wurde das Konzept von Norbert Haberkorn und Robert Anthony vom „Infineon Institute" zusammen mit den externen Trainern Ise Pantenburg und Bernd Heckmair. Inspiriert von der damals noch brandneuen Neurodidaktik beschloss das Entwicklerteam, unkonventionelle Wege zu gehen und komplexe Lernszenarien unter freiem Himmel zu integrieren.

Folgende Leitlinien
wurden für das Trainings-
design festgeschrieben:

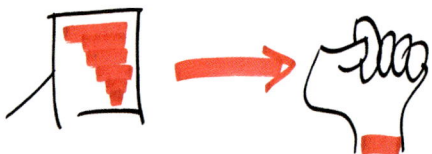

- Handlungs- und erfahrungsorientierte Formate und Methoden werden gegenüber rezeptionsorientierten Verfahren bevorzugt.
- Emotionen werden als „Lernkraftverstärker" genutzt.
- Die Dimensionen Körper und Bewegung sind konstitutive Elemente des Trainings.
- Statt Rollenspielen, Planspielen und Simulationen kommen konstruktive Lernprojekte zum Einsatz.
- Die neurowissenschaftlichen Forschungsergebnisse stehen in den Theorieteilen auf einer Stufe mit den (sozial)psychologischen Modellen.
- Alle Erklärungsmodelle werden „live" am Flipchart entwickelt; es gibt weder digitale Präsentationen noch vorgefertigte Plakate.

Die Leitlinien machen deutlich, wo die Reise hin gehen soll: Im Theorieteil dominieren aktuelle Erkenntnisse der Neurowissenschaft. Sie werden ergänzt durch klassische und neuere psychologische Modelle. Im Praxisteil stützt sich die Konzeption auf Prinzipien und Arbeitsformen der Erlebnispädagogik, wobei nur Outdoor-Elemente verwendet werden, bei denen keine objektiven Risiken bestehen.

Für die Trainings wurden folgende Bausteine ausgewählt und operationalisiert:
- Wahrnehmungspsychologie und die „logischen Ebenen" (nach Bateson)
- Die Rolle der Emotionen beim Führen (Einstieg in die Hirnforschung)
- die „soziale Architektur" von Teams (nach Riemann/Thomann)
- das Modell „Emotionale Führung" (nach Goleman)
- Feedback-Regeln und „Speed-Feedback" sowie
- Lernprojekte zu den Themen „virtuelle Teams", „Sandwichposition des Teamleiters", „Die Rolle der Emotionen beim Führen" u.a.

Des Weiteren wurden folgende Eckdaten definiert:

Trainingsdauer:	2 1/2 Tage; Beginn: 16.30 Uhr am 1. Tag, Ende: 17.00 Uhr am 3. Tag
Teilnehmer:	14 Führungskräfte; in der Regel aus unterschiedlichen Standorten des Unternehmens
Ort:	Seminarhotel mit großem Tagungsraum und „grüner Umgebung" (Wiesen, Wald oder Parkgelände)
Moderation:	2 Trainer

Charakteristisch für das Training ist der beständige Wechsel zwischen Theorie und Praxis, wobei letztere jeweils das Material für eine theoretische Bearbeitung liefern sollte – ganz im Sinne des neurodidaktischen Leitprinzips, aus dem konkreten Erleben allgemeine Regeln zu generieren. Es wird also ein Arrangement geschaffen, in dem der Einzelne emotionale und damit erinnerungswerte Erfahrungen machen kann, auf dessen Boden substantielle Regeln und Merksätze entwickelt, kodiert und nachhaltig abgespeichert werden können.

Lernprojekte – der „rote Faden" im Training

Die Praxis, das sind nicht etwa Planspiele oder Simulationen, sondern konkrete Lernprojekte *(siehe Kapitel 5.3)*, in denen ein oder mehrere Teams mit herausfordernden Aufgaben konfrontiert werden. Nicht eine Als-ob-Situation dient als Bühne, sondern ein konkretes, reales Projekt mit einer realen Zielsetzung wird bearbeitet. Konstitutiv sind dabei definierte Rollen: Ein Kunde, repräsentiert durch die Trainer, erteilt einer Projektleitung einen mündlichen oder schriftlichen Auftrag. Diese Projektleitung hat wiederum ein oder mehrere Teams zur Verfügung, um den Auftrag auszuführen. Das klingt nun vielleicht nach einem ziemlich bürokratischen und lustfeindlichen Ablauf.

Das Gegenteil ist der Fall. Die Trainer sind zuerst Bühnen- und Szenarienbildner, verteilen die Rollen und mutieren dann zu Kunden, die – gefühlsbetont nach Laune und Tagesform – vermeintlich sachlich Qualitätsstandards einfordern, mal freundlich reagieren, mal Druck entwickeln, ungehalten auf festgestellte Mängel reagieren, drohen ... usw. usf. *(siehe Kapitel 5.3)*. Sie sind ebenso schwer auszurechnen wie wirkliche Auftraggeber oder Kunden.

Aufgrund eingeschränkter und mitunter schwieriger Informations- und Kommunikationsbedingungen, schwer verständlicher Vorgaben und nicht unmittelbar durchschaubarer Rahmenbedingungen ergeben sich in der Regel Qualitäts- und Zeitprobleme. Es entsteht eine Melange aus Motivation, Leistungsbereitschaft, dem unbedingten Willen, das Ziel zu erreichen, aber ebenso auch ein kaum durchdringbares Gewirr aus Missverständnissen, Enttäuschungen und Frust. Ob am Ende ein triumphaler Erfolg gefeiert wird oder ein Misserfolg verdaut werden muss, ist offen.

Alle Lernprojekte werden zumeist in Kleingruppen sorgfältig ausgewertet und dann im Plenum gemeinsam analysiert. In der ersten Betrachtung dominieren oft strategische, methodische und kommunikative Probleme. Erst auf dem zweiten Blick wird deutlich, wie prägend das emotionale Geschehen wirkt und welche individuellen Resultate und gruppendynamischen Prozesse durch vermeintlich unwichtige Anweisungen, Äußerungen oder Kommentare zustande kommen.

Intros „live" am Flipchart

Die theoretischen Teile werden von den Trainern in sogenannten Intros „live" an Flipcharts und Pinnwänden entwickelt und in Arbeitsgruppen, Übungen und Experimenten vertieft. Hier die Themen und Inhalten im Einzelnen:

Wahrnehmungspsychologie und die „logischen Ebenen" (nach Bateson)

In dieser Sequenz geht es darum aufzuzeigen, dass es für die Führungskraft unerlässlich ist, echtes Interesse für die Mitarbeiter zu entwickeln und dies auch zu zeigen. Vermeintlich profane Fragestellungen wie „Was ist dir wichtig?" gehen über den Fokus Verhalten und Fähigkeiten hinaus und zeigen den Mitarbeitern die Wertschätzung des Chefs immer vorausgesetzt, eine solche ist vorhanden ... Wenn nicht, merken das die Mitarbeiter in aller Regel sehr schnell. Gregory Bateson, genialer Systemtheoretiker der ersten Stunde, hat dafür ein Klassifikationsschema entworfen, das den Zusammenhang von Umfeld, Fähigkeiten, Verhalten sowie von Werten und Glaubenssätzen herstellt. Anhand dieses Schemas können Mitarbeiter- und Feedbackgespräche und andere Interventionen, etwa bei Konflikten, eingeordnet werden. Auch berufsbiografische Entwicklungen der eigenen Person und der einzelnen Mitarbeiter lassen sich so nachvollziehen.

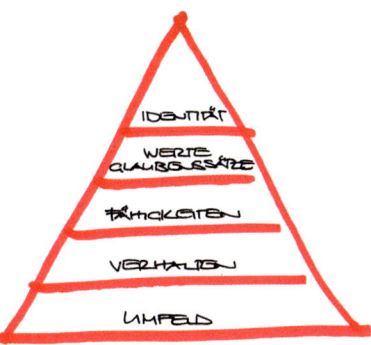

Phänomene der sozialen Wahrnehmung werden über das Paradigma „Jeder Mensch konstruiert sich seine Welt selbst nach seinen eigenen Kriterien" *(siehe Kapitel 4.1)* anhand praktischer Beispiele aus dem betrieblichen Miteinander entwickelt.

Die Rolle der Emotionen beim Führen
(Einstieg in die emotionale und soziale Neurowissenschaft)

In diesem zentralen Trainingsabschnitt wird unter Bezug auf die aktuellen neurowissenschaftliche Erkenntnisse vorgeführt, wie die Emotionen unser Denken und Handeln beeinflussen. LeDoux' neurophysiologischer 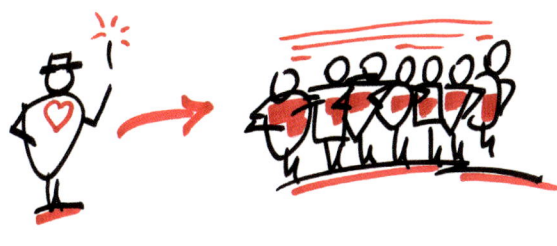 Analyse einer vermeintlichen Schlangenattacke scheint zwar weit hergeholt *(siehe Kapitel 2.1)*, führt indes geradewegs zur immer noch grassierenden Scheinrationalität im Führungshandeln. Hier beeindruckt die Klarstellung von Gerhard Roth: „Da wir (…) all unser Fühlen, Denken und Handeln vor uns selbst und insbesondere auch vor den anderen sprachlich-logisch rechtfertigen müssen, erfinden wir ständig Geschichten." (2001, S. 371).

Speziell im Fokus steht dabei das Thema Motivation. An dieser Stelle lässt sich ein trefflicher Bogen spannen von der klassischen Personalentwicklung zur modernen Hirnforschung. Reinhard Sprengers Band „Mythos Motivation" war 1991 eine freche, aber auch überzeugend hergeleitete Provokation mit dem Leitspruch: „Alles Motivieren ist Demotivieren." (1991, S. 9). Bestätigt werden Sprengers Thesen nun vom

Hirnforscher Manfred Spitzer, der postuliert, dass man nicht „von außen" motivieren kann (Spitzer 2010, S. 149). Von diesem Punkt aus lässt sich – wie es so schön heißt – interaktiv entwickeln, wie das körpereigene Belohnungssystem beim Menschen funktioniert und was das konkret für „Leadership" bedeutet.

Das Modell „Emotionale Führung" (nach Goleman)

Daniel Goleman hat seiner Erfolgsfibel „Emotionale Intelligenz" (1996) einen ähnlich klingenden Titel speziell für Führungskräfte nachgeschoben: „Emotionale Führung" (Goleman et al. 2003). Das Original heißt, weit weniger markschreierisch, „Primal Leadership" und ist ein typisch amerikanischer Ratgeberband, der plastisch und pragmatisch, manchmal etwas überzeichnend, gangbare Wege für gelingende Führung aufzeigt. Golemans griffige Thesen und Beispiele aus dem betrieblichen Alltag schaffen die ideale Verbindung zur vorangegangenen Trainingssequenz „Die Rolle der Emotionen beim Führen". Direkt im Anschluss an diese werden in einem Intro Golemans „Domänen" der zu fördernden Führungskompetenz vorgestellt: Selbstwahrnehmung, Selbstmanagement, soziales Bewusstsein und Beziehungsmanagement (ebd., S. 61). Das hört sich zunächst mal recht banal an, wird indes mittels praktischer Beispiele mit Leben gefüllt und vor allem in den Lernprojekten auf höchst emotionale Weise erfahren.

Die „soziale Architektur" von Teams (nach Riemann/Thomann)

Bewusst technizistisch und etwas lakonisch wird dieser Baustein mit dem Hinweis eingeführt, es gehe darum, die eigene „Betriebsanleitung" lesen und verstehen zu lernen. Um im Jargon zu bleiben: Als „Werkzeug" dazu dient das „Riemann-Thomann-Modell" zur „sozialen Architektur von Teams" (Riemann 2011, Thomann/Schulz von Thun 2000). Mit dem Selbstbewertungsinstrument „Key-4-you"[6] wird

ein Persönlichkeitsprofil zwischen den Polen Dauer – Wechsel und Nähe – Distanz erstellt. Auf dieser Basis entwickeln die Führungskräfte ein graphisches Profil ihres Teams. Dieses Profil eröffnet Einblicke in die Verschiedenartigkeit der Charaktere, zeigt auf, wo Teams ihre Stärken und ihre Optimierungspunkte haben, wie sich die Typologien komplementär ergänzen können und wo „weiße Flecken" zum Vorschein kommen, die noch besetzt werden können. Jede Führungskraft präsentiert ihr Teamprofil in einer Arbeitsgruppe, benennt Problemzonen und erarbeitet im Kollegenkreis Klärungen und Lösungen.

Feedback-Regeln und „Speed-Feedback"

Feedback gelingt dann, wenn sich Feedback-Geber und -Nehmer an bestimmte Regeln halten. Für den Feedback-Geber heißt das: Differenziere zwischen deiner Wahrnehmung und deinem persönlichem Eindruck, gib dein Feedback konkret, konstruktiv und zeitnah ab. Und für den Feedback-Nehmer: Betrachte das Feedback als Geschenk, höre aktiv zu und vermeide Rechtfertigungen.

Angelehnt an die Kontakt-Plattform „Speed-Dating", bei der im Minutentakt Geschäftskontakte geknüpft oder Beziehungspartner gesucht werden, wechseln beim „Speed-Feedback" die Partner im Drei-Minuten-Takt. Geber und Nehmer sitzen sich in einer Stuhlgasse gegenüber, wechseln nach anderthalb Minuten die Feedback-Richtung und nach insgesamt drei Minuten die Plätze mit ihren Sitznachbarn. In einer halben bis dreiviertel Stunde bekommen die Führungskräfte eine in der Regel

---

6 „Key-4-you" ist ein Werkzeug zur sozialpsychologischen Einordnung von Personen und Teams (siehe www.key-4-you.de)

unverkrampfte und meist auch recht direkte Rückmeldung, wie sie die Kollegen in den vorangegangen zweieinhalb Tagen während der Lernprojekte, in den Plenumsdiskussionen und Arbeitsgruppen sowie in den Pausen und am Abend erlebt haben. Für die Beteiligten ist das zwar extrem anstrengend, aber andererseits auch enorm wertvoll.

Was sind die Erfolgsfaktoren von „Leading Teams"? Theorieteile und Lernprojekte wechseln sich ab, ergeben im Zusammenspiel im Idealfall eine dynamische Balance, schaffen innerhalb einer stimmigen Dramaturgie einen treibenden Rhythmus. Die Lernprojekte sind einerseits Trainingslager für das Erspüren der Mechanik von Führung und bilden andererseits das Scharnier zur betrieblichen Ernstsituation. Wenn in den Lernprojekten und -szenarien intensiv agiert und erlebt wird, wenn hier Aktionen und Reaktionen in einen „Flow" münden, dann werden die Lernerfahrungen auch nachhaltig abgespeichert. Immer wieder erstaunt, wie sich Führungskräfte auch nach einigen Jahren noch an kleinste Details erinnern, die sie als Protagonisten eines Lernprojekts erlebt haben.

Die Trainings „Leading Teams" laufen seit 2005 in Deutschland, Österreich, Italien, Rumänien und Singapur. Die Rückmeldungen der Teilnehmer waren durchwegs gut bis sehr gut. Seit 2012 wird das Thema Interkulturalität bei Infineon durch eigene, speziell konzipierte Trainings bearbeitet.

7.2 Neurodidaktik in der Berufsausbildung – Fehlanzeige?

Zu den Lieblingsthemen profilierter Hirnforscher zählt im deutschen Sprachraum die Ignoranz der Schule gegenüber den Erkenntnissen der Neurowissenschaften, was das Thema Lernen anbetrifft. Ob Gerhard Hüther, Manfred Spitzer oder Gerhard Roth – in ihren Vorträgen nehmen sie, wenn es um Bildungsträger geht, meist das schulische Lernen aufs Korn. Die berufliche Bildung, vor allem die Erstausbildung der Lehrlinge bzw. Azubis ist neurodidaktisch gesehen, dagegen noch weitgehend Brachland. Einschlägige Literatur dazu ist kaum zu finden. So beraten Neurowissenschaftler zwar Unternehmen bei der Entwicklung von Lernkonzepten für älte-re Arbeitnehmer oder arbeiten an trendigen Managementthemen wie zum Beispiel Burn-out oder Work-Life-Balance. Die Ausbildung der in der Regel jüngsten Mitar-beiter in den Unternehmen wird dagegen weitgehend links liegen gelassen. Unsere Nachfragen bei Industrie- und Handelskammern in Bayern und Baden-Württemberg sowie beim Bundesinstitut für Berufliche Bildung (BIBB) bestätigen diesen Ein-druck.

Immerhin es gibt ein paar Inseln, auf denen neurodidaktische Ideen auf fruchtbaren Boden fallen. Eine dieser Inseln ist die Wieland-Werke AG in Ulm. Wieland ist als großer Mittelständler weltweit in der Kupferverarbeitung tätig. Die Stadt Ulm, ein so genanntes Mittelzentrum an der Grenze von Bayern und Baden-Württemberg, ist nicht nur Sitz der Firma Wieland, sondern auch der Standort von Manfred Spitzers Transferzentrum für Neurowissenschaften und Lernen. Insofern lag es im wahrsten Wortsinne nahe, dass die Aus- und Weiterbildungsverantwortlichen von Wieland neurowissenschaftlich inspiriert wurden, um sodann den Kontakt zum Transferzen-trum zu suchen und sich fortan punktuell in Projekten beraten ließen. Die Voraus-setzungen dafür waren ohnehin günstig: Wielands Ausbildung war schon seit geraumer Zeit nicht auf das rein Fachliche verengt, sondern ganzheitlich angelegt. So entsandte das Unternehmen ihre Auszubildenden bereits in den 1980er Jahren zu zweiwöchi-gen Outdoor-Trainings, was damals in der Berufsbildungsszene noch als ungewöhn-lich und vor allem als recht mutig angesehen wurde. Schlüsselqualifikationen, oder wie man heute eher sagt, Kernkompetenzen wie Kommunikation, Kooperation, Ver-trauen und Teamfähigkeit wurden in diesen Trainings parallel zur Ausbildung im Unternehmen speziell gefördert und weiterentwickelt.

Der Ausbilder als Coach

Generell versteht die Ausbildungsleitung der Wieland-Werke den Berufsausbilder als Coach. Entsprechend wird er auch auf seine Aufgabe vorbereitet. Das schließt eine Abkehr vom traditionellen Selbstverständnis des Ausbilders mit ein, das sich vorrangig auf die Modi Vormachen, Kontrollieren und Beurteilen stützt. Gefragt ist demgegenüber ein moderner Typus von Ausbilder, der sich als Organisator, Trainer, Berater und Wegbegleiter begreift, der Lern- und Entwicklungsprozesse initiiert, strukturiert und gestaltet (Buckert/Kluge 2008, S. 68).

Eine solcherart modifizierte Grundhaltung des Ausbilders harmoniert natürlich tref-fend mit dem Lernverständnis führender Hirnforscher. So wurde der mediale Mahl-strom, der sich aus Manfred Spitzers benachbartem Forschungszentrum nicht nur in die Fachöffentlichkeit ergießt, auf verwertbare Informationen hin durchleuchtet und im Laufe der Jahre für konkrete Projekte genutzt. Investiert wurde sowohl in Ideen als auch in Zeit: In zwei halbtägigen Workshops analysierte die Ausbildungsleitung gemeinsam mit den betrieblichen Ausbildern das gesamte Curriculum inklusive der praktischen Umsetzung. Unter explizitem Bezug auf die Erkenntnisse der Neurowissenschaften setzte man mit den Dimensionen Bewegung, Ernährung und Entspannung neue Akzente. Einige Neuerungen konnten inzwischen verwirklicht werden:

- Jeweils zu Beginn beziehungsweise am Ende eines Arbeitstags pro Woche steht eine Stunde Sport auf dem Programm, wobei der Akzent auf Ausdauer, Kraft, Beweglichkeit und Konzentrationsfähigkeit gelegt wird. Einige der Ausbilder haben sich dafür besonders qualifiziert und beispielsweise Trainerscheine für die Ausdauersportart „Nordic Walking" erworben. Im gemeinsam körperlichen Tun erleben sich Ausbilder und Auszubildende in einem außerfachlichen Kontext auf neue, unbekannte Weise. Quasi als Nebeneffekt werden so gruppendynamische Prozesse angestoßen und Beziehungen gestärkt.

- Außerhalb der Werkstore absolvieren die Azubis in einem Sportverein und in einem Fitnessstudio unter Anleitung von externen Trainern ein individuell abgestimmtes Trainingsprogramm. Koordination, Ausdauer und Kraft stehen dabei im Mittelpunkt (Wieland International 2012, S. 30).

- Nachhaltigkeit spielt im Spektrum der ausgewählten Sportarten eine herausragende Rolle: So sind beispielsweise Klettern und Bogenschießen in die Programme integriert, da hier besondere Anforderungen an Aufmerksamkeit, Konzentrationsfähigkeit und Sorgsamkeit gelegt werden. Gerade in Prüfungen sind diese Fähigkeiten für die Azubis unerlässlich. Insofern sind diese Aktivitäten eine gezielte mentale Vorbereitung darauf.

- Entspannungstechniken zu Stressbewältigung und Stressabbau vermitteln externe Trainer ebenfalls im Rahmen der Arbeitszeit: Zum Einsatz kommen unter anderem Qigong, Tai Chi, und Yoga.

- Ein weiterer Baustein ist das Thema Ernährung. Im ersten Lehrjahr führt eine Ökotrophologin in die Auswahl und Zubereitung von Lebensmittel ein und begleitet die Jugendlichen in einen Supermarkt zu einer praktischen Erkundung: Die Auszubildenden sollen in Teams jeweils besonders gesunde und besonders ungesunde Lebensmittel aussuchen. Analysiert wird gleich vor Ort. Eingekauft werden dann die Produkte für speziell ausgesuchte Gerichte, die die Auszubildenden in einem Kochstudio gemeinsam zubereiten und anschließend verspeisen. Ergänzt wird dieses Einkaufs- und Kochprojekt durch regelmäßige Frühstücksrunden mit gesunden Zutaten; als Anregungen dient beispielsweise eine „gut gefüllten Obstschale". (ebd.)

Natürlich ist Wielands Konzept einer ganzheitlichen Berufsausbildung, die konzeptionell auch an aktuellen Erkenntnissen der Hirnforschung anknüpft und sich dort Anregungen holt, nur ein erster Schritt in die richtige Richtung. Festhalten kann man jedenfalls, dass hier Wege begangen werden, die anderenorts noch überhaupt nicht ins Blickfeld genommen wurden. Natürlich hängt die Weiterentwicklung solcher, momentan von außen noch exotisch anmutenden Konzepte stark von Personen ab: Hartmut Bress, Leiter Aus- und Weiterbildung bei den Wieland-Werken, hat in den 1980er und 1990er Jahren die Wirkungen handlungsorientierter Bildungsprogramme evaluiert (Bress 1994) und ist insofern überzeugter Protagonist und Treiber der hier nur kurz skizzierten Neuerungen im weiten Feld der Berufsausbildung.

7.3 Neurotische Stadt – City Challenge

Es ist schon etwas außergewöhnlich, wenn der Personalchef eines internationalen Konzerns eine Unternehmensberatung beauftragt, ein schräges, irritierendes und vor allem herausforderndes Training aufzusetzen. Anlass war eine von ihm beauftragte Mitarbeiterbefragung, die ergab, dass die Führungskräfte der interviewten Mitarbeiter kritische Feedbacks vermeiden, Konfrontationen scheuen und Konflikten aus dem Weg gehen würden. Damit war klar, dass weder ein Hochseilgarten noch eine Raftingtour in Frage kämen. Solcherlei Events gelten als verbraucht, ausgelutscht und allenfalls noch als Incentive vermittelbar.

Die beauftragten Trainer griffen also tief in ihren Werkzeugkasten und heraus kam „City Challenge", eine Methode, die ursprünglich aus der Jugendsozialarbeit stammt. 1985 finanzierte die Arbeitsverwaltung in Rotterdam ein herausforderndes Programm für arbeitslose Jugendliche, das rasch Nachahmer fand – unter anderem in Antwerpen, Brüssel und New York City. Arbeitslose Jugendliche sollten sich in fremden sozialen und kulturellen Milieus zurecht finden, also zum Beispiel den Direktor eines Luxushotels in dessen Domizil besuchen oder selbständig in einem Unternehmen einen Termin beim Ausbildungsleiter organisieren und wahrnehmen. Ausgangspunkt war, dass gerade in Metropolen die soziale Durchlässigkeit zwischen Stadtteilen fehlt und speziell Jugendliche aus unterprivilegierten Schichten „ihr Revier" kaum verlassen. In „interkulturellen Expeditionen" sollten sie sich ihnen unbekannte Räume erschließen und neue soziale Codes kennen lernen. Die Methode „City Challenge" wurde später in die Weiterbildung transferiert und dort speziell für Teamentwicklungsmaßnahmen und Führungskräftetrainings, wie das hier beschriebene, modifiziert.

Folgende Ziele definierten die Trainer in Abstimmung mit der Personalabteilung für das Training:

• Konfrontation mit und Bewältigung von emotional herausfordernden Situationen
• Umgang mit Stress
• emotional stimmiges und zugleich reflektiertes Verhalten in potentiellen Konfliktsituationen

- Erfahrung und Integration neuer, ungewohnter Perspektiven zur Entwicklung eines „systemischen Blicks"
- Einholung von Rückmeldungen zur individuellen Energie, Kraft und Wirksamkeit
- Impulse zur Optimierung des eigenen Auftritts und Erweiterung des persönlichen Handlungsspektrums

Neue Perspektiven eröffnen Verhaltensalternativen

Abteilungsleiter und Teamleiter trafen sich also zu einem zweitägigen Training im Wirtsraum einer kleinen Theaterbühne im zentral gelegenen Münchner Glockenbachviertel. Anders als in einem klassischen Seminarhotel ist in diesem Ambiente von Anfang an ein großer Kontrast zum beruflichen Alltag der Teilnehmer gegeben. Im krassen Gegensatz zum möglichst arbeitsplatznahen Lernort („Learning on the Job") sollen im einerseits bekannten, andererseits fremden öffentlichen Raum neue Perspektiven erkundet und damit Verhaltensalternativen erschlossen werden. Die eingebrannten mentalen Muster und somatischen Marker (Damasio 2011) werden also gezielt attackiert, indem die Führungskräfte in ungewohnte, irritierende, ja verstörende soziale Interaktionen geworfen werden.

Das erste Projekt wird in Kleingruppen mit je vier Personen absolviert, dient zum Aufwärmen und beinhaltet viele Kontakte zu einzelnen Passanten. Es lautet:

„Machen Sie mit dieser Polaroidkamera ein Gruppenfoto mit 40 Personen (alle mit Blick zur Kamera) und einem Hund. Vertreten sein müssen mindestens sieben verschiedene Nationalitäten, Senioren, Kinder, drei echte Münchner und ein Polizist."

Was sich im ersten Moment relativ banal anhört, ist in Wirklichkeit sowohl für den Einzelnen herausfordernd als auch für die Gruppe höchst komplex. Die Führungskräfte sind in der Anfangsphase des Projekts gefordert, Passanten, also „wildfremde Menschen" für eine an sich vollkommen alberne Aktion zu begeistern und zu einem zentralen Treffpunkt zu lotsen. Nach den ersten erfolgreichen „Akquisitionen" gilt es, eine kritische Masse von vielleicht acht oder zehn Personen bei Laune zu halten, um die Gruppengröße beständig auszubauen. Gefragt sind hier Begeisterungsfähigkeit, Überzeugungskraft, Frustrationstoleranz und eine unbeirrbare, zähe Nachhaltigkeit, die sich aus einer optimistischen Grundhaltung speist – alles Qualitäten, die eine Führungskraft in ihrem Alltag gut gebrauchen kann. Hinzu kommen organisatorische und koordinatorische Fragen: Wer übernimmt Verantwortung? Wer ist wann für was zuständig? Die Auswertung folgt direkt vor Ort.

Interview mit dem Bürgermeister

Die beauftragten Projektteams werden von Mal zu Mal kleiner: Beim zweiten Projekt besteht die Aufgabe darin, dass jeweils zwei oder drei Teilnehmer Interviews mit Persönlichkeiten des öffentlichen Lebens führen. Dabei geht es weniger um inhaltlich tiefschürfende Themen, sondern überhaupt darum, einen prominenten Menschen in ein mehr oder weniger langes Gespräch zu verwickeln beziehungsweise überhaupt einen Termin dafür zu ergattern. Im hier beschriebenen Training wurden unter anderem folgende Personen interviewt: der amtierende Oberbürgermeister, die Prorektorin der Ludwig-Maximilians-Universität, der stellvertretende Leiter der Hauptfeuerwache, ein Ministerialdirigent des Kultusministeriums, der Direktor eines großen Kaufhauses und ein hoher kirchlicher Würdenträger. Natürlich scheiterten auch viele Versuche kläglich. Während der Pförtner des Rathauses freundlich und ohne weitere Rückfragen die Zimmernummer des Oberbürgermeisters nannte und das Interviewteam nur kurz im Vorzimmer des OB warten musste, um ein – wenn auch kurzes – Gespräch mit dem Amtsinhaber führen zu dürfen, war an der Staatskanzlei bereits an der ersten Hürde des Sicherheitspersonals Feierabend. Trotz großem Willen und einer gehörigen Portion Penetranz sind manche Strukturen und darin agierende Menschen eben nicht zu knacken.

Bei einem weiteren Projekt mit dem vielsagenden Titel: „Was ich immer schon mal machen wollte …" ziehen die Führungskräfte einzeln los. Die Anforderungen und der Schwierigkeitsgrad wird hier individuell gewählt, was zu recht unterschiedlich intensiven Erfahrungen führt. Anspruchsvolle persönliche Projekte waren zum Beispiel Übernachtungen in einem Obdachlosenheim und in der Bahnhofsmission, der unangemeldete Besuch eines Klosters, verbunden mit der Frage nach den Aufnahmekriterien und ein Gespräch mit einer Prostituierten in deren „Verrichtungsraum" in einem Bordell am Stadtrand. Die Teilnehmer trafen sich nach ihren Touren im Wirtsraum des Theaters zur gemeinsamen Auswertung. Diejenigen Führungskräfte, die sich besonders herausfordernde Aufgaben gestellt hatten, berichteten zum Teil noch aufgewühlt und emotional bewegt von ihren Erlebnissen. Einige der weniger Mutigen bereuten ihre mangelnde Chuzpe und nahmen sich vor, beim nächsten Projekt mehr zu wagen.

Essen ohne Geld

Zum vierten Projekt trafen sich die Führungskräfte auf der Plattform oberhalb der „Metzgerzeile" des Viktualienmarkts. Die Trainer sammelten die Brieftaschen und Geldbörsen der Teilnehmer ein und präsentierten mit etwas Pathos und Timbre in ihren Stimmen die Aufgabe: Die Gruppe sollte für das Mittagessen Lebensmittel organisieren, ohne Geld dafür auszugeben. Die erste Reaktionen waren betretenes Schweigen und vorsichtig hinterher geschobene Kommentare wie „Muss denn das sein?", die eher aversiv als erwartungsvoll klangen.

Die Vorstellung, man steht vor der Wurstwarenfachverkäuferin, hinter sich eine Schlange von genervten Münchner Hausfrauen und bricht mit dem Begehren nach kostenloser Bedienung die wichtigste aller Konventionen. „Something for nothing" zu verlangen, fällt so ziemlich jedem in unserer Kultur schwer, vor allem, wenn er von vielen Menschen beobachtet wird.

Aus eigenen Erfahrungen wissen wir als Autoren dieser Zeilen, dass Situationen dieser Preisklasse den ganzen Körper mobilisiert: der Puls geht hoch, die Muskeln spannen sich an, es wird einem heiß – die Bühne der Emotionen reagiert somatisch wie im Abschnitt 2.1 ausführlich beschrieben. Gelingt es nun, den ersten Schock zu überwinden und unerschrocken, frech und phantasievoll in die Arena zu schreiten?

Dies ist der kritische Punkt des Trainings, und nicht selten bauen sich eben an dieser Stelle Widerstände auf, die sofort und vor allem in der Auswertung bearbeitet werden müssen: Manche Führungskraft fühlt sich bedroht und geht in die Gegenoffensive mit dem Argument, man reduziere damit Mittel- und Obdachlosen die Möglichkeiten, ihrerseits kostenlos an Nahrungsmittel zu kommen. Abgesehen davon, dass diese Einschätzung angesichts der Angebote karitativer Organisationen gerade in der Münchner Innenstadt auf tönernen Füßen steht, ist zu fragen, ob hier nicht vermeintlich rationale Erklärungen herangezogen werden, um sich Peinlichkeiten zu ersparen. In der Situation selbst wird der kritische Teilnehmer, solchermaßen konfrontiert, wohl seine Abwehrhaltung verstärken. Mit (zeitlichem) Abstand betrachtet, fällt eine anstehende Selbstbefragung sicher leichter.

Nebenbei: Die eingesammelten Jagdtrophäen der Aktion „Essen ohne Geld" übersteigen fast immer den Hunger und Appetit von Teilnehmern und Trainern. Letztere lassen sich nonchalant zum gemeinsamen Mittagessen einladen. Nicht selten scheitern die Teilnehmer nach Abschluss des Trainings daran, die Reste an Bedürftige zu verteilen. Denn Essen für Bedürftige gibt es in deutschen Großstädten genug.

Im Vordergrund: das individuelle Erleben

Selbstverständlich werden alle Einzelprojekte in der Gruppe ausgewertet, wobei weniger das beobachtbare Geschehen sondern das jeweilige individuelle Erleben im Mittelpunkt steht. Dieses subjektive Erleben an die Oberfläche zu bringen, erfordert von Trainerseite intensives Nachfragen und Nachhaken. Ein Logbuch oder Tagebuch kann bei dieser Introspektion wertvolle Dienste leisten. Beim hier vorgestellten Training waren die jeweiligen Leitfragen bereits vorgedruckt.

Hier jene, die sich auf das Projekt „Essen ohne Geld" bezogen:

• Welche Emotionen nahmen Sie zu Beginn der Aktion bei sich wahr?
• Was ging Ihnen im ersten Moment durch den Kopf?

Zum Beispiel: „Muss das jetzt sein?", „Augen zu und durch!", „Bin gespannt was jetzt kommt!", „Lässt mich der/die jetzt abblitzen?

- Wie gelang Ihnen die Kontaktaufnahme im Laden/an der Theke?
- Welche Strategie hat sich bewährt/welche weniger?
- Was setzten Sie verbal/nonverbal ein?
- Wo erfuhren Sie Ablehnung?
- Wo bekamen Sie positive Reaktionen auf ihr Anliegen?
- Auf was führen Sie die unterschiedlichen Reaktionen zurück?
- Wie endeten die Kontakte? Was glauben Sie, denken die Verkäufer/Verkäuferinnen von Ihnen?
- Was haben Sie mitgenommen aus den Begegnungen?
- Haben Sie Erfahrungen sammeln können, die Sie für Situationen „back home" nutzen können – im Unternehmen/im Privaten?

Wie tief „City Challenge" bei den Teilnehmern nachwirkt, wie weit die anvisierten Ziele wie Verbesserung von Feedbackverhalten, Kritik- und Konfliktfähigkeit erreicht wurden, ist schwer einschätzbar. Die Ergebnisse der darauf folgenden Mitarbeiterbefragung können nicht herangezogen werden, da andere Einflussfaktoren wirkmächtiger sein können als ein zweitägiges Training. Insofern braucht es selbstbewusste und risikofreudige Entscheider, die eine gewisse „Narrenfreiheit" genießen und solche Programme innerbetrieblich durchsetzen können. Natürlich hat „City Challenge" einen exotischen Touch. Andererseits experimentieren Unternehmen, zumindest in wirtschaftlich prosperierenden Zeiten mit Projekten, die den Horizont ihrer Mitarbeiter erweitern und anregen sollen. Bei den Projekten „Seitenwechsel" und „Switch" arbeiten Führungskräfte aus der Wirtschaft für eine begrenzte Zeit beispielsweise in der Flüchtlingsbetreuung, in der Behindertenhilfe, in der Jugendarbeit oder in einem Hospiz, um neue Perspektiven kennen zu lernen. Wenn die Zeiten dann schlechter werden, wenn gar Kurzarbeit oder Entlassungen anstehen, werden die Programme allerdings meist ausgesetzt. (vgl. Crowther 2005 und Deubzer/Feige 2004)

7.4   Neue Welt der Inszenierungen

Berlin verfügt über ein unterirdisches Kanalsystem von mehreren Tausend Kilometern Länge. Das Mischungsverhältnis der darin enthaltenen mineralischen und organischen Stoffe hat dazu geführt, dass sich in diesen Kanälen neben Mikroorganismen auch Spitzkopfaale ansiedeln konnten. Dies waren beste Voraussetzungen für die 3. Weltmeisterschaften im „Sub-City-Fishing", die nach Austragung in Stockholm und Rom in Berlin stattfanden. Teile des Kurfürstendamms wurden speziell für die WM präpariert. An acht Schächten nahmen die Wettkämpfer und Mitglieder des Kampfgerichts Aufstellung. Zeitgleich mit einem Signalton öffneten Arbeiter der Berliner Wasserwerke die acht Kanaldeckel. Die Angler ließen nun, umringt von Presse und Schaulustigen, ihre Köder in die Tiefe gleiten. Schon nach wenigen Minuten begannen Radioreporter, die Sportler während des Wettkampfs zu interviewen, was die Konzentration der Sportler störte. Zudem lauerten Kamerateams vorwiegend privater TV-Sender auf den ersten Fang. Nach fünfzehn Minuten brachte endlich ein Schachtinspektor einen offensichtlich noch lebenden Aal an den Stand der Wettkampfleitung. Gewicht und Länge der Beute wurde gemessen und minutiös notiert. Die WM hatte nun so richtig Fahrt aufgenommen.

Was einerseits irritiert und belustigt, andererseits auch halbwegs plausibel klingt, ist „in Wirklichkeit" eine Inszenierung. Die „Sportler" sind Geschäftsführer, Unernehmensberater, Marketiers, Tourismus- und Kulturmanager, die sich im Rahmen eines Seminars als handelnde Akteure selbst in Szene setzten. Es ist gut dokumentiert, wie sowohl die Printmedien als auch die Fernsehsender zwar mit erstauntem Unterton, aber durchaus seriös und ernsthaft über diese sorgfältig geplante Inszenierung berichteten (Story Dealer 2012). Planung und Vorbereitungen waren aufwändig: Genehmigungen bei der Polizei, beim Tiefbauamt, der Umweltschutzbehörde, Versicherung für fünfhundert Meter Kurfürstendamm für drei Stunden. Dann Material und Ausstattung: Zelt für die Wettkampfleitung, Lautsprecheranlage, Mikrophone, Fischwaage, Anzeigetafel. Im ersten Teil des Seminars, das in einem Berliner Hotel stattfand, legten sich die Teilnehmer, die großteils berufsbedingte Auslandserfahrungen einbrachten, Identitäten mit entsprechenden Lebensläufen zu und entwickelten eine eigene Fachlichkeit: Verhalten der Aale, Köderwahl, Trainingsorte, Strafverfahren wegen illegalem Kanalangeln etc. Sie rüsteten sich so für eine der WM vorausgehenden Pressekonferenz, bei der die unbekannte Sportart und die Akteure vorgestellt wurden. Während des Wettkampfs kam es zu einer Inszenierung in der Inszenierung: Eine Kanalsportlerin wurde von Kameraleuten aufgefordert, einen Aal noch einmal an den Haken zu hängen: „Ziehen Sie doch bitte den Aal noch mal aus dem Gully und tun einfach nur so, als ob ..." (Geißlinger 1999, S. 63).

Ein Kongress als Experimentierfeld

Szenenwechsel. Im Oktober 1992 fand in Heidelberg ein Kongress zum Konstruktivismus statt. Angekündigt wurden namhaften Referenten (u.a. von Glasersfeld, Maturana und Helm Stierlin) und – eher nebenbei – ein Experiment der Story Dealer mit dem Titel „Abwicklung I–IV". An dreihundert von insgesamt tausend Kongressteilnehmern wurden farbige Karten mit kryptischen Aufschriften ausgegeben, worauf nicht bedachte Teilnehmer ihren Unmut äußerten, keine Karte bekommen zu haben. Während der Vorträge standen Mitarbeiter der Story Dealer an der Seite der Vortragssäle mit Blick auf die Zuhörer und beobachten diese. In den Pausen wurden Mikrophone und Kameras im Publikum aufgebaut. Am Abend des zweiten Kongresstags sollten, so die Ankündigung, Zwischenergebnisse bekannt gegeben werden. Anstatt diese nun zu veröffentlichen, fragten die Initiatoren des Experiments, was den anwesenden Interessierten aufgefallen wäre. Nach anfänglichem Zögern wurden immer mehr Stimmen laut, einzelne Referenten seien „getürkt" gewesen. Eine am folgenden Tag durchgeführte Fragebogenaktion ergab, dass 70% der Kongressteilnehmer die Veranstalter verdächtigte, sie würden manipulieren. Am Nachmittag wandelte sich der Vortrag eines Professors der Neurophysiologie in eine Art Kabarettveranstaltung. Lachsalven unterbrechen dessen Ausführungen. Die Zuhörer amüsieren sich. Man ist sich weitgehend einig, dass der Vortragende ein Story Dealer ist. Am Abend werden im Plenum siebenhundert Kongressteilnehmer darüber informiert, dass das Experiment abgebrochen werden soll. Es entspinnt sich eine zweistündige Diskussion darüber, welche Referenten echt und welche nicht echt gewesen seien. Die am häufigsten gebrauchten Begriffe sind dabei „absurd" und „paradox". Bei der folgenden Abstimmung sprechen sich zwei Drittel der Anwesenden für die Fortführung des Experiments aus, worauf die Story Dealer eine Papierrolle entrollen: „Das Experiment ist zu Ende, womit bewiesen wäre, daß es stattgefunden hat." (ebd., S. 64ff.)

Wie kommt Wirklichkeit zustande?

Der besondere Charme dieser Inszenierung liegt zweifellos darin, dass der Konstruktivismus einerseits theoretisch verhandelt und andererseits praktisch demonstriert wird. Indem der Eindruck entsteht, Teile des Kongresses seien ein Fake, verändert sich der Rahmen des Kongresses. Damit wurde – so Geißlinger – die Definitionsmacht und die Sinnkonstruktion vom Veranstalter an die Kongressteilnehmer weitergereicht. „Das Thema des Kongresses, ‚Was ist Wirklichkeit, und wie kommt sie zustande?', hatte sich zu einer auf das eigene Handeln bezogenen Fragestellung transformiert: Was ist Wissenschaft, und wie kommt sie zustande?" (ebd., S. 76)

Die beiden hier kurz zusammengefassten Aktionen sind Klassiker unter den gelungenen großen Inszenierungen konstruktivistischer Provenienz. Akteure wie Beobachter konstruieren sich ihre jeweilige Wirklichkeit. Die Grenzen zwischen diesen beiden Gruppen sind dabei fließend: Letztlich sind es beim „Sub-City-Fishing" die Kamerateams, die Presseleute und die Zuschauer, die das Geschehen verwirklichen. Die Sportangler, das Kampfgericht und die Organisatoren geben lediglich Impulse, während die Beobachter entscheiden, ob die initiierte Wirklichkeit in der intendierten Ausprägung angenommen wird. Auch beim Konstruktivismus-Kongress sind die Teilnehmer diejenigen, die entscheiden, ob ein Experiment wirklich als Experiment wahr- und ernst genommen wird. Die Beobachter sind zugleich Akteure, während die Akteure auch beobachten.

Als Initiatoren unterscheiden die Story Dealer zwischen konstruktivistischen und synergetischen Aktionen. Bei ersteren sind die Seminarteilnehmer selbst die Inszenatoren. Sie entwickeln aus einer skurrilen Idee und einem vorgegebenen Rahmen eine stimmige Geschichte und verdichten sie im Handeln zu einer handfesten und hautnahen sozialen Wirklichkeit (Geißlinger/Stenger 2012, S. 5). Aus einer spielerischen Choreographie heraus entsteht ein erzählerischer Sog, der, indem er sich festigt und nachhaltig Gestalt annimmt, eine eigene Dynamik entfaltet, Akteure und Beobachter zugleich in ihren Bann zieht. Bei den synergetischen Aktionen werden die Teilnehmer in eine Geschichte verwickelt, die sie als real empfinden (sollen). Ein Beispiel dazu: Vierzig Marketing- und Produktmanager landen, anstelle eines gebuchten Luxushotels, in einem alten, an der polnischen Grenze gelegenen Rittergut. Was anfangs als Sammelsurium organisatorischer Pannen erscheint, wächst im Laufe der nächsten beiden Tage zu einem Geschehen heran, dessen Mysterium alles und alle zu fesseln beginnt (ebd., S. 4).

Überfälle auf die Wirklichkeit

Die hier vorgestellten Inszenierungen sind keine klassischen Trainings oder Seminare. Der Anspruch der Story Dealer war auch nie ein originär pädagogischer. Aktionskünstler und Wissenschaftler aus dem Dunstkreis des Konstruktivismus planten und realisierten in den 1980er Jahren „Überfälle auf die Wirklichkeit". Sie begannen ihre „Umtriebe" in der Jugendarbeit mit „phantastischen Reisen", in denen sie Kanu- und Segeltouren mit Abenteuerlichem aufluden: Als beispielsweise bei einer Fahrt die Bordkasse verschwunden war, mussten die Jugendlichen in Touristenorten Geld verdienen und einen Schatz über die Grenze schmuggeln, um die Reise fortführen zu können. Oder sie bekämpften Lachkrankheiten, jagten „trojanische Osterhasen" oder einen Saurier.

Heute konzentrieren sich die Story Dealer und ihre Nachahmer auf Inszenierungen im Rahmen von Organisations- und Personalentwicklungsprojekten. So sind sie etwa Impulsgeber bei großformatigen Veränderungsmaßnahmen in Unternehmen („Change Management"), bieten Trainings für Führungskräfte und Teams an und bedienen mit ihren Angeboten Unternehmen oder Fachabteilungen in Marketing und Public Relations.

Die Zielformulierungen greifen neurowissenschaftliche Forderungen in Bezug auf Lernprozesse auf und erinnern zugleich an Positionen der Erlebnispädagogik: „Individuelles, auf der Grundlage von Erfahrung und Anstrengung erworbenes Wissen schreibt sich tiefer in das Gedächtnis ein, da sein Erwerb, im Gegensatz zum rein kognitiv Vermittelten, von starken Emotionen begleitet ist. Menschen verändern sich also nicht durch das Dozieren und Diskutieren von Sachverhalten. Sie lernen, indem sie aktiv aus ihren Erfahrungen in der Welt Erkenntnisse produzieren. Lernen ist ein Prozess des Herstellens und Erschaffens. Er hinterlässt Nachhaltigkeit vor allem dort, wo nicht nur passiv gesehen oder gehört, sondern gehandelt und erlebt wird." (Geißlinger 2012, S. 3) Die Initiatoren geben Impulse, regen an, irritieren, stören. Der Verlauf der Aktionen oder Experimente ist – anders als in konventionellen Lernzielarrangements – jeweils offen. Ebenso wie bei den Lernprojekten (Abschnitt 5.3) oder bei City Challenge (Abschnitt 7.3) werden Umfeld und Kontext in höchstmöglichen Kontrast zum Lebens- und Arbeitsalltag gesetzt, Strukturen und Prozesse indessen an eben diesem orientiert. Auf diese Weise können neue, ungewohnte Perspektiven eingenommen und alternative Verhaltensweisen erprobt werden. Wenn Dinge verrückt werden, Ordnungen ins Rutschen kommen, Selbstverständlichkeiten nicht mehr gelten, können sich Körper, Seele und Geist neu ausbalancieren. Gerade bei Erwachsenen braucht es ein gehöriges Maß an Störung, um neues Fühlen und Denken auszulösen. Und dafür wird in Risiken investiert. Mehr noch als bei City Challenge und den Lernprojekten müssen die Initiatoren dieser Inszenierungen mit einem stabilen Nervenkostüm ausgestattet sein. Anders wäre der Stress wohl nicht zu bewältigen.

Im Piemont einen Olivenbaum ausgraben ...

Die Frage ist nun, ob Inszenierungen der vorgestellten Form als exotische Farbtupfer in der Bildungslandschaft randständig bleiben oder ob sie, befördert durch zum Beispiel neurowissenschaftliche Erkenntnisse zur Rolle der Emotionen beim Lernen, einen sicheren Platz im breiten Methodenspektrum der Weiterbildung finden werden. 1999 verwies Hans Geißlinger, Hauptpromotor und Kopf der Story Dealer etwas euphorisch auf die „heutigen Auftraggeber ... (die) ... in den Chefetagen europäischer Unternehmen ..." sitzen würden sowie auf wohlwollende Berichte in den Printmedien Welt, Focus, ZEIT und SPIEGEL (ebd., 12ff.). All dies könnte man als Indiz (auch) für quantitative Erfolge interpretieren. Befragungen von Weiterbildungsträgern und freiberuflichen Trainern deuten dagegen darauf hin, dass der Trend in Richtung Arbeitsplatznähe, kurze Veranstaltungen und gegen Kreativität und Experimentierfreudigkeit läuft (Graf 2011, Wuppertaler Kreis 2011). Nach unserer Einschätzung (und eigenen Erfahrungen als Trainer im verwandten Sektor „City Challenge") sind die Inszenierungen stark konjunkturabhängig. Wenn das Geschäft floriert und die Unternehmen hohe Gewinne ausweisen können, leistet man sich solche Experimente. Wenn dagegen die Märkte schwächeln, werden Projekte, wie die eben vorgestellten, als erstes gekippt. Dennoch: Outdoor-Trainings beispielsweise waren Anfang der 1990er Jahre in vielen Unternehmen mit konservativen Kulturen undenkbar. Nach nur einem Jahrzehnt hatte sich das radikal verändert. Und heute fährt eine 40 Personen starke Gruppe der Daimler AG für ein paar Tage ins Piemont, um einen über hundert Jahre alten Olivenbaum auszugraben, zurück nach Sindelfingen zu verfrachten und unter großem Spektakel in einem werkseigenen Museum wieder einzupflanzen. Inszenatoren waren die Story Dealer. Ob man das als ökologisch nachhaltig bezeichnen kann, ist eine andere Frage.

8 Capriccios – Lernwege, Gespräche, Essays, Briefe

Im Italienischen bedeutet Capriccio so viel wie Laune oder Schrulle, und wenn es gelungen ist, dann kann auch ein Kunstwerk so bezeichnet werden. Wenn jemand kapriziös ist, dann kann er oder sie launisch sein oder scherzhaft, eigenwillig und geistreich und darf dabei die Regeln durchbrechen. Wir wagen uns also weit vor ins Feld der Fantasie, der Kreativität, der Schriftstellerei, des Feuilletons und hoffen, dass unsere Leser die gleiche Freude empfinden – es darf auch ein bisschen weniger sein –, als wir beim Schreiben. Natürlich sind auch wir inspiriert worden. Bei den Lernwegen hat uns ein Vortrag von Edmond Tondeur auf den Weg gebracht. Die erdachten Gespräche sind selbstverständlich keine neue Technik. Berühmten Persönlichkeiten fiktive Fragen zu stellen und aus dem Puzzle der Publikationen ein Frage-Antwort-Spiel zu basteln, hat zu allen Zeiten und in allen Gesellschaftsschichten Spaß gemacht. Sich von Gemälden zum Nachdenken über Erziehung und Bildung anregen zu lassen, führt auf die Bildbetrachtung der Kunsterziehungsbewegung zu Zeiten der Reformpädagogik zurück. Und wer seine Europamüdigkeit und seine Verwilderungswünsche ausleben will, der kann sich an den Briefen des Afrikaners Lukanga Mukara erfreuen.

8.1 Lernwege – Lernen auf den Weg bringen

Aus 14 Stationen besteht der Kreuzweg, mit denen Katholiken den Leidensweg Christi gehend, betend, und meditierend nachempfinden. 14 Anregungen zum Thema Lernen enthält der folgende Text. Lernwege haben wir das genannt, weil man sich durchaus gehend, nachdenkend und diskutierend die Thesen aneignen kann. Wie bei einem Lernspaziergang wird eine These vorgestellt, dann kann man schweigend weitergehen, die These wirken lassen und sich dann zehn Minuten oder länger mit einem Partner austauschen und anschließend bei einer kurzen Pause der Gruppe über die Inhalte des Gesprächs berichten – und das wiederholt sich vierzehn Mal. Oder die 14 Thesen werden irgendwo im Freien, an Bäumen, Heuschobern, Zäunen angeschlagen, so dass man sie zum Beispiel auf einem Rundweg vorfinden und diskutieren kann. Gut eignet sich auch ein kleiner See, den man so umrunden kann. Und natürlich können diese Thesen auch in und um ein Bildungshaus angeschlagen werden.

Angeregt hat uns Edmund Tondeur (Lotmar, Tondeur 1996 und Tondeur 1997), frei-beruflicher Berater und Autor, der im Rahmen eines Seminars an der Wildnisschule Schweiz[7] seine Thesen mit einer ähnlichen Methode vermittelt hat.

1. Lernen – eine Grundqualität

Ist Lernen eine Grundqualität unseres Lebens, so wie atmen, sich bewegen, Freude empfinden, Schmerz fühlen, fühlen, lieben, hassen? Ich lerne, also bin ich? Kann man nicht lernen? Lernt man immer? Von Geburt an? Notgedrungen? Automatisch? Was macht man, wenn man nicht lernt? Oder sind die Lernwege vorgezeichnet? Ist die Freiheit, die wir durch das Lernen erreichen, nur eine Fiktion, wie der freie Wille, den es nach Libet (2007) nicht gibt?

Anregung: „Gibt es wirklich keinen freien Willen? Ist er eine notwendige Fiktion? Wie kann man vorgezeichnete Lernwege, siehe die Ergebnisse der PISA-Studie für Deutschland, beeinflussen und ändern?"

2. Lernen – ein Kinderspiel?

Wir spielen, um zu lernen – meldet die Biologie. Im Spiel bereiten sich Kinder auf den Ernst des Lebens vor. Sie lernen zu siegen, zu verlieren, etwas durchzustehen, sich unterzuordnen, sich einzuordnen, Freunde und Feinde zu finden, Gutes und Schlechtes zu tun.
- Dürfen Pädagogen/innen Lernspiele erfinden? Oder verdirbt dies das Spiel?
- Können Kinder zu verspielt sein?
- Möglichst lange spielerisch lernen oder früh in die Vorschule? Wann beginnt der Ernst des Lebens, wann soll oder muss er beginnen?
- Ballett, Klavier, Reiten oder (und) Baumhaus, Räuber und Gendarm, Ballspiele auf der Wiese?

Anregung: „Kennen Sie Lernspiele? Welche pädagogischen Theorien stehen für die Verbindung von Spielen und Lernen? Wenn man in Kindheit und Jugend am meisten lernt, wie viele Lernpsychologen behaupten, muss man dann diese Zeit nicht auch dazu nutzen? Zu viel Spiel, zu viel Ernst – finden Sie Beispiele dafür, wo die Waage stimmt!"

---

7 Die „Wildnisschule Schweiz" wurde 2004 zu „Planoalto", aus „Planoalto" zweigte sich wenige Jahre später „nature & healing" ab.

3. Der Mensch, das Mängelwesen
(Gehlen 1974, zit. nach Altenthan 1993, S. 36)

Der Mensch wird nicht nur zu früh geboren (Portmann 1956, zit. nach ebd., S. 37), er könnte ohne fremde Hilfe nicht überleben. Er ist im Vergleich zu anderen Primaten organisch unfertig und unspezialisiert. Im Gegensatz zum Tier fehlen ihm ausgeprägte Instinkte (Tinbergen, zit. nach ebd., S. 35). Diese biologischen Mängel gleicht er durch Lernen aus. Wir sind sozusagen zum Lernen verdammt.

Anregung: „Sind wir wirklich Mängelwesen und instinktreduziert? Wieso und wann vergeht uns bald die Lust am Lernen?
Um Ideen, Beispiele, Assoziationen wird gebeten."

4. Der Ernst des Lebens

Irgendwann wird aus spielerischem Lernen eine ernste Sache. Erwachsene trennen zwischen Beruf und Freizeit, zwischen Ernst und Spiel, zwischen Notwendigkeit und Vergnügen, zwischen Anstrengung und Erholung: „Am siebten Tage sollst Du ruhen!". Das Lernen ist anstrengend, entscheidet über die private und berufliche Zukunft, ist mit Schweiß und Angst verbunden. Jenseits des Notwendigen ist das Fest, die Feier, das Spiel, der Urlaub, der Sport.

Anregung: „Wo und wie könnte man auch weiterhin spielerisch lernen?
Wann und wie könnte Lernen Spaß machen? Ginge das immer, oder gibt es Ausnahmen? Oder geht es nur in seltenen Fällen?
Wo „muss man einfach durch"?"

5. Lebenslanges Lernen

Oder ganz modern: Lifelong Learning! Nicht besonders modern, dieses Schlagwort. Hier drei Beweise:

Wilhelm Busch – vor fast 200 Jahren mit Humor und Sprachgeschick und flüssigen Reimen:

Quelle: Prof. Fritz und Sybille Haase/Deutsche Post AG

141

Johann Wolfgang v. Goethe, ein Zeitgenosse von Goya,
in den „Wahlverwandtschaften":

„Es ist schlimm genug, rief Eduard, dass man jetzt nichts mehr für sein ganzes
Leben lernen kann. Unsere Vorfahren hielten sich an den Unterricht, den sie in ihrer
Jugend empfangen; wir aber müssen jetzt alle fünf Jahre umlernen, wenn wir nicht
ganz aus der Mode kommen wollen."

Francisco de Goya: Aun aprendo. Das Gemälde heißt wirklich:
„Noch lerne ich" und nicht: Noch lebe ich!

Anregungen: „Lebenslang – was verbinden Sie damit? Lernen wir wirklich
ein Leben lang oder ist es nur ein schöner Wunsch? Lernen
wir uns zu Tode? Haben wir nicht ein Recht auf eine entspann-
te zweite Lebenshälfte?"

6. Vom Ende des Lernens

„Genau in dem Augenblick, von dem an wir nicht mehr geneigt oder befähigt sind zu lernen, setzt unser psychisches Altern ein." (Manès Sperber) Die Euphorie des lebenslangen Lernens wird durch die Ergebnisse der Hirnforschung etwas gedämpft. Erwachsene lernen langsamer, weniger, vergessen mehr, und manche lernen kaum mehr dazu, so Lernpsychologen wie Walter Siebert oder Gehirnforscher wie Gerhard Roth oder Gerald Hüther. „Wer über 30 Jahre alt ist, dessen Seele wird hart wie Gips." (William James)

Anregungen: „Was spricht für die These? Was spricht dagegen?
Welche Lebensphasen sind besonders lernintensiv?
Wie änderte sich Ihr Lernstil im Laufe Ihres Lebens?
Um Beispiele, Argumente, Ideen wird gebeten!"

7. Ursprünge des Lernens

Haben Menschen schon gelernt, als sie nicht davon redeten, darüber forschten, sich Vorstellungen davon bildeten? Damals galt: „Der Apfel fällt nicht weit vom Stamm?" oder „Wie die Alten sungen, so piepsen auch die Jungen?" oder „Was Hänschen nicht lernt, lernt Hans nimmermehr." Früher, einfacher, unaufgeregter, besser?

Anregungen: „Lernen früher war Nachahmung, Vorbild, Überlieferung,
Erfolg und Irrtum, auch Überleben. Geht das heute noch:
Lerninseln bilden wie Summerhill, Salem oder Wildnis-,
Wald-, Waldorf-, Naturerlebnispädagogik, die die komplexe
Wirklichkeit ausgrenzen? Wo, wie, warum, mit wem?!

8. Entlernen

Ist in der Informations- und Wissensgesellschaft entlernen nicht genauso wichtig geworden wie lernen? Lernen wir zuviel? Sind Schule und Hochschule Orte der Wissensmast? Haben hier persönliche Beziehungen und emotionales Lernen noch Platz? Wann ist der Kopf (zu) voll? Müssen wir Platz machen für das Neue? „Der Vielwisser ist ganz müde vom Vielen, das er nicht zu denken hatte." (Karl Kraus)

Anregungen: „Verdirbt Wissen so schnell wie Südfrüchte oder wie getrocknete Feigen? Was muss man wissen, um einen Beruf ausüben
zu können, ein ordentlicher Bachelor- oder Masterabsolvent
zu werden? Welche Lerninhalte haben Verfallsdaten? Welche
nicht? Müssen wir Methoden, Techniken, Strategien erfinden,
um den Bildungsabfall und den Wissensmüll entsorgen zu

können? Oder brauchen wir heute so viel Wissen, um morgen handeln zu können? Oder brauchen wir Wissen, das wir gelassen vergessen können, weil es uns nachhaltig geprägt hat?"

9. Lob der Torheit (Erasmus von Rotterdam)

„… Laß uns einfältig werden
Und vor dir hier auf Erden
Wie Kinder fromm und fröhlich sein!"
(Matthias Claudius).

„Von der schweren Krankheit des Denkens …
(Kapitel aus: Ernst Scheuermann: Der Papalagi)

„Die Weißen denken zu viel."
(Parin, Morgenthaler, Parin-Mattèy 1963)

Macht Nichtwissen lebendig? Wenn wir keine Erwartungen, Vorstellungen, Vorwissen, Einstellungen haben, ist alles, was geschieht, einfach das, was geschieht. Wenn wir zu viel wissen, glauben, meinen, sind wir oft auf dem Holzweg, machen die Schublade auf. Müssen wir alle Tafeln löschen, uns wieder leer machen, zum Nichtwissen zurückkehren, nur mehr zuhören und wahrnehmen können um eigentlich zu lernen?

Anregungen: „Geht das so überhaupt? Sind wir Gefangene unseres Wissens und unserer Erfahrung, die nicht mehr staunen können? Wo brauchen wir das und wo behindert es uns? Wann, zu welchem Anlass, ist der Weg zum Nichtwissen die bessere Voraussetzung des Lernens?"

10. Lernen heißt Veränderung

Jemand fragte Mulla Nasreddin: „Wie alt bist Du eigentlich?" „Vierzig", sagte Mulla Nasrreddin. „Aber das hast Du schon gesagt, als ich dich vor drei Jahren traf." „Gewiss," erwiderte Mulla Nasreddin, „damals sagte ich, ich bin vierzig. Das sage ich auch heute, ich nehme mein Wort nie zurück. Bei mir gilt: ein Mann, ein Wort."

Berthold Brecht – Geschichten vom Herrn Keuner: „Ein Mann, der Herrn K. lange nicht gesehen hatte, begrüßte ihn mit den Worten: Sie haben sich gar nicht verändert.' Oh!' sagte Herr K. und erbleichte."

Hans Kudszus: „Was lange währt, geht bald zu Grunde."

Anregungen: „Ist Lernen bedrohlich, weil es Veränderungen bringt? Muss
Lernen eine Zumutung sein? Ist Lernen ein Wagnis? Lernen
Erwachsene nur mehr bei emotionaler Erschütterung?"

11. Ist der Mensch nicht einfach dumm und schlecht?

Albert Einstein: „Zwei Dinge sind unendlich: das Universum und die menschliche
Dummheit. Aber beim Universum bin ich mir noch nicht ganz sicher."

„Dummheit ist lernbar" – der Buchtitel hat vor 40 Jahren (Jegge 1991) einigen Wider-
hall gefunden, umso mehr, als er von einem Lehrer stammte.

Ludwig Wittgenstein schreibt an Bertrand Russell: „Die Leute hier in Trattenbach
sind schlecht." Russell an Wittgenstein: „Alle Menschen sind schlecht!" Wittgenstein an Russell: „Aber die Menschen hier in Trattenbach sind schlechter!"

Anregungen: „Können wir lernen und dabei dümmer werden als zuvor?
Ist weniger Wissen mehr? Aber um wie viel weniger?
Auf welches Wissen können wir verzichten und welches ist
unverzichtbar?"

12. Lange Lernprozesse, einprägsame Erfahrungen

Manches merken wir uns gleich – die Hand auf der heißen Herdplatte –, vieles braucht
Wiederholung – die Vokabeln einer Fremdsprache –, einiges vergessen wir – was wir
so auf die Prüfung lernen müssen. Wir haben unterschiedliche Geschwindigkeiten
beim Lernen. Manches wirkt nach.

Margaret Read (1960) beschreibt in ihrem Buch „Children of Their Fathers: Growing
Up among the Ngoni of Nyasaland" das Schlussritual einer Mädcheninitiation. Die
alten Frauen töpfern die Symbole der Ngoni, die Götter und Geister, die Ornamente,
die Weisheiten. Nachts im Fackelschein werden den Mädchen diese getöpferten Welt-
anschauungen kurz gezeigt, dann werden sie zu Boden geworfen. Sie zerschellen,
und übrig bleibt ein Scherbenhaufen. Frau Zeigarnik kann das erklären: Unerledigte
Handlungen und beeindruckende Erlebnisse werden besser behalten als abgehakte
Lerninhalte. Die Restspannungen, die nicht eingetretene Wunscherfüllung, die be-
eindruckenden Erlebnisse sind Ursache dafür, dass Unerledigtes besser im Gedächtnis haften bleibt als erledigte Handlungen. Und im Sinne der Gestaltpsychologie will
das Individuum die Angelegenheit selbst vollenden, damit daraus eine „gute" Gestalt
wird.

Anregungen: „Wer braucht welche Lerngeschwindigkeiten? Wie können wir Lernen verlangsamen ohne zu den Verlierern der Gesellschaft zu gehören? Prägung ist ein wichtiges und auch ein gefährliches Element der Erziehung. Wer und was hat Sie geprägt?"

13. Lernen durch Erfahrung

„Wann haben Sie zum letzten Mal etwas zum ersten Mal erlebt?" so fragt BMW in einem Werbespot. Geschickt? Oder?

Anregungen: „Kann man über sich selber etwas erfahren, wenn man immer und nur über sich nachdenkt? Oder braucht man Erfahrungen, die zu Erkenntnissen werden? Und wie geht das? Oder brauchen wir Betroffenheit, Ergriffenheit, damit wir gepackt werden vom Thema? Bei welchen Lerninhalten braucht man Erfahrung – die Induktion – und wo braucht es den Weg von der Theorie zur Praxis?"

14. Wahrheit und Weisheit

Zweimal Nasreddin Hodscha:
- Ein Wahrheitssucher stürmt in ein Haus, weil er gehört hat, dass dort ein Weiser wohnt. Er packt die Hand des Mannes, der auf einem Gebetsteppich sitzt und bittet um Unterweisung. „Ich habe Dir drei Dinge zu sagen", spricht der Mann. „Erstens bist Du viel zu aufgeregt, um etwas zu verstehen. Zweitens stehst Du auf meinem Fuß. Und drittens bin ich der Gemüsehändler, der Weise wohnt nebenan."
- Zwei kleine Jungen wollen einen weisen Mann prüfen. Sie überlegen sich: Wir nehmen einen kleinen Vogel hinter unserem Rücken in die Hand und fragen den Weisen, ob das was wir in der Hand halten, tot oder lebendig ist. Sagt er tot, dann zeigen wir ihm den lebenden Vogel, sagt er lebendig, dann zerdrücken wir den Vogel. Sie stehen also vor dem weisen Mann und fragen ihn. Er denkt lange nach und antwortet dann: „Ob das Ding in eurer Hand tot oder lebendig ist, weiß ich nicht. Ich weiß nur: Ihr habt es in der Hand!"

Anregungen: „Wissen und Weisheit, Intelligenz und Klugheit, Verstand und Vernunft – sind das gegensätzliche Paare? Schließen sie sich aus? Ergänzen sie sich? Was haben sie mit Erlebnissen und Erfahrungen zu tun und was mit Wissen, Können, Lernen?"

146

8.2 Michel de Montaigne, Immanuel Kant, Peter Handke – drei erdachte Gespräche

Zugegeben, der Kunstgriff ist nicht neu, aber er ist immer wieder bewegend und belebend.[8] Wir haben zwei Philosophen und einen Poeten ausgewählt. Das Interview mit Michel de Montaigne zeigt, wie sehr wir uns irren mit unseren Innovationen. Viele Ideen wurden zweimal oder mehrfach gedacht, oder auch nur abgeschrieben und vereinnahmt. Immanuel Kants kleine Schrift über die Erziehung hat große Wirkung gezeigt. Es ist immer noch eine Fundgrube für Inspiration und Diskussion. Ein Poet, Pilger, Pacemaker ist Peter Handke. Viele seiner Romane beziehen sich auf das Gehen, Wandern, Umherziehen und Beobachten. Seine Notizen „gestern unterwegs" sind ein Füllhorn, nicht nur für Bibliophile, sondern auch für Pädagogen und Wanderer.

Michel de Montaigne: Wir haben nicht die Aufgabe, Weisheit in uns anzuhäufen.

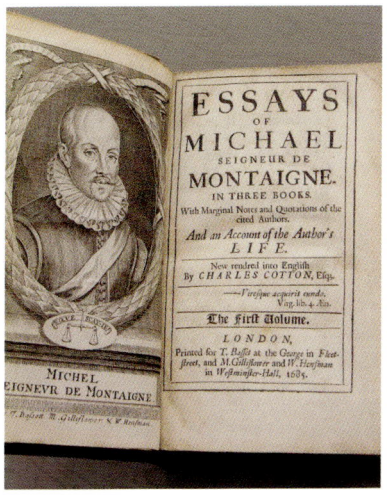

Michel de Montaigne lebte von 1533 bis 1592, studierte Rechtswissenschaften in Toulouse und Bordeaux. Er war Steuerrat, Parlamentsrat, Reisender und Bürgermeister. Für seine „Essais" zog er sich auf sein Schloss zurück. Er bezieht sich auf die Römer und nimmt Rousseau vorweg, mit Blick auf die Antike bereitet er die Aufklärung vor. Seine geistige Unabhängigkeit, seine Gedanken zur Erziehung sind erfrischend, überraschend, anregend und letztlich sehr modern.

---

8 Michl, Schödlbauer, 1999

Wir gestehen, Herr Montaigne, dass wir ordentlich nervös sind, und nicht genau wissen, wie wir in unser Gespräch einsteigen sollen.

Montaigne: ... wer mit dem Anfang nicht zurechtkommt, kommt mit dem Ende erst recht nicht zurecht ...

Wir veröffentlichen gerade ein Buch über Hirnforschung, Konstruktivismus und Lernen und hoffen, dass wir von Ihnen noch etwas lernen können. Zum Beispiel interessiert uns Ihre Meinung zu Wissenschaft und Wissen.

Montaigne: ... als ich älter wurde, habe ich gesehen, ... daß die Gelehrteren nicht immer die Gescheiteren sind. Aber noch heute bin ich mir unklar darüber, wie es möglich ist, daß eine Seele, die so vielerlei Dinge in sich aufgenommen hat, dadurch nicht lebensvoller und aufgeweckter wird, und daß ein roher und gewöhnlicher Geist sich nicht verfeinert, wenn er es dauernd zu tun hat mit den Überlegungen und Urteilen der ausgezeichnetsten Geister, die auf der Welt gelebt haben.

Braucht es nicht Gelehrte, die ihr Wissen an die nachfolgende Generation weitergeben?

Montaigne: Ich habe in meinem Leben Hunderte von Handwerkern und Arbeitern kennengelernt, die weiser und glücklicher waren als Universitätsprofessoren, und denen ich lieber ähnlich sein möchte. Gelehrtes Wissen ist zum Leben ebenso notwendig wie Ruhm, Adel und Würde ...

Eltern setzen viel Hoffnung in die Erziehung. Ihre Kinder sollen gescheiter und klüger werden als sie, mehr wissen und dadurch mehr aus ihrem Leben machen.

Montaigne: ... nur darauf sehen die Eltern bei uns und nur dafür zahlen sie, daß uns die Köpfe mit Wissen vollgestopft werden; ob dadurch Urteilsfähigkeit und sittliche Kraft erreicht wird, danach fragt man kaum. (...) Wir wollen gewöhnlich wissen, wenn wir über den Erfolg der Ausbildung urteilen, ob er Griechisch oder Lateinisch kann, ob er in Prosa oder in Versen geschickt zu schreiben versteht usw., aber ob er im Ganzen besser und lebenstüchtiger geworden ist, das bleibt unerörtert; und das war doch das eigentliche Ziel.

Nun, es ist wirklich schwierig nachzuweisen, ob jemand gebildet und weise ist.

Montaigne: Das deutlichste Anzeichen der Weisheit ist eine immer gleichbleibende Heiterkeit.

Schön und gut, aber liegt darin schon eine erfolgreiche Erziehung?

Montaigne: Wir haben nicht die Aufgabe, Weisheit in uns anzuhäufen, sondern etwas mit ihr anzufangen.

Es geht also darum, was wir mit dem Wissen anfangen!

Montaigne: … aus unserem Zögling soll ja schließlich ein Vollmensch und nicht ein Gelehrter werden.

Und wie erreichen wir das?

Montaigne: … das Wichtigste ist, Lust und Liebe zur Sache zu wecken; sonst erzieht man nur gelehrte Esel, und man erreicht nur, daß sie einen Sack voll totes Wissen, das ihnen eingeprügelt ist, mit sich herumtragen; aber man darf das Wissen, wenn es richtig wirken soll, nicht nur in sich anhäufen, es muß ganz unser eigen werden.

Und das passiert momentan nicht?

Montaigne: Gewöhnlich schreit man uns beim Unterricht fortgesetzt in die Ohren, wie wenn man etwas in einen Trichter gießt; die Lernenden haben dann nur zu wiederholen, was ihnen gesagt worden ist: gerade diese Methode sollte er (der Erzieher) verbessern.

Leider hat sich da nicht viel geändert!

Montaigne: Unsere Jugend führt in den Internaten ein Kerkerleben.

Vermutlich waren zu Ihrer Zeit körperliche Strafen normal?

Montaigne: Meine Erfahrung lehrt mich, daß man mit Prügeln nichts weiter erreicht als die Menschen feige, böse und bockig werden zu lassen.

Gut, was bleibt also an Möglichkeiten über?

Montaigne: … z.B. das Spiel … da hat jeder reichlich Gelegenheit, sich zu beobachten, wie er wirklich ist, und sich gerecht zu beurteilen. In keiner anderen Situation kann ich mich so von allen Seiten besehen und befühlen; wir stehen da unter dem Druck vieler Leidenschaften, so des Zorns, des Ärgers, des Hasses, der Ungeduld und eines stürmischen Ehrgeizes, weil wir gewinnen wollen.

Vielleicht braucht man mehr spielerische Ansätze? Das Kleinkind lernt am meisten durch das Spiel!

Montaigne: … man muß ja daran denken, daß das Spielen für die Kinder kein Spielen ist und daß man es als ihr ernstes Tun ansehen und danach beurteilen muß …

Wir brauchen aber auch im Unterricht das Spiel. Geben Sie uns ein Beispiel!

Montaigne: … Griechisch kann ich fast gar nicht. Mein Vater hatte die Idee, es mir durch Unterricht beibringen zu lassen, aber mit einer neuen Methode; in der Form eines Lehrspiels. Wir spielten Ball und sagten dabei die Deklinationen auf; etwa so, wie man manchmal die Schüler mit Hilfe des Spielbretts in Arithmetik und Geometrie einzuführen sucht. Denn es war ihm unter anderem geraten worden, er solle versuchen, in mir die Lust zum Lernen und zu meinen Pflichten durch das Prinzip der Freiwilligkeit wachzurufen; ich sollte selber den Wunsch danach empfinden.

Das überzeugt uns sehr! Ihr Vater war offensichtlich ein geschickter und einfühlsamer Pädagoge.

Montaigne: Zum Beispiel teilte er (der Vater) die übliche Ansicht, daß es für das zarte Gehirn der Kinder schädlich ist, wenn man sie früh plötzlich weckt und gewaltsam aus dem Schlaf reißt (...); deshalb ließ er mich immer durch zarte Instrumententöne wecken; täglich mußte immer jemand diesen Dienst versehen.

Sehr eindrucksvoll, Herr Montaigne, aber das klingt schon ein wenig nach Verwöhnung. Muss man in der Erziehung nicht auch manchmal Leistungen fordern, Ziele setzen und auch Grenzen? Auch wer es im Sport zu etwas bringen will, muss sich quälen. Ihr Freund war doch ein guter Fechter!

Montaigne: Ich habe noch die bleigefüllten Stöcke gesehen, mit denen er für das Balkenwerfen und Steinschleudern sowie für das Fechten trainiert haben soll, und Schuhe mit bleibeschwerten Sohlen, mit denen er Leichtigkeit im Lauf und im Sprung zu erzielen suchte.

Ja, nur so wird man Höchstleistungen erzielen. Der Reiz liegt in der Herausforderung, und dann muss man sich in die Materie vertiefen.

Montaigne: Es gibt viel schwierige Situationen in der Welt, über die man am besten hinwegkommt, wenn man sie leicht und oberflächlich anpackt, wenn man darüber hinwegrutscht und nicht tief hineintritt.

Wir zögern zwar etwas mit unserer Zustimmung, aber es mag sicherlich auch zutreffen, wenn man manchmal Dinge aussitzt.

Montaigne: Nichts verhindert den rechten Genuß so wie der Überfluß. (...) Mangel und Überfluß lassen uns im Grunde gleich unbefriedigt.

Da stimmen wir zu! Heutzutage ist der Mangel manchmal pädagogisch wichtiger.

Montaigne: Es hilft nun einmal nichts: wer aus dem Jungen einen richtigen Mann machen will, der darf ihn bestimmt in den jungen Jahren nicht verschonen; und es ist unvermeidlich, daß man dabei oft gegen die Vorschriften der Medizin verstößt. Es genügt nicht, ihm die Seele zu stählen; man muß ihm auch die Muskeln stählen: es wird zu viel von der Seele verlangt, wenn sie keine Unterstützung erhält: allein ist sie der doppelten Belastung nicht gewachsen.

So weit würden wir nicht gehen! Erziehung als Abhärtung ist verpönt, aber das Kind bzw. der Jugendliche …

Montaigne: … gewöhnt sich an die Abhärtung durch Schwitzen und Frieren, durch Wind und Sonne, durch das Risiko, das er verachten lernen muß. Er soll sich alle Verzärtelung, alle Empfindlichkeit gegen Kleidung und Schlafstätte, gegen ungewohntes Essen und Trinken abgewöhnen; er muß alles aushalten können; er soll kein Zierbengel werden, sondern ein kräftiger, munterer Junge.

Nein, das meinten wir nicht! Bleiben wir doch bei der alltäglichen Erziehung.

Montaigne: Von Anfang an sollte er (der Erzieher) den Kinderseelen, die ihm anvertraut sind, die Dinge hinzeigen, so wie sie sie verstehen können, so daß sie ihre Freude daran haben, daß sie sie unterscheiden und ihre Wahl treffen lernen; manchmal sollte er dabei führen, manchmal sie selbst den Weg finden lassen …

Soll so auch das schulische Lernen funktionieren?

Montaigne: Als Unterrichtsform wird man einmal das Lehrgespräch, ein andermal die Lektüre wählen: das eine Mal wird der Lehrer direkt nach einer für seinen Zweck geeigneten Originalabhandlung unterrichten, dann wieder wird er ihm (dem Schüler) das Mark der Sache, den wesentlichen Inhalt, gut vorgekaut darbieten …

Und Sie sind der Meinung, dass Stofffülle reduziert werden muss?

Montaigne: Wenn wir uns überlegen wollten, was eigentlich und natürlich für unser Leben notwendig ist, so würden wir finden, daß das meiste, was man gewöhnlich lernt, für unseren Zweck unbrauchbar ist …

Es geht also vor allem um das anwendbare Wissen?

Montaigne: Der Schüler soll nicht nur über die Worte, sondern vor allem über den Sinn und den Inhalt dessen, was er gelernt hat, Auskunft geben können; der Nutzen, den er davon gehabt hat, soll sich nicht im Gedächtnis, sondern bei der Anwendung im Leben zeigen …

Wir teilen Ihre Meinung. Wir wollen uns noch einem anderen Thema zuwenden: der Lerntheorie des Konstruktivismus, sehr aktuell und neu. Vermutlich gab es solche Denkmodelle nicht vor mehr als 400 Jahren?

Montaigne: Nehmen wir einmal an, ein Philosoph würde in einem Käfig aus weit auseinanderstehenden Eisenstangen gesteckt werden und dieser oben an einem Turm des Notre Dame in Paris gehängt. Sein Verstand sagt ihm dann offenbar, dass es unmöglich aus dem Käfig herausfallen kann; trotzdem kann er, wenn er nicht gerade nebenbei Dachdecker ist, sich nicht dagegen wehren, dass der Blick von dieser riesigen Höhe ihm Angst und Schrecken einjagen wird.

Ein schönes Beispiel für die Relativität der Wahrnehmung!

Montaigne: Denkt man sich einen Balken zwischen die zwei Türme gespannt, so dick, dass man bequem darauf gehen kann; keine philosophische Weisheit ist so haltbar, dass sie uns den Mut spenden könnte, auf dem Balken zu gehen, wie wir es ohne weiteres tun würden, wenn er auf der Erde läge.

Stimmt. Dieses Prinzip gilt auch für manche Übungen im Hochseilgarten! Aber der Konstruktivismus hat mit der Subjektivität der Wahrnehmung zu tun.

Montaigne: Wie die Sinne unseren Verstand betrügen, so werden sie auch selbst betrogen; manchmal zahlt unsere Seele den Betrug, den sie erfährt, mit gleicher Münze heim: sie belügen und betrügen sich gegenseitig um die Wette. (…) Was wir lieben, erscheint uns schöner, als es ist (…) und was uns ärgert, hässlicher; einem bekümmerten Menschen scheint der helle Tag verdunkelt und verschleiert. (…) Das erste, was ich über die fünf Sinne des Menschen denke, ist, daß ich es als zweifelhaft hinstelle, ob er über alle Sinne verfügt, die es gibt … Denn wenn einer fehlt, kann der Mangel durch unseren Verstand nicht entdeckt werden.

So konstruiert jeder seine eigene Welt.

Montaigne: Wir sind nie recht zu Haus; wir schweben immer irgendwie über der Wirklichkeit. Befürchtungen, Hoffnungen, Wünsche tragen uns immer in die Zukunft; sie bringen uns um die Möglichkeit, das, was jetzt ist, zu fühlen und zu beachten; statt dessen gaukeln sie uns Dinge vor, die einmal kommen sollen, vielleicht erst dann, wenn wir gar nicht mehr existieren.

Das wird schon schwierig mit der Kommunikation. Dazu kommen auch noch der Alltag und die Gewöhnung.

Montaigne: Die Gewöhnung stumpft unsere Sinne ab … Schmiede und Müller z.B. könnten den Lärm um sie herum nicht aushalten, wenn er ihnen ebenso laut klänge wie uns.

So leben Schmiede und Müller in ihrer eigenen Welt – wie auf einem anderen Kontinent!

Montaigne: Wenn die Vögel sich Götter erfinden, wie sie es höchstwahrscheinlich tun, sehen diese Götter sicher aus wie sie selbst; damit verherrlichen sie sich wie wir Menschen uns.

Ja, das erinnert uns an das wunderbare Kinderbuch „Fisch ist Fisch" von Leo Leonni, in dem der Fisch den Frosch nicht versteht, der von der Welt außerhalb des Wassers erzählt.

Montaigne: Das Menschenauge kann von der Wirklichkeit nur erfassen, was seiner Aufnahmefähigkeit entspricht. (…) Das erste, was ich über die fünf Sinne des Menschen denke, ist, daß ich es als zweifelhaft hinstelle, ob er über alle Sinne verfügt, die es gibt … Denn wenn einer fehlt, kann der Mangel durch unseren Verstand nicht entdeckt werden …

So wird die Welt relativ und subjektiv.

Montaigne: Das Ergebnis ist dies: es gibt keine irgendwie feststehende Existenz dessen, was wir als unser Wesen, noch dessen, was wir als Außenwelt bezeichnen; wir selbst, unser Urteil und alles, was sterblich ist, zerfließt immer wieder und rollt unaufhörlich dahin. Da sowohl der urteilende Mensch als auch die beurteilte Außenwelt ewig unsicher sind, kann über beide nichts Sicheres ausgesagt werden.

Wie wahr! Herr Montaigne, wir werden die Rückreise antreten. Das Reisen haben sie mehrfach lobend erwähnt?

Montaigne: Es übt uns dauernd in der Beobachtung neuer, unbekannter Dinge. Ich kenne, wie ich schon oft gesagt habe, keine bessere Schule für unsere Bildung, als dass wir fortgesetzt anderen, ganz verschiedenen Lebensführungen, Launen und Herkommen entgegentreten und dadurch schätzen lernen, in wie wechselnder Weise die menschliche Natur Gestalt gewinnt.

Alle Zitate aus:
Michel de Montaigne: Die Essais. Stuttgart 2005 (Reclam)

Immanuel Kant: „Die Welt ist groß genug für alle"

Immanuel Kant (1724 – 1804) gilt als der bedeutendste deutsche Philosoph. Er begründete die deutsche Aufklärung, mit der eine Zeitenwende begann: „Aufklärung ist der Ausgang des Menschen aus seiner selbst verschuldeten Unmündigkeit. Unmündigkeit ist das Unvermögen, sich seines Verstandes ohne Leitung eines anderen zu bedienen. Sapere aude! Habe Mut, dich deines eigenen Verstandes zu bedienen!", so Immanuel Kant. In der Zeit der Aufklärung ist die Pädagogik sprichwörtlich erfunden worden. 1770 wurde an der Universität Halle der erste Lehrstuhl für Pädagogik gegründet. Seine Schrift „Über die Erziehung" (1803) zeigt, wie wichtig Erziehung und Bildung in der Zeit der Aufklärung werden. John Locke begann mit „Some Thoughts Concerning Education" (1693), Jean-Jacques Rousseau folgte mit seinem berühmtesten Werk „Emil oder über die Erziehung" (1762).

Sehr geehrter Herr Kant, der Begriff der Erlebnispädagogik, heute so modern, hat in Ihrer Zeit noch keine Bedeutung gehabt. Aber dass die Natur eine große Lehrmeisterin ist, hat schon Ihr philosophischer Kollege Jean-Jacques Rousseau festgestellt. Glauben Sie denn, dass die Bewegung in der Natur etwas zur Charakterbildung beitragen kann?

Kant: Es ist sehr bewunderungswürdig, wenn man lieset, wie die Schweizer sich schon von Jugend auf gewöhnen, auf den Gebürgen zu gehen, und zu welcher Fertigkeit sie es darin bringen, so daß sie auf schmalen Stegen mit völliger Sicherheit gehen, und über Klüfte springen, bei denen sie es schon nach dem Augenmaße wissen, daß sie gut darüber wegkommen werden. Die meisten Menschen aber fürchten sich vor einem eingebildeten Falle, und diese Furcht lähmt ihnen gleichsam die Glieder, so daß alsdann ein solches Gehen für sie mit Gefahr verknüpft ist. Diese Furcht nimmt gemeiniglich mit dem Alter zu, und man findet, daß sie vorzüglich bei Männern gewöhnlich ist, die viel mit dem Kopfe arbeiten."

Nun gut, was aber können Kinder und Jugendliche von der Natur oder von der sportlichen Betätigung oder vom Spiel lernen?

Kant: Alle Dinge sind so beschaffen, daß der Verstand erst den sinnlichen Eindrücken folgt, und das Gedächtnis diese aufbehalten muß. Die Übung im Werfen, teils weit zu werfen, hat auch die Übung der Sinne, besonders des Augenmaßes, mit zur Absicht. Das Ballspiel ist eines der besten Kinderspiele, weil auch noch das gesunde Laufen dazu kömmt. Überhaupt sind diejenigen Spiele die besten, bei welchen neben den Exerzitien der Geschicklichkeit, auch Übungen der Sinne hinzukommen, z. E. (zum Exempel) die Übung des Augenmaßes, über Weite, Größe und Proportion richtig zu urteilen.

Das bestätigt auch unsere Annahmen über die Erlebnispädagogik! Aber wie könnten diese sportlichen Übungen in die Natur versetzt werden?

Kant: z. E. das Vergnügen, sich aus einem Wald herauszufinden, und zwar dadurch, daß man sich die Bäume merkt, an denen man vorbeigegangen ist ...

Herzlichen Dank für diesen Spieltipp, den wir gerne an Sozialpädagoginnen und Erzieher weitergeben. Haben Sie noch weitere Empfehlungen?

Kant: Die Schaukel ist auch eine gute Bewegung; selbst die Erwachsenen brauchen sie zur Gesundheit, nur bedürfen die Kinder dabei der Aufsicht, weil die Bewegung sehr geschwinde werden kann. Der Papierdrachen ist ebenfalls ein tadelloses Spiel.

Geht es nicht auch darum, die Selbsttätigkeit von Kindern und Jugendlichen zu fördern?

Kant: Kinder haben gerne Instrumente, die Lärm machen, z. E. Trompetchen, Trommelchen und dergl. Solche taugen aber nichts, weil sie andern dadurch lästig werden. Dergleichen wäre indessen schon besser, wenn sie sich selbst ein Rohr so schneiden lernten, daß sie darauf blasen könnten. Überhaupt wäre es besser, wenn man im Anfange weniger Instrumente gebrauchte, und die Kinder mehr von selbst lernen ließe, sie möchten dann manches viel gründlicher lernen.

Gehört nicht zu allem Lernen die Begeisterung, das Aufgehen in der Sache? Der ungarische Psychologe Czikzentmihaly spricht vom Flow.

Kant: Der Mensch muß auf eine solche Weise okkupieret sein, daß er mit dem Zwecke, den er vor Augen hat, in der Art erfüllt ist, daß er sich gar nicht fühlt.

Wie bedeutsam ist denn die Wirklichkeit; hängt damit die Effizienz des Lernens zusammen?

Kant: Man ist unter andern auch darauf verfallen, die Kinder alles, wie im Spiele, lernen zu lassen. Dies tut eine ganz verkehrte Würkung. Das Kind soll spielen, es soll Erholungsstunden haben, aber es muß auch arbeiten lernen. Man muß das Gedächtnis nur mit solchen Dingen beschäftigen, an denen uns gelegen ist, daß wir sie behalten, und die auf das würkliche Leben Beziehung haben. Er (*der Zögling*) muß früh den unvermeidlichen Widerstand der Gesellschaft fühlen, um die Schwierigkeit, sich selbst zu erhalten, zu entbehren, und zu erwerben, um unabhängig zu sein, kennen zu lernen.

Die Erlebnispädagogik sieht es als eine ihrer wichtigsten Aufgaben an, die negativen Folgen der materiellen Verwöhnung dieser Generation auszugleichen.

Kant: Manche Eltern freuen sich, wenn ihre Kinder frühzeitig altklug reden können. Aus solchen Kindern wird gemeiniglich nichts. Eben deshalb muß man denn aber auch der Eitelkeit frühzeitig in ihm (*dem Kind*) entgegenarbeiten, oder, richtiger gesagt ihm nicht Veranlassung geben, eitel zu werden. Das geschieht aber, wenn man Kindern schon frühe davon vorschwatzt, wie schön sie sind, wie allerliebst ihnen dieser oder jener Putz stehe, oder wenn man ihnen diesen als Belohnung verspricht und erteilt. Und es hilft denen auch nicht, die durch allzugroße mütterliche Zärtlichkeit in der Jugend geschont werden, denn es wird ihnen weiterhin nur desto mehr, von allen Seiten her, widerstanden, und überall bekommen sie Stöße, sobald sie sich in die Geschäfte der Welt einlassen.

Was folgt daraus für Sie?

Kant: Der Mensch ist das einzige Geschöpf, das erzogen werden muß. Der Mensch kann nur Mensch werden durch Erziehung. Der Mensch ist das einzige Wesen, das arbeiten muß. Ein Prinzip der Erziehungskunst, das besonders solche Männer, die Pläne zur Erziehung machen, vor Augen haben sollten, ist: Kinder sollen nicht dem gegenwärtigen, sondern dem zukünftig möglichen bessern Zustande des menschlichen Geschlechts, das ist: der Idee der Menschheit, und deren ganzer Bestimmung angemessen, erzogen werden.

Das klingt wie ein unerreichbares Ziel. Franz Kafka spricht in seinem „Brief an den Vater" davon, dass die Erziehung so selbstverständlich „geschieht", aber das schwierigste Geschäft überhaupt ist.

Kant: Zwei Erfindungen der Menschen kann man wohl als die schwersten ansehen: die der Regierungs- und die der Erziehungskunst nämlich …. Daher ist die Erziehung das größeste Problem, und das schwerste, was dem Menschen kann aufgegeben werden …; denn hinter der Edukation steckt das große Geheimnis der Vollkommenheit der menschlichen Natur. Wenn einmal ein Wesen höherer Art sich unserer Erziehung annähme, so würde man doch sehen, was aus dem Menschen werden könne.

Gut, Erziehung ist also eine der größten Aufgaben der Menschheit, aber was ist das größte Problem in der Erziehung.

Kant: Eines der größten Probleme der Erziehung ist, wie man die Unterwerfung unter den gesetzlichen Zwang mit der Fähigkeit, sich seiner Freiheit zu bedienen, vereinigen könne. Denn Zwang ist nötig! Wie kultiviere ich die Freiheit, bei dem Zwange? Ich soll meinen Zögling gewöhnen, einen Zwang seiner Freiheit zu dulden, und soll ihn selbst zugleich anführen, seine Freiheit gut zu gebrauchen.

Welche Rolle spielen bei Ihrem Verständnis von Erziehung die Schule und das Schulwissen?

Kant: Erst muß man Experimentalschulen errichten, ehe man Normalschulen errichten kann. … Die untern Kräfte haben für sich allein keinen Wert, z. E. ein Mensch, der viel Gedächtnis, aber keine Beurteilungskraft hat. Ein solcher ist dann ein lebendiges Lexikon. Auch solche Lastesel des Parnasses sind nötig, die, wenn sie gleich selbst nichts Gescheutes leisten können, doch Materialien herbeischleppen, damit andere etwas Gutes daraus zu Stande bringen können.

Können Sie uns zum Schluss des Gespräches noch einen Leitspruch mit auf den Weg geben?

Kant: Und dies könnte jeder zu seinem Wahlspruche machen. Wir dürfen uns nicht einander lästig werden; die Welt ist groß genug für uns alle."

Herr Kant, wir danken für das Gespräch.

Alle Zitate aus:
Immanuel Kant: Über die Erziehung. München 1997 (dtv)

Peter Handke: So wie es „Bedenkzeiten" gibt, so auch Bedenkwege.

Peter Handke (geb. 1942) wird geschmäht und geschätzt. Er begann mit der „Publikumsbeschimpfung" als Enfant terrible der deutschen Literatur, verstörte mit „Die Innenwelt der Außenwelt der Innenwelt" die Lyrikszene und wurde wegen seines Reiseberichts ins ehemalige Jugoslawien von nahezu allen Feuilletons verrissen. Handke ist nicht nur Dichter, Romancier und Denker, er ist auch leidenschaftlicher Fußgänger, Beobachter der Außenwelt und der Innenwelt. „Gute Literatur kommt aus dem Erleben der Dinge und der Gerechtigkeit diesem Erlebnis gegenüber, aus nichts anderem.", so Peter Handke in einem Interview mit André Müller am 3. März 1989. (In: DIE ZEIT) Damit steht er dem erlebnis- und handlungsorientierten Lernen sehr nahe.

Sehr geehrter Herr Handke, Sie stehen in einer großen Tradition gehender Dichter und Denker. Johann Gottfried Seume, Heinrich Heine, Robert Walser, das sind nur ein paar dieser Dichternomaden, die sich das Schreiben und Leben nicht ohne Gehen vorstellen konnten. Sie sind auch ein Gehender … .

Peter Handke: Merke es dir endlich: das Gehen ist (d)eine Erkenntnis – das lange, ausgreifende, vielfältige Gehen, über Berg und Tal (…); die Welt will von deinen Schritten durchfurcht werden – ja, ich muß mehr über die Hügel stürmen.

„Wie einer geht so denkt er" hat einmal Thomas Bernhard geschrieben. Das Gehen wirkt sich also auf die Seele aus?

Peter Handke: Gestern: Die märchenhaft verwandelte Welt durch das Gehen; die Häuser, die Gesichter, die Fledermäuse, der Wein, die Dämmerung, die Lichter des Ankunftsorts, alles wurde märchenhaft (…). Also: Auf! Das Gehen als der Maschinist der Seele.

Ist es wichtig, einfach zu gehen oder kann man das differenzierter sehen?

Peter Handke: Das Flußauf(wärts)gehen gibt die Energie des Entgegengehens.

Eine spannende Beobachtung! Gegen den oder mit dem Fluss gehen sind nicht nur sprachliche Metaphern. Gegen den Fluss gehen kann auch bedeuten: zu den Quellen, zu den Ursprüngen zu kommen. So könnte eine biografische Reise beginnen, flussaufwärts bis zur Geburt. Aber dazu braucht man Zeit.

Peter Handke: So wie es „Bedenkzeiten" gibt, so auch Bedenkwege.

Bedenkwege muss man langsam gehen.

Peter Handke: „Wo hast du deine Langsamkeit gelernt?" – „In der Gefahr." (…) Verb für die Ruhe: „füllt aus".

Manchmal ist es mehr als Bedenkzeit, das Gehen hilft uns auch dabei, persönliche Probleme zu mildern, zu lösen. Auch Sie leiden, so schreiben Sie, unter Schwermut.

Peter Handke: Aber ich bin schon noch von Schwermut bedroht. Nur weiß ich inzwischen, wie ich sie loswerden kann, durch Gehen zum Beispiel. Wäre mir die Möglichkeit des Gehens genommen und ich wäre ans Zimmer gebunden, würde ich blind werden vor Schwermut. Es gibt Tage, an denen sie gar nicht kommt, manchmal nur fünf Minuten, manchmal auch eine halbe Stunde. Dauert sie länger, wird es schon unerträglich.

Ist es dann besser allein zu sein mit seinen Problemen?

Peter Handke: Manchen darfst du von keinem Problem erzählen (Betonung auf „erzählen"), sie kommen sofort mit Ratschlägen.

Es ist also eine Selbsttherapie, vielleicht durch Stille und Staunen?

Peter Handke: Gesundwerden durch Staunen.

Könnten Sie das etwas genauer beschreiben?

Peter Handke: Der Staunende sieht, was anders ist; der aufhört zu staunen, sieht nur noch, was gleich ist; nein er sieht nicht einmal das Gleiche, er hört überhaupt auf zu sehen, registriert nur noch; oder so: wer nicht mehr staunt, der hat die Zwischenräume, oder Durchlässe, verloren.

Sie lassen sich von der Natur inspirieren?

Peter Handke: Es („es") fängt bei mir nicht mit den Dingen an, sondern mit einer Bewegung: Geht eine Bewegung (eines Zweigs, einer Wolke) auf mich über, bezieht sie mit der Zeit, auch die Dinge im Kreis mit ein, deren Bewegungen, oder deren Stillstände, deren Farben und deren Formen; beobachten die Dinge, das kann ich nicht – sie gehen nur mittels, anhand, an der Bewegung, die mich belebt oder anweht oder anmutet (herrliche deutsche Sprache immer wieder) auf mich über und/oder in mich ein.

Nachdem Sie wortwörtlich ein Einzelgänger sind, ist auch viel Stille um Sie herum.

Peter Handke: Stille: der Tag zählt (Wegluft in den Mund. Und der Augenhöhle); und dazu die wiederholte Stille: die Phänomene der Stille haben sich zu wiederholen, damit die Stille „sich darstellt" (zum Beispiel gerade als Wind im winterlichen Buchengebüsch, als Klirren der Äste); und die Schwierigkeit: die Stille dann in sich zu bewahren, für eine wenn auch noch so kleine Dauer – statt „eine Zeitlang" oder „ein Augenblick" setz immer wieder „eine kleine Dauer".

Sie lassen Erlebnisse auf sich wirken?

Peter Handke: Zeichen eines Erlebnisses, das seinen Namen verdient: Indem es sich ereignet, setzt in dir das Schweigen ein, und das Gerede in dir, auch dasjenige, welches das geläufige für sogenannte „Erlebnisse" ist, vor allem dieses, hört mit einem (sanften) Schlag auf, und in der sich ausbreitenden Stille wirst du erlebt haben, zum Beispiel jetzt das Glitzergrau des Granits von Galizien im Sprühregen: Schneisen der Stille und Lichts und des „schweigenden Lebens der regelmäßigen Formen in der Stille".

Und muss man nun diesen Erlebnissen gerecht werden, wie Sie einmal gesagt haben?

Peter Handke: Schöpferisch ist wohl (auch), das Erlebte in Ruhe zu lassen und so auszubreiten.

Also muss nicht jedes Erlebte reflektiert und besprochen werden? Was ist ihr Rat?

Peter Handke: Sich Sprachlosigkeit anbefehlen, zeitweise; in der Sprachlosigkeit die Welt sich ausbreiten lassen.

Wie viel Wissen braucht man, um die Erfahrungen sortieren zu können?

Peter Handke: Sinne und Leidenschaften reden und verstehen nichts als Bilder. In Bildern besteht der ganze Schatz menschlicher Erkenntnis und Glückseligkeit.

Muss man denn nicht, um Bilder zu verstehen, gebildet sein?

Hört mir auf mit all den „Gebildeten" – Gebildet ist nur, wer beseelt ist von dem, was er weiß oder erfahren hat; und welchem beseelten Wisser bist du je begegnet?

Wie lernen Sie denn etwas dazu?

Peter Handke: Am meisten lerne ich durch die Varianten des Immergleichen.

Aber Sie machen doch stets neue Erfahrungen!

Peter Handke: Kann man nicht, statt „um eine Erfahrung reicher", manchmal sagen: „um eine Erfahrung ärmer?"

Ja, sicher, eine treffende Beobachtung. Aber Sie brauchen den äußeren Anstoß?

Peter Handke: Du kannst nur von innen dazulernen; das Äußere ist bloßer Anstoß.

Lernen Sie im Freien besser?

Peter Handke: An das, was ich im Freien gemacht habe, erinnere ich mich in der Regel deutlicher als an das in den Innenräumen.

Wir fragen uns, was daraus für den Lehrenden folgt?

Peter Handke: Lehre nicht, doch, wenn du lehrst, dann so, als habest du es staunend eben erst selber erfahren.

Das ist mit Sicherheit ein guter Hinweis. Aber ist dann nicht gleich der Ernstfall besser, als nur so zu tun, als sei es neue Erfahrung?

Peter Handke: Gebet um Befreiung von der Sorge: „Laß endlich den Ernstfall eintreten, damit ich die Sorge los bin und handeln kann."

Sehr geehrter Herr Handke. Wir sind am Ende unseres Gesprächs angekommen, wie der Wandernde, der sein Ziel erreicht.

Peter Handke: An einem Ort treffe ich erst ein, wenn ich dort aufatme.

Alle Zitate aus:
Peter Handke: Gestern unterwegs. Aufzeichnungen November 1987 bis Juli 1990.
Salzburg und Wien 2005 (Jung und Jung)

8.3 Bilder und Bildung – drei Essays

Wie hängen Bilder mit Bildung zusammen? „Ein Bild sagt mehr als tausend Worte", belehrt uns ein Sprichwort. Stimmt nicht immer, aber oft! Die Kunsterziehungsbewegung zu Beginn des 20. Jahrhunderts hat die bildende Wirkung von Gemälden betont. Dabei ging es nicht darum, selbst zu malen, sondern durch die Betrachtung von Gemälden berührt und bewegt zu werden. Und das Neue an dieser Bewegung war, dass nicht die Belehrung im Mittelpunkt stand, sondern das Erlebnis. „Dies Bildnis ist bezaubernd schön", durfte man also singen. Die drei folgenden Bildbeschreibungen oder vielleicht trifft es der Begriff Essay besser, auch als Versuch gemeint, transportieren grundlegende pädagogische Ideen des erlebnis- und handlungsorientierten Lernens, die in diesen Gemälden immer zum Nachdenken anregen werden.

Raffael (1483–1520): Die Schule von Athen (1509/1510).

In der Stanza della Segnatura des Vatikans stößt man auf das Gemälde, oder besser auf das Fresko. „Die Schule von Athen" von Raffael. Womöglich ergreift den Pädagogen dort das berühmte Aha-Erlebnis: Das ist seminaristischer Unterricht! Das Gemälde ist 2012 über 500 Jahre alt und genauso aktuell wie am ersten Tag. Das ist also seminaristischer Unterricht, nein, es ist mehr, es ist eine Geschichte des Lernens oder noch präziser, eine Geschichte über das Lernen.

Der erste flüchtige Eindruck: Eine Schule soll das sein? Hier sitzt niemand auf Stühlen, niemand doziert und niemand schreibt sitzend in gebeugter Haltung, mit krummem Rücken, mit. Keine Front ist zwischen Lehrer und Schülern aufgebaut, daher auch kein Schützengraben, kein Hierarchiegefälle, das sich schon durch das Stehen des Lehrers und das Sitzen der Schüler ausdrückt. Wo wird hier gelehrt? Und wer ist der Lehrer? Schule? Nein, eigentlich ist es ein Sauhaufen! Jeder geht rein und raus, wann er will. Manche sind weit weg mit ihren Gedanken, andere stehen einfach rum, einige schreiben fleißig mit und diskutieren. Jeder folgt dem eigenen Lerntempo. Der Aphoristiker Stanislaw Jerzy Lec stellte fest: „Vieles hätte ich verstanden, wenn man es mir nicht erklärt hätte."

Der zweite, ebenfalls noch flüchtige Eindruck: Da liegt in der Mitte des Bildes auf einer Treppe ein halbnackter Mann, links neben ihm ein Becher. In der linken Hand hält er ein Blatt Papier, das er aufmerksam liest. Stellen Sie sich vor, in Ihrem Vorlesungssaal läge ein halbnackter Student, der sich einen Dreck um Ihren Unterricht schert und irgendein belangloses Pamphlet studiert! Wahrscheinlich würden Sie ihn schnell ermahnen, vermutlich aber würden Sie ihn aus dem Vorlesungssaal bitten. Vielleicht würden Sie ihn in schneidendem Ton anbellen: „Entweder Sie ziehen sich was an oder Sie verlassen sofort den Saal!" In Raffaels Fresko stört sich niemand an dem halbnackten Diogenes, dem Hippie des Altertums. Er stört nicht und wird in Ruhe gelassen. Einer Anekdote zufolge warf er später die Tasse fort, da er ein Kind sah, das Wasser aus den Händen trank. Er ist ein Asket, der auf fast alles verzichten kann.

Der Blick dringt nun tiefer und höher und ins Freie; der blaue, wolkige Himmel ist im Hintergrund. Ach ja, Peripatos ist die Wandelhalle. Hier wird im Gehen philosophiert, nicht nur drinnen, sondern auch draußen, Indoor und Outdoor, denn der Blick führt ins Freie. Hölderlin kommt in den Sinn, einige Zeilen aus der Elegie „Brot und Wein": „So komm, dass wir das Offene schauen, dass ein Eigenes wir suchen, soweit es auch ist …". Oder wieder das „Zentrum für Hochschuldidaktik – DiZ": Einen Workshop zum Thema „Stimmbildung und Sprechtraining" leitete Werner Michl mit der Geschichte von Demosthenes ein, der mit Kieselsteinen auf der Zunge und gegen das Rauschen des Meeres sprach, um seine Rhetorik zu verbessern. „Meer gibt es hier nicht", wandten kritische Stimmen ein. „Aber Berge", konterte Michl. Und so fand der Workshop in den Voralpen statt. Heinrich Heines Belsazar wurde auf der Viehweide rezitiert, Kleingruppen diskutierten am sonnigen Waldrand, paarweise Reflexion – natürlich gehend, und die gesamte Auswertung wieder in den Wandelhallen des DiZ.

Zurück zu Raffael: zwischen dem halbnackten Diogenes und dem Blick ins Offene bleibt der Blick hängen an den zwei größten Philosophen der Antike, Platon und Aristoteles. Sie gehen und diskutieren in der Mitte des Bildes, scheren sich nicht um ihre Schüler, die links und rechts ein Spalier bilden. Platon zeigt in Richtung Himmel und verweist so auf die Welt der Ideen. Aristoteles deutet zum Boden, als wolle er seinen Gesprächspartner auffordern, am Boden zu bleiben, den Ball flach zu halten. Dies ist der einzige Dialog in diesem Gemälde. Die Lehre ist sozusagen das Abfallprodukt der wissenschaftlichen Diskussion, oder etwas freundlicher formuliert, die Schüler und Studenten sind selbst für ihren Lernprozess verantwortlich. Sie müssen um ihr Wissen kämpfen, es sich aktiv aneignen. Übrigens: Wie wäre es denn, wenn zwei Lehrer oder zwei Professoren unterrichten würden, vielleicht sogar während einer Exkursion, also im Gehen, beim Unterwegssein. Selbstverständlich gibt es dafür einen Terminus aus dem englischen: Teamteaching. Würde der Unterricht doppelt so spannend werden, vorausgesetzt, die beiden Lehrer ergänzten und befruchteten sich?

Fast überall ist Bewegung in diesem Bild – Bewegung, Bildung, Begegnung. Wo ist die Begegnung? Die Menschen auf Raffaels Bild kommen aus allen damals bekannten Erdteilen, ein Orientale, ein Grieche, ein Ägypter, und hier diskutieren Philosophen, Poeten, Mathematiker und andere Gelehrte miteinander. Heute bezeichnen wir das als interdisziplinären Unterricht, eine fachübergreifende und internationale Begegnung. Hier begegnen sich auch die berühmten Persönlichkeiten der Antike: Platon, Aristoteles, Diogenes, Zoroaster, Pythagoras, der hl. Matthäus, – um nur einige zu nennen – und schließlich ist Raffael selbst auf der rechten Seite des Bildes zu entdecken. Alle Altersgruppen sind vertreten, vom Kleinkind bis zum Greis, vom Heranwachsenden bis zum Mann im besten Alter. Zugegeben: die Frauen fehlen, aber das Fresko ist so wunderbar, dass wir Raffael diesen Lapsus verzeihen sollten.

Das Alter der Personen nimmt, von links nach rechts, entsprechend unserer Leserichtung, zu. Das könnte ein Hinweis auf lebenslanges Lernen sein. Moderne Bildungspolitiker und viele Professoren, also jene, die das lebenslange Lernen meistens schon beendet haben, nennen das „Lifelong Learning." Wie Raffael zeigt, war es schon vor 500 Jahren aktuell. Also, liebe Lernmanager, Personalentwickler und Erwachsenenbildner: lebenslanges Lernen ist ein wichtiges Anliegen, neu ist es nicht.

Die mehr als 50 Personen dieses Bildes zeigen auch die Möglichkeiten des seminaristischen Unterrichts bzw. die Variationen des Lernens auf: Zuhören und Diskutieren, Lesen und Reden, Schreiben und Abschreiben, Nachdenken und Verstehen, umher Gehen und eine Pause einlegen, Bewundern und Belehren, Argumentieren und Demonstrieren, Fragen und Beobachten, Nachahmen und Ausprobieren. Da gibt es Lerngruppen mit sehr unterschiedlichen Lernstilen. Im rechten Vordergrund befindet sich eine Gruppe von Menschen, die miteinander diskutieren, lernen, ein Problem lösen. Der Lehrer scheut keine Mühen und kniet unbequem, damit die Tafel auf der er mit seinem Zirkel Strecken abgreift, für die vier Studenten sichtbar ist.

Diese vier Studenten verkörpern auch die Stufen des Erkenntnisprozesses:
- Nicht nur der Anfang der Philosophie liegt im Staunen, wie Sokrates feststellte, auch der Ursprung des Lernens ist darin zu finden – aber nicht nur im Staunen, sondern auch in der Verblüffung, der Verwirrung, der Entbehrung, der Not, der Krise und der Katastrophe.
- Daraus entstehen erste Vermutungen, weitere Fragen und Mutmaßungen, Vorläufer von Theorien und
- auch neue Fragen, mit denen das Problem umkreist und schließlich eingekreist wird.
- Manche Theorien schließlich werden sich in der Wirklichkeit bewähren und so zu vorübergehenden oder dauerhaften Wahrheiten.

Die Lerngruppe im rechten Vordergrund veranschaulicht Transparenz und Praxisbezug der Wissensvermittlung. Der Globus wird für alle sichtbar erhoben, die Tafel ist aufgelegt und die Schüler können ohne Mühe dem Lehrer folgen.

Ganz anders die Gruppe auf der linken Seite des Bildvordergrundes. Hier erzählt uns Raffael von dem erfolglosen Versuch, ein Geheimnis zu durchdringen. Die Tafel, die die pythagoreischen Zahlen und die Harmonielehre illustriert, wird nur Pythagoras dargeboten, während sich zwei hinter ihm kauernde Männer die Hälse verdrehen, um über seine Schulter auf das zu spähen, was er schreibt. Das erinnert manche an ihre Schulzeit. Unter der Mathematikprüfung stand „Verdacht des Unterschleifs". Der Spickzettel für die Physikschulaufgabe war minutiös vorbereitet und die Hausaufgaben wurden während der Zugfahrt abgeschrieben.

Das Fresko „Die Schule von Athen" von Raffael weist darauf hin, dass das Lernen mit größerer Leichtigkeit und Lockerheit, mit Humor und Humanität, mit Gefühl und Gelassenheit, mit konzentriertem Arbeiten und schöpferischen Pausen, mit treffenden Metaphern und vielfältigen Methoden nicht nur mehr Spaß macht, sondern auch wirksamer ist. Und das ist jedes Mal, wenn man vor Seminarteilnehmern, Studierenden, Führungskräften, Pädagoginnen steht, einen neuen Versuch wert.

Samuel Prout (1783–1852): Outward Bound

„Der alte Schäfer: Ich wollte, es gäbe kein Alter zwischen zehn und dreiundzwanzig, oder die jungen Leute verschliefen die ganze Zeit: denn dazwischen ist nichts als den Dirnen Kinder schaffen, die Alten ärgern, stehlen, balgen."

William Shakespeare: Das Wintermärchen

Mein Onkel (W. M.) ist, 15 Jahre alt, von Regensburg ausgerissen, zu Fuß nach Hamburg gegangen und hat dort als Seemann angeheuert. Fast 50 Jahre hat er alle Weltmeere durchkreuzt und konnte trotzdem keinen Meter schwimmen. „Der Hai holt dich sowieso", so versuchte er meine Verwunderung zu beruhigen. Auch ein echter Oberbayer hat also seine Verbindungen zur Seefahrt.

Auf dem Weltkongress 2002 von Outward Bound in Singapur zeigte ich (W. M.) den Zuhörern das Gemälde „Outward Bound" von Simon Prout. Natürlich entstammt der Begriff der englischen Seemannssprache und bezeichnet das zum Ablegen bereite Schiff, so ist es überall in der erlebnispädagogischen Fachliteratur zu lesen. Das Gemälde von Simon Prout beweist aber, dass der Terminus mindestens 200 Jahre alt ist.

Land, Meer und Himmel bilden die vertikale Gliederung des Bildes. Menschen, Meer und Segelschiffe sieht das Auge, wenn es horizontal von rechts nach links wandert.[9] Es geht um Aufbruch und Abschiede, um Neuigkeiten und Neugierde, um ferne Häfen und festes Land. Vom rechten Bildrand ragt ein Felsen ins Meer, halb Natur, halb ein von Menschhand gestalteter und verlassener Hafen. Eine Gruppe von elf eher festlich gekleideten Männern und Frauen blickt in Richtung der Segelschiffe. Eher scheint sie die Neugierde zu treiben. Der Spaziergang wird unterbrochen, um im Hafen die ein- und auslaufenden Segelschiffe zu betrachten. Was bringen und was nehmen sie mit? Wohin fahren sie, woher kommen sie? Welche Krankheiten, Krisen und Katastrophen haben sie überstanden? Vor der Gruppe steht ein Pärchen; der Begleiter deutet auf ein Segelschiff, von dem Rauch aufsteigt. Brennt es dort oder wird gekocht oder ein Leck geteert? An der Spitze des Felsens sitzt, mit dem Rücken zu uns, ein sehnsüchtig in die Ferne blickender Mann. Mit Hut und Mantel ähnelt er den einsamen Figuren des Casper David Friedrich. Und so mag es uns heute noch ergehen, wenn wir in einen Hafen blicken: mit Neugierde, mit Erkenntnissen, mit Sehnsucht.

Neben dem Gemälde gab es aber auch noch ein Aufsehen erregendes Theaterstück mit dem Namen „Outward Bound". Das Forum Theater Pinneberg hat es 2005 aufgeführt. Die Passagiere eines Schiffes finden sich inmitten einer nebelverhangenen Nacht in einem Rettungsboot wieder. Sie sind verwirrt, weil sie sich nicht erklären können, wie sie auf das Boot kamen. Aber bald erkennen sie: Sie sind Tote auf ihrer letzten Reise. 1930 entstand nach dieser Vorlage ein Kinofilm, dem noch zwei Remakes folgten. All dies wartet, neben dem Erziehungsroman „Frau Elses Verheißung" von Kurt Hahn, auf eine Wiederentdeckung.

Nach meinem Vortrag in Singapur kam ein älterer Herr zu mir. Mit einem britischen Akzent teilte er mir mit, dass er Kurt Hahn, den Begründer der Erlebnispädagogik, noch selbst kennen gelernt habe. „Und wissen Sie", fragte er spitzbübisch, „wie Kurt Hahn auf den Begriff Outward Bound gestoßen ist?" Ich verneinte. „Er saß im Büro des Reeders Laurence Holt; an der Wand hing dieses Bild. Kurt Hahn fragte nach dem Namen des Gemäldes. Und Tage später entdeckte er die Metapher, die in diesem Gemälde steckt. Das Schiff hat nach der Ausfahrt aus dem Hafen einen gefahrvollen Weg vor sich. Alles Handeln auf dem Schiff dient dem Ziel. Es transportiert eine wertvolle Fracht. Es muss Wind und Wetter trotzen, Stürme und Wellen überstehen. Eine gefährliche Reise." „Alles richtig", antwortete ich, „aber Kurt Hahn ...?" „Kurt Hahn war begeistert von dieser Metapher, denn das Kind verlässt den sicheren Hafen der Kindheit, kommt in die Pubertät und braucht in dieser schwierigen Lebensphase erwachsene Begleiter um wieder im sicheren Hafen des Erwachsenendaseins anzukommen. Darum nannte er seine Pädagogik Outward Bound."

---

9 Manche Abbildungen des Gemäldes zeigen die Szenerie seitenverkehrt.

Sir John Everett Millais (1829–1896): Die Kindheit von Raleigh (1870)

Alexander Deineka (1899–1969): Zukünftige Flieger (1938)

The Tick-tock you Feel Inside (2004)

THE TICK-TOCK YOU FEEL INSIDE

Quelle:
Baume & Mercier Watch,
Baume & Mercier Watch.
Geneve 1830. www.
baumeetmercies.com.
The tick-tock you feel
inside.." 2003. http://hdl.
handle.net/1911/41502

Darf man, wenn man diese Bilder betrachtet, den zu oft zitierten Spruch von Antoine de Saint-Exupéry noch einmal hervorkramen? Ja, denn diese drei Gemälde haben viel mit der Sehnsucht und dem Meer zu tun: „Wenn Du ein Schiff bauen willst, so trommle nicht Männer zusammen, um Holz zu beschaffen, Werkzeuge vorzubereiten, Aufgaben zu vergeben und die Arbeit einzuteilen, sondern lehre die Männer die Sehnsucht nach dem weiten endlosen Meer." Und es gibt weit kitschigere, nicht weniger erfolgreiche Versuche, die Sehnsucht zu besingen, die das Meer in uns auslöst: Hans Albers, Lale Andersen, Freddy Quinn. Die deutsche Romantik ist ohne die tiefe, verzehrende Sehnsucht kaum denkbar. Novalis besingt sie in seiner „Hymne": „Hätten die Nüchternen einmal gekostet, alles verließen sie, und setzten sich zu uns an den Tisch der Sehnsucht, der nie leer wird, ..."

Drei Bilder aus drei Jahrhunderten, sie haben vieles gemeinsam. Nach Carl Gustav Jung müsste hier ein Archetypus wirken: der Blick aufs Meer, Ausblicke, Visionen, Fantasien, der Blick in die Weite, in ferne Länder, in die Zukunft – Augenblicke, die prägen, – vielleicht mehr als das schulische Lernen – die Wendepunkte im Leben sind. An die man sich erinnert und an die sich Sir Walter Raleigh (1552–1618) 30 Jahre später in seiner Einsamkeit im Londoner Tower womöglich erinnern könnte:

„Damals, als der Fischer uns von fernen Ländern erzählte, wollte ich Entdecker werden. Ich wollte England zur größten Seemacht machen." Der Abenteurer, Seefahrer, Entdecker wird in seinen späteren Jahren Schriftsteller und verfasst eine Weltgeschichte. Ihm ist erzählt worden, nun hat er etwas zu erzählen. Zwei Kinder mit eher bleichen Gesichtern und aus offensichtlich feinem Hause lauschen in dem Gemälde von Sir John Everett Millais gebannt den Ausführungen des einfach gekleideten Fischers, der mit dem rechten Arm aufs Meer weist. Am linken unteren Bildrand liegt ein Spielzeugschiff, das Wirklichkeit werden wird. Geschichten erzählen – auch Millais erzählt dem Betrachter eine Geschichte – und ihnen zuhören zu können, das sind fast vergessene pädagogische Eigenschaften. Neben dem Erzählen geht es natürlich auch darum, die Geschichten zu erleben. Wir wissen, wie wirksam Geschichten sind, Geschichten aus der Bibel, die Märchen, die Fabeln, die Sagen, Harry Potter und Enid Blyton. In diesem Gemälde wirkt nicht nur die Geschichte, sondern auch der Blick aufs Meer. Beides weckt Sehnsüchte, die später erfüllt werden sollen.

Alexander Deineka, ein Maler des sozialistischen Realismus, erzählt uns in seinem Bild von drei zukünftigen Fliegern. Ein wenig wirkt das Bild heroisch, martialisch, kalt, emotionslos. Natürlich sind überall auf der Welt vor allem Jungen von der Technik gefesselt, wollen sie beherrschen, Lokomotivführer, Flieger oder Kapitän werden. Drei Knaben, die zwei linken nackt, der rechte mit einer Badehose bekleidet, sitzen mit dem Rücken zum Betrachter vor der Kaimauer und beobachten das Meer. Erwachsene fehlen hier; sie erzählen nicht, sondern sitzen in den Flugzeugen, die knapp über dem Meer schweben, oder kreuzen auf dem fernen Schiff auf dem Meer. Nacktheit und Technik, künstliche Kaimauern und kaltes Meer, lassen das Bild ein wenig bedrohlich wirken. Die Natur hat keinen Platz hier, die Sehnsucht hat sich auf technische Fertigkeiten reduziert. Die Zukunft liegt nicht mehr im Entdecken und Erzählen, sondern im Abenteuer Technik. Und mit dieser Technik soll die Welt beherrscht werden. Das Meer in Deinekas Bild wirkt wie eine Bühne, auf der sich das Leben im Sozialismus verwirklichen kann.

„The Tick-tock you Feel Inside" – eine geschickte Werbung für Uhren. Das Meer ist zeitlos, die Gezeiten sind ewig. Das Meer hat zwar einen Rhythmus, aber es schert sich nicht um Uhren. Stunden lang kann man am Ufer sitzen und zum Horizont blicken. Und wenn der Blick in die Ferne schweift und ein Segelboot erfasst, dann ist es gleichgültig, ob es morgens oder nachmittags ist. Ganz in den Augenblick taucht der Junge auf dem Schwarzweißfoto ein, seine Sehnsucht ist zu spüren. Dort auf dem Schiff möchte er sein und mitfahren in die weite Welt, Abenteuer erleben, Stürme durchstehen, irgendwo ankommen. Wer möchte das nicht?

8.4 „Die Weißen erziehen zu viel!" –
drei Briefe des Afrikaners Lukanga Mukara

Vor fast 100 Jahren wurden die von Hans Paasche verfaßten Briefe des Afrikaners Lukanga Mukara (1912/13) zum erstenmal veröffentlicht: „Die Forschungsreise des Afrikaners Lukanga Mukara ins innerste Deutschland." Ein afrikanischer König, so Hans Paasche, habe einen Forscher ausgesandt, um das unbekannte Deutschland zu erkunden. Das Muster, „Exoten durchschauen Europa" (Stein 1984), hat Montesqieu 1721 mit seinen „Persischen Briefen" geschaffen. Weltberühmt, weil vielfach für bare Münze genommen, wurde „Der Papalagi. Die Reden des Südsee-Häuptlings Tuivaii aus Tiavea" von Ernst Scheuermann. Das gleiche gilt für die „Rede des Häuptlings Seattle", die den Häuptling der Duwamish-Indianer zum ökologischen Vordenker stilisiert. Sie wurde sicherlich so nie gehalten. Und schließlich kennen die Nach-68er Carlos Castaneda, den amerikanischen Anthropologen und Schriftsteller. Er ist ein vergessener Kultautor der 70er und 80er Jahre des letzten Jahrhunderts, dessen Bücher und Ideen nicht nur von der New-Age-Bewegung aufgegriffen wurden.

Wieder ist nun Lukanga Mukara zu Forschungszwecken in Deutschland unterwegs, um einen kritischen Blick auf die sonderbaren Erziehungsformen dieses Landes zu werfen. Mit drei Briefen an seinen König in Kitara beschreibt er aus der Sicht eines Afrikanern Aspekte der Erziehung in Deutschland.

Erster Brief: Vom Stress der Nichterzieher

München, im Juli 2012

Gütiger Omukama,

Herr der 1000 Rinder, Herrscher allen Lebens in Kitara, großer und einziger König! Die schwarzgekleideten Wasungu (die Weißen), die die Frauen und unsere Geister verachten, haben mich das Lesen und Schreiben gelehrt. Daher hast Du mich für die große Reise ins ferne Europa auserwählt. Der Weg war weit, und alle Strapazen konnte ich nur im Wissen ertragen, derjenige zu sein, der Deine unendliche Wissensbegierde stillen darf. Das Land in dem ich jetzt reise, heißt Deutschland, und über die Erziehung hier gibt es viel zu berichten.

Doch höre zuerst: Es gibt mehr Bücher, die von gelehrten Wasungu über die Erziehung geschrieben wurden, als Fliegen in unserem Kral. Einige dieser Bücher habe ich gelesen, gemäß Deinem Auftrag, nach den besten Methoden der Erziehung zu suchen. Aber die Weißen sind klug und listig, denn wie nun erzogen werden soll, steht in keinem dieser Bücher. Sie schreiben über die Erziehung vor 2000 Jahren, bestimmen die Worte, bis sie zu dem Ergebnis kommen, daß man sie nicht bestimmen kann, aber nirgendwo fand ich einen Ratschlag. Ja, die Raffiniertesten leugnen sogar, daß es so etwas wie Erziehung gäbe. Sie sprechen nur von Beziehung. Ich habe einen von ihnen gefragt, ob er dann ein Bezieher sei. Das gefiel ihm nicht besonders, weil dann „zu viel Zug drauf ist." Er wolle möglichst wenig tun, weil er Ziele in der Erziehung verachtenswert finde, und seine Aufgabe sei es vor allem, die Kinder und Jugendlichen vor größeren Unfällen zu schützen. Das fand ich prinzipiell lobenswert, weil dann viel Zeit für andere Tätigkeiten bleibt oder auch für den Müßiggang, eine Sache, die die Weißen normalerweise nicht beherrschen. Heftig widersprach mir der Bezieher. Er sei im Stress. Ein Wort, das die weißen Erzieher oft benutzen. Er meint damit: Er hat zu viel zu tun, er sei am Ende, brauche mehr Arbeitspausen. Mir war dies unerklärlich, aber der Nicht-Erzieher, zeigte mir seinen Terminkalender. Dort notieren die Weißen alle wichtigen Dinge: Tage, ja Wochen und sogar Monate im Voraus.

Wisse: der Weißen Gedächtnis ist wohl aufgrund ihrer Schreibkunst so schlecht geworden, dass sie alles, was sie demnächst tun müssen, in ein Buch eintragen. Mein Informant arbeitete in einem Jugendhaus. Am Montag, so erklärte er mir, habe er frei. Das sei ein schöner Wochenbeginn, merkte ich an. Den brauche er aber auch unbedingt zur Erholung, erwiderte der Nichterzieher. Am Dienstag werde um 14.00 Uhr das Jugendhaus geöffnet, aber nur für die Mitarbeiter, denn zuerst müsse man über den Wochenplan reden, über Konflikte untereinander und über Jugendliche. Danach wird der Wochenplan den Jugendlichen vorgestellt, falls welche da seien, und wenn man noch Zeit habe, führe man einige tiefe Gespräche mit schwierigen Jugendlichen. Ich habe noch nicht herausfinden können, worum sich diese Gespräche drehen. Aber ich habe einen Verdacht! Es stellen sich immer ein paar Jugendliche für diese Gespräche zur Verfügung, damit der Rest Karten spielen, sich am Tischfußball vergnügen oder Musik hören kann. Sie wissen nämlich ganz genau, dass die Mitarbeiter – vor allem deren Häuptlinge – das Jugendhaus schließen würden, wenn die Jugendlichen nicht mit ihnen über ihre Probleme reden würden. Am Mittwoch ist das Haus dann wieder geschlossen, denn vormittags ist Supervision, eine Art Geistheilung für die Mitarbeiter. Dort reden sie mit einem Schamanen, meist sogar mit einer Schamanin, über die schwierigen Gespräche mit den Jugendlichen und über ihre eigenen Schwierigkeiten. Weil sie nur über Schwieriges reden, haben alle eine große Sehnsucht nach Einfachheit und sehnen sich nach dem ländlichen Leben. Daher wollen sie sehr viel über Afrika und unser Volk wissen. Aber zurück zum Wochenplan! Am Mittwochnachmittag bilden die Frauen eine Frauenarbeitsgruppe und die Männer eine Männergruppe, aber nicht um gemeinsam zu trinken oder zu rauchen oder dem Müßiggang frönen, sondern um zu arbeiten. Genauer gesagt heißt das, sie trinken Kaffee und beklagen ihre Situation! Es gibt sogar Frauen, die nie etwas mit Männern zu tun haben wollen. Die Männern wiederum beklagen, dass es gewalttätige Männer gibt. Danach sind alle, wie sie sagen, „so geschafft", dass sie nach Hause gehen.

Ich habe mehrere solcher Jugendhäuser besucht und muss dir, o gütiger König von Kitara, davon abraten, solche dauerhaften Jugendhütten zu bauen. Es ist doch viel besser, wenn unsere jungen Männern das Großwild töten, um ihre Mannbarkeit zu beweisen. Und es ist gut, dass unsere blühenden jungen Mädchen nach essbaren Wurzeln suchen, sich schön machen und sich dick essen.[10] Auch die deutschen Nichterzieher beweisen, dass Erziehung nicht so wichtig, vielleicht sogar schädlich ist. Auch hier gibt es viel gute Menschen, nicht wegen, sondern trotz der Erziehung. Es reicht ein Altersklassensystem, wie wir es seit Jahrhunderten pflegen und das den Menschen bestimmte Verhaltensweisen vorschreibt. Und es ist billiger und einfacher, gleich eine ganze Generation junger Männer mit der Iniatiation auf den Weg ins Erwachsenendasein zu leiten.

Einige vernünftige Erzieher wollen auch Initiationsrituale einführen, aber sie machen es mit halbem Herzen. Gemäß Deinem Auftrag, die Erziehung der Wasungu zu erforschen, werde ich versuchen, darüber Genaueres zu erfahren. Im nächsten Brief werde ich Dir einiges darüber berichten können.

Ich werfe mich zu Boden und strecke Dir, Mukama, zum Gruß ein Büschel Gras entgegen!

Dein Diener
Lukanga Mukara

Zweiter Brief: Die Suche nach Visionen

München, im August 2012

Siebenmal würde ich um Deine Hütte tanzen, um Dich zu begrüßen, wäre ich in unserer wunderbaren Heimat Kitara. O Kitara! Im Süden benetzen die Wellen des Viktoria-Sees unsere Ufer und in der Mitte wecken die sanften Hügel und Täler der Sabinjo-Berge die Sehnsucht meines Herzens. Du hast mich nach Deutschland gesandt, um nach der besten Erziehung für unsere jungen Männer zu suchen.

Ich bin bei meiner Suche auf die Wildnispädagogen gestoßen. Die allermeisten jedoch sind meist nicht in der Wildnis, ja nicht mal in der Natur, sondern spielen auf Wiesen mit Seilen und diskutieren dann lange darüber. Oder sie schweigen einen Tag und haben dann rasch Visionen. Sie ähneln damit sehr stark ihren schwarzgewandeten Schamanen, die immer nachdenklich und traurig sind. Vielleich trauern sie auch, weil ihre Macht deutlich schwindet. Niemand besucht sie mehr in ihren großen, stei-

---

10 Dicke Frauen stehen für Wohlstand, auch für komplikationslose Geburt. Ethnologen berichten, dass an afrikanischen Königshöfen Frauen regelrecht gemästet wurden.

173

nernen Götterhäusern. Sie versuchen sich daher an vielen Abwehrzaubern, beschwören ihre Ahnen und pflegen archaische Riten. Aber die Pädagogen glauben mehr an unsere afrikanischen und an die indianischen Götter. Sie nennen das dann initiatische Pädagogik. Der Blick zurück in die Ahnenreihe ist für diese weißen Erzieher überraschenderweise sehr wichtig. Jeder erwachsene Mann in Kitara kann seine Ahnengalerie mindestens sieben Generationen auswendig nennen. Diese Weißen reden zwar viel über ihre Ahnen, aber sie wissen nicht mal den Namen des Großgroßvaters. Dann schicken sie ihre „Initianden" für drei Tage und drei Nächte in den Wald. Nach Ansicht der Weißen sind sie karg ausgestattet mit einem Regenschutz, Schlafsack, reichlich Wasser und Zündhölzern für ein Feuer. Welch eine verzärtelte Kultur! Unsere jungen Männer müssen sieben Wochen nackt im Dschungel bleiben, sind Tag und Nacht ohne Bedeckung, werden tatauiert, bis sie im Fieber liegen, wehren die wilden Tiere genauso ab wie die bösen Geister und kehren zurück – oder auch nicht. Hier, im nassen Deutschland, kann jeder Initiand, der nur ein wenig Angst hat, sofort zum Lager zurückkehren. Er wird nicht verspottet oder geschlagen, wie er es verdient hätte, sondern bekommt besondere Aufmerksamkeit.

Die weißen Pädagogen schauen ebenfalls nicht beeindruckend aus. Sie reden viel von Initiation, scheinen aber nicht beschnitten zu sein, wie ich in vertraulichen Gesprächen herausfand. Einige Vernünftige haben zwar Tatauierungen[11], die darauf hinweisen, dass sie vom großen Löwen verschlungen wurden, um neu geboren zu werden. Beschneidungen, wie gesagt, konnte ich nicht beobachten, weder Zahndeformationen, noch Zirkumzision oder Inzision[12]. Auch auf das Einschneiden der Harnröhre oder die Entfernung eines Hodens ließen sie sich trotz meiner Ratschläge nicht ein. Sie wollen, dass alle männlichen Jugendlichen die Zeremonie überleben. Es geht nicht um das Überleben der Besten. Auf Tieropfer verzichteten sie gänzlich, stattdessen boten sie mir eine geschmacklose weißbreiige Masse[13] an. Frisches, stärkendes Tierblut gilt für sie als ungenießbar. Dadurch entfällt natürlich auch der Blick in die Zukunft durch die Eingeweideschau. Für die älteren Wasungu gibt es allerdings Medizinmänner, die mit Sichtstäben in deren Eingeweide blicken[14]. Sie geben dabei vor, für deren Gesundheit zu sorgen und leugnen den wohl eigentlichen Zweck der Zukunftsschau. Vielleicht ist dies aber auch in Vergessenheit geraten.

Auch interessieren sich viele Frauen für diese Erziehung durch die Wildnis. Mir scheint allerdings, dass sie nicht stören, ja ich behaupte sogar, dass sie viel beigetragen haben zum Erfolg dieser Erziehung. Wir sollten hier umdenken und zukünftig

---

11 Die Laien sprechen von Tätowierung. Im Übrigen scheint die Jugend Deutschlands vernünftiger zu sein als die Erwachsenen, denn die Zahl der Tatauierungen nimmt kräftig zu.
12 Wegschneiden der Vorhaut, Einschneiden der Vorhaut.
13 Vermutlich Tofu.
14 Lukanga Mukara meint damit die Darmspiegelung.

mehr als bisher unsere Frauen befragen – auch wenn Du nun zürnst und mir in Gedanken bei meiner Rückkehr die Zunge aus dem Mund schneiden lässt! Ich muss es sagen, weil Du mir aufgetragen hast, die Wahrheit zu berichten. Aber ich will ganz von vorne anfangen.

Die Wasungu (die Weißen) verwenden bei ihren Naturritualen die großen Trommeln, das Marimba oder das Ikelele. Offensichtlich fehlt es ihnen an eigenen geeigneten Musikinstrumenten. Die Menschen wollen dann nach draußen gehen, wohl weil die Wasungu oft drinnen sind, zu viel denken und sich zu wenig bewegen. Die Ritualinstrumente der Wasungu sind Kerzen, buntes Papier und sonst so läppisches Zeug. Hier können die Wasungu viel von uns lernen; ich befinde mich hier in einem spirituellen Entwicklungsland. Sie bauen dann selber Altäre zu Ehren der Elemente, obwohl es in den vielen Spitzhäusern der Dörfer und Städte genügend Altäre gibt. Keine schlechte Idee, aber ohne Gebet, ohne Beschwörung, ohne Tier- oder Menschenopfer – wisse Mukama, Herr der 1000 Rinder, die Wasungu sind klägliche Ritualmeister. Sie bewundern in ihrer Fernstenliebe andere Völker, die sie die Indianer nennen, die Urbarbaren jenseits des großen Teichs. Sie sind die Ureinwohner Amerikas und tragen Federn auf dem Kopf, was den Wasungu offensichtlich gut gefällt. Wir wissen auch längst, dass der Krieg erzieht. Aber sie sind sehr feige und fürchten das Sterben. Ja, sie lassen sich nicht mal beschneiden!

Das Wort Erlebnispädagogik wird seltsam in Deinen Ohren klingen. Wisse, allmächtiger König, die kleinen und die großen Wasungu erleben nicht viel bei der Erziehung. Sie lernen sehr viel über die Technik des Schreibens und Lesens, über Rechnen und die Arbeit des Kopfes, aber den Körper brauchen sie nicht zum Lernen, und vor allem die Seele vergessen sie meist.

Eigentlich alle weißen Erlebnispädagogen sind vollkommen schmucklos und nüchtern. Weder ziert sie der Stab des Häuptlings, noch das Fell des Geparden, noch geschnitzter Schmuck aus Elfenbein, und Amulette konnte ich auch nicht entdecken. So würde ich sie nicht nach Kitara auf deinen Hof einladen. Unsere Savanne, unseren Kral, unsere leckeren, von den alten Frauen vorgekauten Speisen würden sie kaum schätzen. Wenn mich niemand nach den Weißen fragt, verstehe ich sie, frägt mich aber einer, so kann ich sie nicht erklären. Sie reden sehr viel, die Weißen. Wir brauchen dieses Gerede nicht, wir sind schöpferische Menschen und reden nicht darüber. Es gibt einen schmerzhaften Zwang zum Denken bei den Weißen. Das wirklich Neue kommt aber aus der Unentschlossenheit, der Langsamkeit, der Stille, dem Nichtstun. Die lärmverseuchten Weißen brauchen eine Erziehung der Stille und des Schweigens. Wenn in unserem gelobten Lande die Sonne hinter den Sabinjobergen verschwindet und die Nacht uns umfängt, dann denken wir die Gedanken weg und lesen keine Bücher oder schreiben irgendwelche Bücher. Das Wegdenken der Gedanken ist der Weg zur inneren Ruhe. Das bringt uns in die Tiefe der Seele. Doch wisse, Mukama, diese

Pädagogen, und etwas widerstrebend sage ich auch Pädagoginnen, sind auf dem richtigen Pfad. Sie pflegen die hohe Kunst nichts zu wollen, sie versuchen, ohne Zweck zu denken. Sie versuchen manchmal, wirklich nichts zu tun. Auch wenn sie darin blutige Anfänger sind. Sie orientieren sich dabei an ihren Künstlern, die vermutlich die gescheitesten Männer in diesem Lande sind. Leider werden diese aber nicht besonders ernst genommen.

Wenn sie über Rituale oder Visionssuche reden, setzen sie einen religiösen Blick auf. Wisse Mukama, die törichten Weißen wollen zwar Rituale, aber keine Religion. Für Dich, Mukama, du Allwissender, und für mich ist der Zusammenhang so selbstverständlich wie die Tatsache, dass das Gras der Savanne hoch ist und die Bäume nach oben wachsen. Unser Freund Malidoma Somé aus dem Westen unseres Kontinents hat gesagt: Das Ritual ist die Antwort auf den Ruf unserer Seele. So etwas gefällt den Weißen. Aber bei unseren Ritualen sind wir den Göttern sehr nahe und mit ihnen gelingt es uns manchmal, das schwierigste zu vollbringen, was ein Mensch je leisten kann, nämlich die Zeit zu beherrschen. Mit Trommeln und Tanzen imitieren sie unsere Rituale. Haben sie nichts Eigenes? Es sind arme Menschen. Entweder sie jammern darüber, wie schlecht es ihnen geht – sie sind wahre Jammerathleten – oder sie machen unsere Rituale nach.

Die Weißen freuten sich zu erfahren, dass Gehen und Lernen zusammenhängt. Wir schicken die jungen Krieger auf Raubzug, erklärte ich ihnen. Erst wenn sie einen Menschen oder wenigstens ein großes Tier töten, werden sie zu Männern. Dächten die weißen Pädagogen nur annähernd logisch, sie würden dieses Element unserer Initiation sofort annehmen. Aber das trauen sie sich nicht. Jedenfalls bestätigten sie, dass das Gehen wichtig für die Erziehung sei, aber das wissen wir schon lange.

Mukama, das Land der Weißen würde aufblühen unter Deinen Händen, aber ich bitte Dich inständig: bleib an den Ufern des Viktoriasees oder in den stillen Tälern der Sabinjoberge, denn Dein Land Kitara braucht Dich. Es grüßt Dich Dein ergebener Diener Lukanga Mukara, ausgesandt, um nach der neuen Erziehung Ausschau zu halten. Darf ich Dir zum Schluss meines Briefes, meine große Erkenntnis mitteilen? Nun – auch wenn mir Folter und Tod aus Deinen gnädigen Händen drohen: Wisse, Mukama, die Söhne und Töchter unseres Landes Kitara werden erwachsen nicht wegen sondern trotz der Erziehung.

Denke ich an Dich, o König, und an mein Land Kitara, dann quillt mein Herz voll Freude über!

Dein Diener
Lukanga Mukara

Dritter Brief: Das Draußenüben

München, im September 2012

Gütiger Omukama,

Es geht mir längst nicht mehr darum, nach der besten aller Erziehungsformen zu suchen! Es geht nach meinen wissenschaftlichen Erkundungen – alles, was irgendwie jeder versteht und nachprüfen kann, nennen die Wasungu Wissenschaft! – nur mehr darum, die Erziehung der Wasungu zu verbessern. Alle Menschen leiden hier, die Erwachsenen sind unglücklich und essen nur sehr misstrauisch das Fleisch der glücklichen Rinder aus England, einem feuchten Königreich im Norden des Kontinents, obwohl man nach dem Genuss dieses köstlichen Fleisches, wenn überhaupt, erst nach Jahrzehnten zu sterben braucht. Aber auch das geht dann relativ schnell, wie mir ein weißer Medizinmann versichert hat. Sie müssen sich nicht mit Durra [15] begnügen und beklagen sich trotzdem ständig. Die Kinder erschießen inzwischen die Erwachsenen, weil sie so unglücklich sind. Nach meiner Einschätzung verbreitet sich dieser Brauch in Europa deswegen, weil alle Europäer Amerika nacheifern wollen.

Wir reisen, um Erkenntnisse zu gewinnen, aber manchmal sind wir auch Botschafter besseren Wissens. Ich kann durch Dich, o König, nicht nur den Deutschen, sondern auch meinem Land Kitara helfen. Wisse, gütiger König, Deine Überlegung, unsere besten Krieger zum Draußenüben zu senden, sollten wir verwerfen. Jetzt, da ich die volle Wahrheit kenne, muss ich Dich warnen. Was die Wasungu als Draußenübung, als Outdoortraining, bezeichnen, findet nicht eigentlich in der Natur statt, sondern neben dem Parkplatz oder dem Hotel. Eigentlich ist es ein Vor-der-Tür-Training. Es ist nicht gefährlich, wenngleich die Draußenübungs-Häuptlinge meinen, dass bereits ein gebrochener Fuß etwas Schlimmes sei. Aber das passiert selten auf der Wiese.

Spannender wurde es erst am Ende des Draußenübens. Ich habe die Kümmerer der eisernen Kühe-Karawane [16] Deutschlands beim Vor-der-Tür-Training dabei beobachtet. Auf ihre Gurte um die üppigen Hüften und die Helme auf dem Kopf waren sie so stolz, wie unsere jungen kräftigen Krieger auf den assagai [17] und auf ihre Tätauierungen. Wisse, weiser König von Kitara, die Wasungu besitzen schwache, kränkelnde Götter, an die sie kaum mehr glauben, daher fehlt ihnen das Vertrauen in die Welt. Alles muss mehrfach gesichert werden, mit vielen starken Seilen, nur weil ihre Seelen ungeborgen sind.

---

15 Die sogenannte „Negerhirse", die wichtigste Grundlage der Ernährung im subsaharanischen Afrika.
16 Er meint damit Manager der Deutschen Bahn.
17 Der assagai ist ein bis zu zwei Meter langer Wurfspeer.

Capriccios – Lernwege, Gespräche, Essays, Briefe

Dann kam das Draußenüben unter freiem Himmel, aber nur deswegen, weil es teuer wäre, eine Halle über das Holzgestänge zu bauen. Sie nennen es Seilgarten oder Ropes Course. Wisse Omukama, die Sprache der Wasungu ist so schwammig wie ihre Bäuche! Es ist kein Garten, auch wachsen dort keine Seile. Nachdem sie allmählich ihren Wald vernichtet haben, bauen sie einen neuen, künstlichen wieder auf. Die Pfosten ragen 15 Meter in die Höhe, sind durch Verdrahtungen gesichert und im Gleichgewicht stehend. In der Höhe verbinden kleine Brücken und wackelige Balken das Gestänge, so dass man mit ein wenig Geschick dort oben umherwandern kann. So beobachtete ich nun die Kümmerer.

Sie mussten in etwa zehn Meter Höhe auf einem Balken balancieren und sich dabei gegenseitig helfen und sichern. Eine sehr künstliche Übung, denn wir machen dies auf unserer Suche nach Honig oder Vogeleiern in viel größerer Höhe – und natürlich ungesichert und bedroht von zornigen Bienen! Dieses Sichern schien mir gänzlich unverständlich! Wozu sichern! Wer hier fällt, hat es verdient, und wer keinen Mut hat, ist kein würdiger Kümmerer. Stattdessen werden die Feiglinge ermutigt und die Mutigen enttäuscht. Dann kam die Übung fliegender Fuchs. Die Draußenüber wurden sehr ernst und die Eiserne-Kuhkarawanen-Kümmerer blickten finster. Aufgabe war es, an einem Stahlseil – leider gesichert – etwa 100 Meter ins Tal zu fahren. Ich konnte nicht verstehen, was daran gefährlich sein sollte. Bei dem großen Bierfest im Oktober in München – ein Fest, das Deiner würdig wäre, Omukama! – setzen sich täglich tausende Menschen, oft erfreulich stark betrunken, auf ganz ähnlichen Strecken einer viel wilderen Fahrt aus. Sie überschlagen sich mit ihren Wagen, sausen mit unglaublicher Geschwindigkeit von 30 Meter Höhe zu Boden, kreischen in den scharfen Kurven – und kommen doch alle sicher am Ausgangspunkt an. Ich habe dem Draußenüber-Häuptling vorgeschlagen, das Draußenüben für alle Kümmerer Deutschlands im Oktober in München bei diesem Fest zu machen. Das wäre billiger, und anschließend könnten sich alle tataüeren lassen und viel Bier trinken, damit sie diese Draußenübung nicht vergessen.

Das lehnte der Draußenüber-Häuptling strikt ab. Ich verstand seine Argumente nicht, aber vielleicht wirst Du, weiser König, dem in unserem Königreich von den Fischen bis zu den Flamingos alles zu gehorchen hat, diese Denkweise verstehen. Man müsse unbedingt darüber reden, so der Draußenüber, und klären, was man alles in seinem Alltag gebrauchen könne. Das ist Unsinn, meinte ich, und entmündigt die Kümmerer, denn diese werden wohl wissen, was sie gelernt haben oder auch nicht. Omukama, die Weißen reden zu viel und wollen alles erklären, auch das, was sie nicht verstehen. Sie leiden an geistiger Überheblichkeit und haben den Aberglauben des Herzens abgeschafft durch den Aberglauben des Verstandes. Sie meinen, dass das bloße Denken eine Zauberkraft in sich trüge und wenden es für Dinge an, für die es nicht bestimmt ist.

Omukama, meint Herz sehnt sich nach Kitara, nach den Gipfeln der Sabinjoberge, nach dem klaren Wasser des Viktoriasees, nach den reizvollen Frauen unseres Landes – nicht nur meine vier Frauen zerschmelzen in Sehnsucht nach mir –, aber ich habe Deinen Auftrag zu erfüllen, nach der besten Form der Erziehung zu suchen. Wisse, gütiger König, das Draußenüben gehört zu den besseren Erziehungsmethoden. Ich setze meine Suche fort, aber ohne große Hoffnung. Aber es ist eine Suche nach Wahrheit. Vielleicht haben die Weißen so wenig zu lachen, weil sie ständig auf der Suche nach Wahrheit sind und diese Wahrheit dann so bitter ist.

Mein Herz pocht vor wilder Freude, wie auf der Jagd nach dem Gnu! O Kitara, Land der tausend Rinder, o mächtiger Omukama, o ihr schönen Frauen, wie sehne ich mich nach euch! Mein Trost ist nur, dass ich einst zurückkehren werde an die leckenden Ufer des Viktoriasees und dort träumen kann von vergangenen Reisen in fremde Länder, dass mich die kühlen Winde der Sabinjoberge sanft streicheln wie die sanften Hände meiner Frauen und dass ich sagen kann, das Beste für mein Volk getan zu haben.

Dein Diener
Lukanga Mukara

Literatur

Altenthan, S. et al.: Pädagogik. Köln, München 1993

Arnold, R., Siebert, H.: Konstruktivistische Erwachsenenbildung. Von der Deutung zur Konstruktion von Wirklichkeit. Baltmannsweiler 1997 (2. Aufl.)

Aufmuth, U.: Lebenshunger: die Sucht nach Abenteuer. Zürich, Düsseldorf 1996

Bach, H., Bach T.: Erlebnispädagogik im Wald. München, Basel 2011 (2. Aufl.)

Bateson, G.: Geist und Natur. Frankfurt/M. 1995 (4. Aufl.)

Bauer, J.: Warum ich fühle, was du fühlst. Intuitive Kommunikation und das Geheimnis der Spiegelneurone. Hamburg 2006

Ders.: Das kooperative Gen. Abschied vom Darwinismus. Hamburg 2008

Beck, F., Beckmann, J.: Die Rolle hippokampaler und striataler Plastizitätsvorgänge für motorisches Lernen. In: Deutsche Zeitschrift für Sportmedizin. 7–8/2010, S. 157–162

Becker, N.: Die neurowissenschaftliche Herausforderung der Pädagogik. Bad Heilbrunn 2006

Bedacht, A. et al. (Hrsg.): Erlebnispädagogik: Mode, Methode oder mehr? München 1992

Begley, S.: Neue Gedanken. Neues Gehirn. München 2007

Bereuter, E.: Die Geschichte des Kaspanaze. Die Schwabenkinder. München 2003 (6. Aufl.)

Blawat, K.: Ab in den Wald. In: Süddeutsche Zeitung vom 11.8.2011

Bress, H., Erlebnispädagogik und ökologische Bildung. Neuwied, Kriftel 1994

Buckert, A., Kluge, M.: Der Ausbilder als Coach. Köln 2008

Büscher, W.: Berlin – Moskau. Eine Reise zu Fuß. Reinbek bei Hamburg 2003

Ders.: Deutschland – eine Reise. Berlin 2005

Ders.: Hartland. Zu Fuß durch Amerika. Berlin 2011

Bundesministerium für Bildung und Forschung (Hrsg.): Lehr-Lern-Forschung und Neurowissenschaften. Erwartungen, Befunde, Forschungsperspektiven (Bildungsforschung Band 13). Bonn 2007

Čechov, A.: Eine langweilige Geschichte. In: Čechov, A.: Drei kleine Romane. Berlin 1997, S. 7–82

Ciompi, L.: Die emotionalen Grundlagen des Denkens. Göttingen 1999 (2. Aufl.)

Clausen, G.: Vorstands- und Gremienarbeit aktiv gestalten. Weinheim/Basel 2002

Crowther, C.: City Bound. Erlebnispädagogische Aktivitäten in der Stadt. München/Basel 2005

Csikzentmihalyi, M.: Das flow-Erlebnis. Jenseits von Angst und Langeweile: im Tun aufgehen. Stuttgart 1998

Ders.: Flow. Das Geheimnis des Glücks. Stuttgart 2008

Cuvry, A. de, Haeberlin, F., Michl, W., Breß H. (Hrsg.): Erlebnis Erwachsenenbildung. Neuwied, Kriftel 2000

Damasio, A. D.: Descartes' Irrtum. Fühlen, Denken und das menschliche Gehirn. München 1999 (4. Aufl.)

Ders.: Ich fühle also bin ich. Die Entschlüsselung des Bewusstseins. München 2000

Ders.: Der Spinoza-Effekt. Wie Gefühle unser Leben bestimmen. Berlin 2005

Ders.: Selbst ist der Mensch. Körper, Geist und die Entstehung des menschlichen Bewusstseins. München 2011

Dauscher, U.: Moderationsmethode und Zukunftswerkstatt. Neuwied, Kriftel 1996

Deci, E., L., Ryan, R., M.: Die Selbstbestimmungstheorie zur Förderung der intrinsischen Lernmotivation. In: Zeitschrift für Pädagogik, 1993, Jg. 39, Heft 2, S. 223–238. Weinheim/Basel

Deubzer, B., Feige, K.: Praxishandbuch City Bound. Erlebnisorientiertes soziales Lernen in der Stadt. Augsburg 2004

Dewey, J.: Demokratie und Erziehung. Eine Einleitung in die philosophische Pädagogik. Weinheim/Basel 1993

Duden: Zitate und Aussprüche. Mannheim 1998, Band 12

Directmedia Publishing GmbH: 5555 Meisterwerke. 10 CD-ROMs &farbiger Bildkatalog. Yorckstr. 59, 10965 Berlin

Edition Hans Böck: world wide words. 77 777 Zitate. Postfach/Box 60, A-2540 Bad Vöslau (hans.boeck@telecom.at)

Elger, C. E.: Neuroleadership. Erkenntnisse der Hirnforschung für die Führung von Mitarbeitern. München 2009

Elger, C. E. et al.: Das Manifest. Elf führende Neurowissenschaftler über Gegenwart und Zukunft der Hirnforschung. In: Gehirn & Geist, 6/2004, S. 30–37

Flitner, A. (Hrsg. und Übersetzer): Johann Amos Comenius: Große Didaktik. Düsseldorf-München 1954. (2007/10. Aufl.)

Fontane-Klinik (Hrsg.): Erlebnistherapie. Ein innovativer Weg in der psychotherapeutischen Arbeit. Fontane-Klinik, Waldstraße, 15741 Motzen

Frankl, V.: Ärztliche Seelsorge. München 1975

Freud, S. (Geleitwort) In: Aichhorn, A.: Verwahrloste Jugend: Die Psychoanalyse in der Fürsorgeerziehung. Wien 1925

Ders.: Wir und der Tod. Vortrag, gehalten in der Sitzung der Gesellschaft „Wien."; zit. nach: „DIE ZEIT, Nr. 30, 20.7.1990, S. 42f.

Friebe, J.: Reflexion im Training. Bonn 2010

Funcke, A., Havenith, E.: Moderations-Tools. Bonn 2010

Funcke, A., Rachow, A.: Aufgaben des Spielmoderators. So bringen Sie Spiele ins Laufen. In: ManagerSeminare, 58, 7–8/2002, S. 70–76

Gebhard, U.: Kind und Natur. Wiesbaden 2009 (3. Aufl.)

Geißler, K.: Anfangssituationen. Was man tun und besser lassen sollte. Weinheim 2008

Geißlinger, H.: Überfälle auf die Wirklichkeit. Berichte aus dem Reich der Story Dealer. Heidelberg 1999

Ders.: Leitfaden zur Transformation von Organisationen. Plädoyer für einen methodischen Wechsel. In: Website www.story-dealer.de am 11.03.2012

Geißlinger, H., Stenger, H.: Mit Geschichten arbeiten. In: Website www.story-dealer.de am 11.03.2012

Gilsdorf, R., Kistner, G.: Kooperative Abenteuerspiele. 2 Bde. Seelze-Velber 2001 und 2003 (12. Aufl.)

Gilsdorf, R.: Von der Erlebnispädagogik zur Erlebnistherapie. Perspektiven erfahrungsorientierten Lernens auf der Grundlage systemischer und prozessdirektiver Ansätze. Bergisch-Gladbach 2004

Glasersfeld, E. von: Radikaler Konstruktivismus. Ideen, Ergebnisse, Probleme. Frankfurt/Main 1997

Goeschel, A.: Rhetoriktrainings erfolgreich leiten. Bonn 2008

Goethe, J. W. von: Wilhelm Meisters Wanderjahre. In: Werke, Band IV, München 1973; S. 547–980

Goleman, D.: Emotionale Intelligenz. München 1996

Ders.: Soziale Intelligenz. München 2006

Goleman, D., Boyatzis, R., E., McKee, A.: Emotionale Führung. München 2003

Graeßner, G.: Moderation – das Lehrbuch. Augsburg 2008

Graf, J.: Weiterbildungsszene Deutschland 2011. Studie über den deutschen Weiterbildungsmarkt. Bonn 2011

Grünewald, U.; Moraal, D.: Zur Leistungsfähigkeit der betrieblichen Weiterbildung in Deutschland – Ergebnisse der zweiten europäischen Weiterbildungserhebung. (Studien zum deutschen Innovationssystem) Bonn 4/2003

Hahn, K.: Frau Elses Verheißung. München 1910

Ders.: Erziehung zur Verantwortung. Stuttgart 1986 (Hrsg. von Michael Knoll)

Ders.: Reform mit Augenmaß. Stuttgart 1998 (Hrsg. von Michael Knoll)

Handke, P.: Gestern unterwegs. Salzburg und Wien 2005

Heckmair, B.: Schaubühne für Teamarbeit. In: ManagerSeminare 46, 2001, S. 58–67

Ders.: 20 erlebnisorientierte Lernprojekte. Basel/Weinheim 2008 (3. Aufl.)

Heckmair, B., Michl, W.: Erleben und Lernen. Einführung in die Erlebnispädagogik. München/Basel 2012 (7. Aufl.)

Herrmann, U. (Hrsg.): Neurodidaktik. Grundlagen und Vorschläge für gehirngerechtes Lehren und Lernen. Weinheim 2006

Hertlein, M.: Mind-Mapping – Die kreative Arbeitstechnik. Reinbek bei Hamburg 1997

Holzach, Michael: Deutschland umsonst. Zu Fuß und ohne Geld durch ein Wohlstandsland. Hamburg 2001

Iggulden, G., Iggulden, H.: Das kleine Dangerous Book for Boys. München 2008

Jagenlauf, M., Koth, A., Rehm, M.: Analyse der Wirkungen und der Funktionszusammenhänge der Erlebnistherapie in der Fontane-Klinik. In: Fontane-Klinik (Hrsg.): Erlebnistherapie. Ein innovativer Weg in der psychotherapeutischen Arbeit. Fontane-Klinik, Waldstraße, 15741 Motzen, S. 12–34

Jegge, J.: Dummheit ist lernbar. Gümligen/Bonn/Wien 1991

Kalas, S.: Wie hält man Kinder artgerecht? In: 3D Denkraum für die Jugendarbeit (oeav jugend). Innsbruck Juni 2012, S. 14–17

Kant, I.: Über die Erziehung. München 1997

Kauder, P.: Hegel beim Billard. Die besten Anekdoten über große Denker. München 2000

Kern, C.: Klettern mit Multiple Sklerose. In: e&l. erleben und lernen. 5/2010, S. 27–31

Knoll, M.: Dewey, Kilpatrick und ‚progressive‘ Erziehung. Bad Heilbrunn 2011

Koch-Weser, S., Lüpke, G. v.: Vision Quest. Visionssuche: allein in der Wildnis auf dem Weg zu sich selbst. München 2000

Köhler, P. (Hrsg.): Das Anekdotenbuch. Stuttgart 2001

Korte, M.: Wie Kinder heute lernen. Was die Wissenschaft über das kindliche Gehirn weiß. München 2010 (2. Aufl.)

Kreggenfeld. U.: Direkt im Dialog. Professionelle Gesprächsführung im Unternehmen. Bonn 2002

Kubesch, S., Walk, L.: Körperliches und kognitives Training exekutiver Funktionen in Kindergarten und Schule. In: Sportwissenschaft 4/2009, S. 309–316

LeDoux, J.: Das Netz der Persönlichkeit. Wie unser Selbst entsteht. München 2006

Ders.: Das Netz der Gefühle. Wie Emotionen entstehen. München 2003

Lehrer, J.: Wie wir entscheiden. Das erfolgreiche Zusammenspiel von Kopf und Bauch. München 2009

Libet, B.: Mind time: Wie das Gehirn Bewusstsein produziert. Frankfurt/M. 2007

Linden, D., J.: High. Woher die guten Gefühle kommen. München 2012

Lotmar, P., Tondeur, E.: Führen in sozialen Organisationen. Bern, Stuttgart, Wien 2004 (7. Aufl.)

Louv, R.: Das letzte Kind im Wald? Weinheim/Basel 2011

Lühmann, H.: Wir sind das Haus des Bewusstseins. In: Süddeutsche Zeitung, 193/2011 (23.08.2011), S. 14

Lukowski, T.: Therapeutisches Klettern. In: e&l. erleben und lernen 3/2010, S. 19–21

Macintosh, H.: Experiential Education – Gedanken zum „Solo". In: e&l. erleben und lernen 2&3/1993, S. 35–38

Mehl, K.: Wahrnehmen, was wirklich ist! Erfahrungsorientiertes Lernen und Handlungsorientierung in Psychotherapie und Coaching. In: e&l. erleben und lernen. 3/2010, S. 23–25

Meier, H.: Zur Geschäftsordnung. Opladen 1987

Michl, W., Schödlbauer, C.: Erdachte Gespräche aus zwei Jahrtausenden. Neuwied/Kriftel 1999

Michl, W.: Erlebnispädagogik. München, Basel 2011 (2. Aufl.)

Mitscherlich, A.: Die Unwirtlichkeit der Städte. Frankfurt a. M. 1965

Molcho, S.: Körpersprache im Beruf. München 2001

Montaigne, M. de: Die Essais. Stuttgart 2005

Neuberger, Dötz: Miteinander arbeiten – miteinander reden. Vom Gespräch in unserer Arbeitswelt. München 1994 (Bayr. Staatsmin. f. Arb., Fam. u. Sozialordnung)

Paasche, H.: Die Forschungsreise des Akfrikaners Lukanga Mukara ins innerste Deutschland. Bremen 1993

Parin, P., Morgenthaler, F., Parin-Mattèy, G.: Die Weißen denken zuviel. Psychoanalytische Untersuchungen in Westafrika. München 1963

Passig K., Scholz, A.: Verirren. Eine Anleitung für Anfänger und Fortgeschrittene. Berlin 2010

Peskoller, H.: BergDenken. Eine Kulturgeschichte der Höhe. Wien 1998 (2. Aufl.)

Peters, T., Ghadiri, A.: Neuroleadership. Grundlagen, Konzepte, Beispiele. Wiesbaden 2011

Pielorz, A.: Werte und Wege der Erlebnispädagogik. Schule Schloß Salem. Neuwied, Kriftel 1991

Priest, S., Rohnke, K.: 101 of the best Corporate Team-Building Activities we know. Dubuque/Iowa (USA) 2000

Ratey, J. J.: Das menschliche Gehirn. Eine Gebrauchsanweisung. München 2006 (4. Aufl.)

Ders.: Superfaktor Bewegung. Kirchzarten 2009

Read, M.: Children of Their Fathers: Growing Up among the Ngoni of Nyasaland. New Haven 1960

Renz-Polster, H.: Menschenkinder: Plädoyer für eine artgerechte Erziehung. München 2011 (2. Aufl.)

Reiners, A.: Praktische Erlebnispädagogik. Augsburg 2007 (8. Aufl.)

Reinhardt, R., K.: Laufen macht schlau! Diss. Universität Karlsruhe. 2009

Riemann, F.: Grundformen der Angst. München 2011 (40. Aufl.)

Rizzolatti, G.: Empathie und Spiegelneurone: die biologische Basis des Mitgefühls. Frankfurt/M. 2008

Rock, D., Schwartz, J.: The Neuroscience of Leadership. In: Strategy + Business, 2006, Issue 43

Rödling, C.: Psychotherapeutisches Klettern. Oder: Wie ein höchst erfolgreiche Methode abzustürzen droht. In: e&l. erleben und lernen. 3/2010, S. 22

Roeper, M.: Kinder raus! Zurück zur Natur: Artgerechtes Leben für den kleinen Homo sapiens. München 2011

Rössler, J.: Machen Sie das Beste aus Ihrem Kopf: Praktische Tipps der Hirnforschung für Alltag und Beruf. Freiburg 2011

Roth, G.: Fühlen, Denken, Handeln. Wie das Gehirn unser Verhalten steuert. Frankfurt/M. 2001

Ders.: Kants großer Irrtum. Interview. In: FOCUS 24/2004, S. 144

Ders.: Möglichkeiten und Grenzen von Wissensvermittlung und Wissenserwerb. In: Caspary, R. (Hrsg.): Lernen und Gehirn. Der Weg zu einer neuen Pädagogik. Freiburg 2006

Ders.: Persönlichkeit, Entscheidung und Verhalten. Stuttgart 2007

Ders.: Bildung braucht Persönlichkeit. Wie lernen gelingt. Stuttgart 2011

Rousseau, J. J.: Emil oder Über die Erziehung. Paderborn 1971

Rühle, A.: Ich sehe was, was du nicht siehst. In: Süddeutsche Zeitung vom 06.05.2008, Beilage Kinderleben 2, S. 10–16

Scheich, Henning: Lernen unter der Dopamindusche. Was uns Versuche an Mäusen über den Mechanismen des menschlichen Gehirns verraten. In: DIE ZEIT, Nr. 39 (2003)

Scheuermann, E.: Der Papalagi. Die Reden des Südseehäuptlings Tuiavii aus Tiavea. Zollikon-Zürich 1979

Schleim, Stephan: Die Neurogesellschaft. Wie die Hirnforschung Recht und Moral herausfordert. Hannover 2011

Ders.: Die sieben größten Neuromythen. In: Gehirn & Geist 2012, Heft 4, S. 38–43

Schödlbauer C., Paffrath, F.H., Michl, W. (Hrsg.): Metaphern – Schnellstraßen, Saumpfade und Sackgassen des Lernens. Augsburg 1999

Scholz, J., Klein, M. C., Behrens, T. E. J. & Johansen-Berg, H.: Training induces changes in white-matter architecture. In: Nature Neuroscience 12/2010

Schulz von Thun, F.: Miteinander reden 1. Störungen und Klärungen. Reinbek 2006 (43. Aufl.)

Schulz von Thun, F. et al.: Miteinander reden von A bis Z: Lexikon der Kommunikationspsychologie. Reinbek 2012

Schulze, H.: Das Prinzip Handeln in der Psychotherapie. Stuttgart 1971

Sennett, R.: Fleisch und Stein. Der Körper und die Stadt in der westlichen Zivilisation. Berlin 1995

Setzwein, B.: Nicht kalt genug. Innsbruck 2000

Siebert, H.: Konstruktivistisch lehren und lernen. Augsburg 2008

Singer, W.: Der Beobachter im Gehirn. Frankfurt/M. 2002

Singer, W., Ricard, M.: Hirnforschung und Meditation. Ein Dialog. Frankfurt/M. 2008

Sloane. P.: Denkpuzzles für helle Köpfe. 121 knifflige Rätsel. München 1996

Spitzer, M.: Lernen. Gehirnforschung und die Schule des Lebens. Heidelberg/Berlin 2002

Ders.: Nervensachen. Geschichten vom Gehirn. Stuttgart 2003

Ders.: Medizin für die Schule. In: Caspary, R. (Hrsg.): Lernen und Gehirn. Der Weg zu einer neuen Pädagogik. Freiburg 2006

Ders.: Medizin für die Bildung. Heidelberg 2010

Sprenger, R.K.: Mythos Motivation. Wege aus einer Sackgasse. Frankfurt/M. 1991

Stein, G. (Hrsg.): Europamüdigkeit und Verwilderungswünsche. Frankfurt/M. 1984. Ethnoliterarische Lesebücher, Bd. 3

Stern, E.: Frischer Wind ins Klassenzimmer. Diskussion von E. Stern und U. Herrmann. In: Gehirn & Geist 6/2009, S. 60–65

Story Dealer In: Website www.story-dealer.de am 11.03.2012

Tacitus: Germania. Stuttgart 1971

Thomann, C., Schulz von Thun, F.: Klärungshilfe. Handbuch für Therapeuten, Gesprächshelfer und Moderatoren in schwierigen Gesprächen. Reinbek 2000 (58.–62. Tsd.)

Thoreau, D. H.: Walden oder das Leben in den Wäldern. Zürich 1971

Tondeur, E.: Menschen in Organisationen. Bern, Stuttgart, Wien 1997

Trommer, G.: Wildnis die pädagogische Herausforderung. Weinheim 1992

Ders.: Schön wild! Warum wir und unsere Kinder Natur und Wildnis brauchen. München 2012

Türcke, C.: Hyperaktiv! Kritik der Aufmerksamkeitsdefizitkultur. München 2012

Vopel, K. W.: Anfangsphase 1 und 2. Experimente für Lern- und Arbeitsgruppen. Salzhausen 1995

Waldherr, F., Walter, C.: didaktisch und praktisch. Ideen und Methoden für die Hochschule. Stuttgart 2009

Walk, L.: Bewegung formt das Hirn. In: DIE – Zeitschrift des Deutschen Instituts für Erwachsenenbildung I/2011, S. 27–29

Weber, A.: Mehr Matsch! Kinder brauchen Natur. Berlin 2011

Weber, C.: Dreck hält gesund. In: Süddeutsche Zeitung vom 9./10.6.2012

Wieland International. Betriebszeitung der Wieland-Werke AG. Ausgabe vom Januar 2012

Wimmer, N.: Faszination Wald verstehen und erleben. Bad Rodach 2011 (3. Aufl.)

Wuppertaler Kreis (Hrsg.): Trends in der Weiterbildung 2011. In: Website www.wkr-ev.de/trends11/trends2011.pdf

Die Autoren

Bernd Heckmair

Dipl.-Päd., Fachsportlehrer; Berater und Trainer für Führung, Teamentwicklung und Trainer-Qualifikation. Ausbildung zum Kommunikationstrainer (bei Friedemann Schulz von Thun) und zum Systemischen Berater (bei Fritz B. Simon). Geschäftsführer in mittelständischen Dienstleistungsorganisationen; freiberuflich tätig seit 1998. Zahlreiche Veröffentlichungen, u.a. „20 erlebnisorientierte Lernprojekte" (Weinheim, Basel 2008, 3. Auflage; Beltz-Verlag). Weitere Informationen unter: www.bernd-heckmair.de

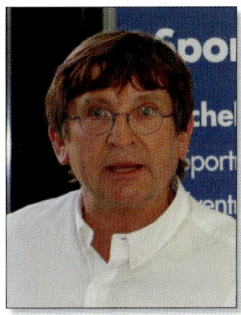

Werner Michl

Professor für Sozialwissenschaften an der Georg-Simon-Ohm Hochschule Nürnberg und assoziierter Professor an der Universität Luxemburg. Von 1996 – 2002 Leiter des „Zentrum für Hochschuldidaktik der bayerischen Fachhochschulen – DiZ" (www. diz-bayern.de). Seit Juni 2012 ehrenamtlicher Vorsitzender von *GFE / erlebnistage* (www.erlebnistage.de). Mitherausgeber der Zeitschrift „e&l. erleben und lernen. Internationale Zeitschrift für handlungsorientiertes Lernen" (Ziel-Verlag, Augsburg). Mitherausgeber der Buchreihe „erleben und lernen" (Ernst Reinhardt Verlag, München, Basel). Weitere Informationen unter: www.wernermichl.de

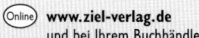